金融学译丛
FINANCE

国际货币与金融（第八版）

International Money and Finance (Eighth Edition)

迈克尔·梅尔文（Michael Melvin）
斯蒂芬·C·诺尔宾（Stefan C. Norrbin） /著

何 青 /译

中国人民大学出版社
·北京·

出版说明

　　作为世界经济的重要组成部分，金融在经济发展中扮演着越来越重要的角色。为了加速中国金融市场与国际金融市场的顺利接轨，帮助中国金融界相关人士更好、更快地了解西方金融学的最新动态，寻求建立并完善中国金融体系的新思路，促进具有中国特色的现代金融体系的建立，中国人民大学出版社精心策划了这套"金融学译丛"，该套译丛旨在把西方，尤其是美国等金融体系相对完善的国家最权威、最具代表性的金融学著作，被实践证明最有效的金融理论和实用操作方法介绍给中国的广大读者。

　　该套丛书主要包括以下三个方面：

　　（1）理论方法。重在介绍金融学的基础知识和基本理论，帮助读者更好地认识和了解金融业，奠定从事深层次学习、研究等的基础。

　　（2）实务案例。突出金融理论在实践中的应用，重在通过实务案例以及案例讲解等，帮助广大读者将金融学理论的学习与金融学方法的应用结合起来，更加全面地掌握现代金融知识，学会在实际决策中应用具体理论，培养宏观分析和进行实务操作的能力。

　　（3）学术前沿。重在反映金融学科的最新发展方向，便于广大金融领域的研究人员在系统掌握金融学基础理论的同时，了解金融学科的学术前沿问题和发展现状，帮助中国金融学界更好地认清世界金融的发展趋势和发展前景。

　　我们衷心地希望这套译丛的推出能够如我们所愿，为中国的金融体系建设和改革贡献一份力量。

中国人民大学出版社

2004 年 8 月

前 言

　　国际金融是金融学和经济学课程发展最为迅速的领域之一。今天的金融市场是真正的全球市场。如果没有国际金融背景的知识，学生很难充分理解当前经济的发展形势。学习完本书后，学生就可以阅读《华尔街日报》（*The Wall Street Journal*），并理解国际金融新闻及其含义，就会觉得自己已经像老师一样成功。为此，《国际货币与金融》（*International Money and Finance*）提供了简洁但全面的概述。本书主要介绍外汇市场的基础知识和国际收支，以及与汇率决定有关的近期研究成果讨论。所涉及的话题从国际贸易融资的本质，到直觉上讨论汇率超调与货币替代。

　　第一版《国际货币与金融》来自为亚利桑那州立大学本科生所做的讲课笔记。这个笔记，以及这本书总结了当前国际金融的文献，它是以基础数学作为前提。其他学校的教师发现早期的版本是本科生和 MBA 的合适课本，这是非常可喜的发现。事实上，本书的使用范围从国际著名的商学院到小乡村的四年制学院。本书证明对不同能力和背景的学生是成功的，我们努力在第八版中也保留这个特点。

　　过去版本的读者会发现第八版进行了更新和显著修改，以跟上快速变化的国际金融世界。本版本有几个重大变化。最明显的是话题和章节的重新排序，以加强话题间的联系，并添加了一些常见问题。本书的第一部分讨论了国际金融的基本概念和定义。国际收支的定义已经被移到第三章，所以国际货币安排在第一章和第二章就可以见到。第二章增加了新内容，包括央行干预、特别提款权和中国外汇储备建立的更多细节。第三章扩展了内容，包括美国外国债务的情况。本书的第二部分主要讨论国际平价条件。第四章增加了期货和期权价格表，以及相应的描述。第五章增加了欧洲货币市场，这个概念可以应用在利率平价的章节。第七章继续关于平价的讨论，增加了巨无霸指数，并把相对价格改变的技术讨论移至附录。第三部分讨论风险和资本流动问题。信用证的讨论已经移至第九章。第十一章已经更新，包括大萧条国际影响的讨论和希腊债务问题的讨论。这本书的最后一部分是开放经济的宏观经济学部分。第十二章的弹性模型现在包含马歇尔-勒纳条件的讨论。第十三章已经扩展，以亚洲金融危机为例，讨论如何使用 *IS-LM-BP* 模型。最后，第十四章介绍了货币分析方法，第十五章讨论货币方法的扩展。

第八版与前七版都本着相同的精神——为本科和 MBA 课程提供有关国际金融的简洁介绍。

致学生

为什么学习国际金融？

为什么要学习"国际货币与金融"这门课程呢？原因之一是对于很多人来说，职业发展是首要目标，而本书的内容与劳动市场的发展有关。本书为希望从事国际投资、国际银行业以及跨国公司活动的人提供了与国际金融有关的知识背景。其他更加学术的读者可能希望通过学习金融市场与金融机构之间的国际关系来丰富他们的经济学知识。尽管学习本课程只需修过经济学原理即可，很多学生可能已经学习过中级宏观经济学、货币银行学或者金融学原理。但是对于那些对国际经济关系感兴趣的人来说，这些课程常常缺少国际化的视野。传统的货币银行学的经济模型与讨论关注的是封闭经济体，与其他国家的国际联系常常被忽视。在本书中我们将对世界范围内的金融情况及金融机构进行分析，从而更加全面地了解我们所处的世界。我们将会学习只有在世界范围的视角下，企业、政府以及个人投资者才会面临的约束以及机会。

金融与跨国公司

跨国公司是业务扩展到国外的公司。由于国际业务会面临国内业务经营中没有的风险和机会，这使得跨国公司的国际金融交易变得非常复杂。一个美国跨国公司的应收账款和应付账款可能会以美元、日元、英镑、墨西哥比索、加拿大元以及欧元计价。跨国公司的财务主管面对的问题与仅用美元进行交易的公司经理面对的问题完全不同。尽管"一美元的价值就是一美元"，但是日元、欧元、墨西哥比索的美元价值随着时间的变化而改变。由于日元的美元价值改变，以日元标价的合约的美元价值也会改变。

面对这一系列新的挑战，跨国公司使用一些技巧和市场工具在可以接受的风险水平下最大化公司的回报。一旦我们将视野拓展到国外，就会发现很多只有在合适的财务安排下才能利用的商业机遇。本书介绍了财务总监可能遇到的跨国金融交易的多个方面。国际商务金融方面的内容与国际经济课程中常见的对国际贸易的研究不同。国际贸易的有关课程研究的是世界贸易模式以及规模的决定因素——即比较优势理论。如果 A 国生产并出口鞋子以换取 B 国的食物，我们说 A 国在生产鞋子方面有比较优势，B 国在生产食品方面有比较优势。除了比较优势之外，这类课程还会检验各国之间生产要素、劳动、资本品的流动情况。显而易见，这些话题很重要，而且值得细心钻研，但我们的目的是研究这些交易带来的货币方面的影响。尽管我们无法十分清晰地了解有关比较优势的各种理论——这些理论通常不涉及货币的运用——我们将了解商品和服务贸易对货币的影响。我们的讨论范围包括货币对国际贸易定价的影响（第十二章）以及离岸银行业中的金融交易（第五章）。我们将会发现与货币有关的事件可以对国际贸易的规模和模式造成真正的影响。

课程内容

本课程并不仅是简单地学习与货币供给与需求、价格、利率或汇率变化带来的国际影响有关的抽象理论，我们还将讨论机构和个人参与者的角色及其重要性。很多人马上就想到了一些大型商业银行，这些商业银行在国际货币的舞台上扮演了重要的角色。由于在外汇市场上大量货币买入或卖出的行为都是通过商业银行进行的，故而国际金融中有大量的实例来说明这些银行的重要性。实际上，第一章开篇便讨论了银行在外汇市场中所扮演的角色。

除了商业银行之外，其他商业公司在我们的讨论中也发挥着关键的作用。这是因为随着国际贸易中大量购买和销售商品、服务的增加，融资的需求也大量增加。任何一家跨国公司的财务主管都擅长外汇交易和对冲以及把握住国际投资机会。什么是对冲？国际投资机会怎么和国内投资机会相互联系起来？这些都是我们在第四章和第六章已经处理过的问题。最后，我们考察一下政府发挥的作用。中央银行（例如美国的美联储）经常在我们的案例中扮演着重要的角色。除了在国际上发挥购买、销售、贷款、借款等角色外，中央银行也常常出台各种限制性条约。中央政府和中央银行的政策对理解国际货币体系的实际操作是至关重要的。每一章将会在所描述的话题中阐述政府产生的影响。

新计划

这本书共有四个主要的部分。为了帮助我们了解价格、汇率、利率之间的关系，我们将会考虑现存的理论以及目前阐释这些理论有效性的研究。对于那些选择在国际金融领域继续进行专业研究的学生们，这本书的研究不仅是一个很好的参考，更是未来工作的跳板。第一章到第三章确定了国际货币体系的关键操作指南和历史类型，同时也讨论了现存的体系。第四章到第七章讨论由于金融衍生品的出现，国际货币体系得到进一步的发展。这不仅导致了对对冲工具的需求，而且扩大了不同国家金融变量之间的相互作用。

第八章到第十一章专门介绍了国际财务管理者所感兴趣的应用型话题。话题的范围从"螺母和螺栓"的融资进口和出口到国际主权政府贷款的风险评估。这几个章节所涵盖的话题关乎企业财务主管和国际银行家的实际利益。

第十二章到第十五章讨论国际收支平衡和汇率的决定因素。政府和行业机构投入很多资源用于预测收支平衡和汇率。这几章的讨论包括了近期最重要的发展成果。尽管在经济学家中对关于竞争理论的相对重要性有不同意见，但从客观角度来表述，这种理论是有一定研究证据支撑的。总之，这些章节对当前关于国际收支平衡和汇率决定因素的知识进行了详细的总结。

在本部分的一开始我们问道：为什么学习国际货币与金融？我们希望本部分可以帮助你、激励你回答这个问题。国际金融不是一门沉闷的、需要忍受或者尽可能避免的"象牙塔"（指脱离实际）课程。相反，它是一门富有活力的、涉及现实世界事件的课程。本书所覆盖的材料将会被日常的新闻或其他媒体所提及，因此你很快就会发现《国际货币与金融》一书与生活息息相关。最后，感谢《华尔街日报》的每日阅读和伦敦《金融时报》（*Financial Times*）对本书材料的大力支持。当你通过这本书而取得进步后，对你来说，国际金融新闻将会变得越来越富有意义和有用。对于那些不从事国际金融工作的读者，这本书所带来的主要持续的好处将是获得对国际金融新闻的充满智慧而有效的理解能力。

迈克尔·梅尔文和斯蒂芬·C·诺尔宾

目 录

国际货币与金融（第八版）

第一部分
国际货币
环境

第 一 章

外汇市场

外汇交易是指一个国家与另一个国家之间的货币交易。这种交易是为了满足旅游、国际商品的购买和销售，或国际投资的需要。这种特殊交易的金钱形式为外国货币的银行存款或银行转账存款。正如我们通常所认为的，**外汇市场**（foreign exchange market）的主要参与者是纽约或伦敦等金融中心的大型商业银行，它们互相交易以外汇计价的存款。实际**银行票据**（bank notes），比如钞票，是相对不重要的，因为它们很少实际跨越国际边境。一般来说，只有旅游或非法活动将导致银行票据的国际流动。

外汇交易量

外汇市场是世界上最大的金融市场。2010 年 4 月，国际清算银行（BIS）进行了一次世界范围成交量的调查，发现货币交易每个交易日的平均金额为 3.981 万亿美元。2001 年外汇的交易量为 1.239 万亿美元。因此，最近外汇交易量飞速上升。美元到目前为止是最重要的货币，即使引入欧元，在过去的十年里也一直是最重要的货币。美元参与 85％的交易。既然外汇交易包括成对的货币，知道哪对货币主导市场是很有用的。

表 1.1 报告了不同货币的市场活动份额。美元/欧元交易的交易量最大，几乎占总交易量的 30％。交易量排名第二的货币为美元/日元，约为美元/欧元交易量的一半。

在这两种货币之后，其他货币的交易量急剧下降。因此，外汇市场是由美元交易控制的。

表 1.1　　　　　　　　　　外汇交易量市场份额排名前十的货币

货币	占总数的百分比（%）
美元/欧元	28
美元/日元	14
美元/英镑	9
美元/澳大利亚元	6
美元/加拿大元	5
美元/瑞士法郎	4
欧元/日元	3
欧元/英镑	3
欧元/瑞士法郎	2
美元/瑞典克朗	1

资料来源：Bank for International Settlements，Triennial Central Bank Survey；*Report on Global Foreign Exchange Market Activity in 2010*，Basel，December，2010.

世界各地的外汇交易

外汇市场是一个 24 小时的市场。货币报价在世界各地交替出现，并连续不断。图 1.1 说明了 24 小时维度的外汇市场。通过图片顶部的地点名称，我们可以确定每个地点当地的主要交易活动时间。时间由图片底部的格林尼治标准时间（GMT）衡量确定。例如，在纽约上午 7 点是格林尼治时间 1200，下午 3 点是格林尼治时间 2000。既然伦敦交易在伦敦时间下午 4 点或格林尼治时间 1600（纽约时间上午 11 点）已经结束，涉及比较纽约和伦敦汇率报价的活跃套利在格林尼治时间 1600 左右就会结束。图 1.1 表明，欧洲和亚洲的交易有一块小重叠，而纽约和亚洲的交易没有重叠。

外汇交易者通过在路透社等通讯社上发布报价，表明他们愿意在特定的价格交易。当一个银行交易者在通讯社上发布报价时，报价随后会出现在世界范围内其他外汇市场参与者电脑办公桌的显示器上。发布报价就像广告，将交易者愿意交易的价格告诉市场上的其他人。

实际交易价格会比在通讯社屏幕上的买价和卖价有更小的价差。这些实际交易价格是专有信息，只有交易的双方参与者知道。在通讯社屏幕上的报价是当前市场价格的公开可获得的最好信息。

在外汇交易的地理模式方面，大多数交易都集中在少数几个国家。表 1.2 报告了不同国家/地区外汇交易的日均成交量。英国和美国占世界贸易总额的一半。英国一直是外汇交易的领袖。2010 年它拥有世界交易量的 37%。虽然外汇交易确实是一种全天候的业务，交易可以发生在世界上的任何时间、任何地点，然而在伦敦、纽约和东京

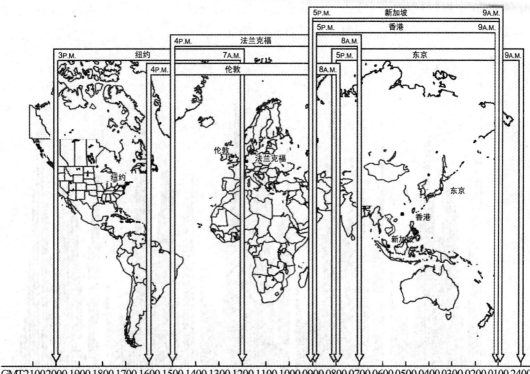

图 1.1　世界外汇交易

表 1.2	交易量排名前十的外汇市场（每日平均值）	
国家/地区	总量（十亿美元）	百分比份额（％）
英国	1 854	37
美国	904	18
日本	312	6
新加坡	266	5
瑞士	263	5
中国香港	238	5
澳大利亚	192	4
法国	152	3
丹麦	120	2
德国	109	2

资料来源：Bank for International Settlements，Triennial Central Bank Survey；*Report on Global Foreign Exchange Market Activity in 2010*，Basel，December 2010.

的交易时间，外汇交易最为活跃。

　　图 1.2 从另一个方面报告了外汇交易 24 小时的性质。这张表显示日元/美元发布在路透社用于外汇交易的平均报价数量。图 1.2 显示交易周每小时的平均报价数量。周末被排除在外，因为很少有交易发生在正常交易时间之外。纵轴衡量每小时的平均报价数量，横轴显示每个工作日用格林尼治时间衡量的小时数。一个清晰的模式出现在图中——每个交易日看起来几乎相同。日元在亚洲市场的每个交易日中，每小时都

有多于 20 个报价被输入到路透社的屏幕上。亚洲时间的上午报价起起落落，而在东京时间的中午（0230—0330 GMT）会达到一天的低谷。

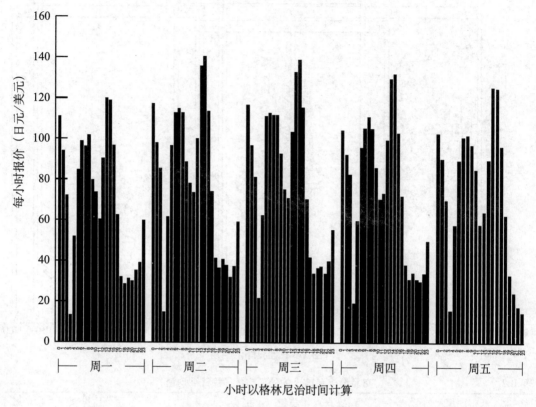

小时以格林尼治时间计算

图 1.2 平均每小时的工作日报价

东京午餐时间交易的间歇最开始是由于日本管制，禁止在这段时间交易的原因造成的。自 1994 年 12 月 22 日，在东京午餐时间已经允许交易，但交易活动仍然存在显著的下降，因为很多交易者需要午休。东京午休过后，亚洲时间下午市场活动再度回升，并且在欧洲交易开始的 0700 GMT 左右大幅度上升。之后伴随着欧洲午餐时间 1200 GMT 到 1300 GMT 的到来，交易活动再次下降。当北美交易活动开始的时候，大约 1300 GMT，交易活动再次上升，并且当伦敦和纽约的交易重叠时，达到每天的峰值。当欧洲交易结束的时候，交易大幅度下降，然后伴随着第二天亚洲交易的开始再次上升。

值得注意的是，伴随着世界各地外汇市场活动交易时间开始和结束的步伐，每个工作日都是这种模式。虽然外汇市场是一个 24 小时市场，有连续交易的可能，然而交易量却遵循着可预测的模式。这并不是说不存在显著异于每日平均报价数量的情况。如果有一些意外的事件发生刺激了交易，某些天可能会有完全不同的模式。在之后的章节中，我们会考虑汇率的决定因素，并研究什么样的新闻与外汇市场高度相关。

即期汇率

即期汇率是指今天交割的一种货币用另一种货币表示的价格。表 1.3 显示了某一天的即期汇率报价。在表中我们看到，2011 年 4 月 26 日周二，美元等于 0.879 5 瑞士法郎。注意，这个汇率报价是在一个特定时间（格林尼治标准时间下午 4 点）的报价，因为伴随着货币供给和需求的变化，汇率在一天中会不断改变。还要注意的是，这些汇率报价都是基于类似批发市场的大交易（100 万美元或更多）。例如，如果你是一个美国进口商，以 1 000 万美元的价格从瑞士购买手表，银行将以 1 瑞士法郎兑 0.879 5 美元的价格向你出售价值 1 000 万美元的瑞士法郎。你将收到 879.5 万瑞士法郎付给瑞士出口商。

$$10\ 000\ 000\ 美元 \times 0.879\ 5\ 瑞士法郎/美元 = 8\ 795\ 000\ 瑞士法郎$$

表 1.3	选择的货币交易汇率	
国家/地区	中间值	买卖价差
阿根廷（比索）	4.081 3	780—845
澳大利亚（澳大利亚元）	0.928 9	767—763
巴西（巴西雷亚尔）	1.564 0	635—645
加拿大（加拿大元）	0.951 5	512—517
中国（元）	6.528 7	NA
捷克共和国（克朗）	16.451 9	390—647
丹麦（丹麦克朗）	5.097 9	971—987
厄瓜多尔（美元）	1.000 0	—
中国香港（港币）	7.771 3	710—715
匈牙利（福林）	181.044 0	065—816
印度（卢比）	44.515 0	100—200
印度尼西亚（卢比）	8 650.000 0	000—000
以色列（谢克尔）	3.418 5	175—195
日本（日元）	81.705 0	690—720
挪威（挪威克朗）	5.319 6	175—217
俄罗斯（卢布）	27.795 0	800—100
瑞典（瑞典克朗）	6.098 8	969—007
瑞士（瑞士法郎）	0.879 5	792—798
英国（英镑）	1.645 0	448—452
欧元区（欧元）	1.462 6	624—628
特别提款权（SDR）	0.621 4	—

说明：上面的伦敦外汇中间汇率适用于银行间交易，金额为 100 万美元甚至更多，时间为格林尼治时间下午 4 点，由路透社报价。除了英镑和欧元是以外币的美元价格报价，报价均为美元的外币价格。

资料来源：*Financial Times*，Currency Markets：Dollar Spot Forward against the Dollar and Dollar against Other Currencies on April 26，2011.

详见：http://markets.ft.com/RESEARCH/markets.

如果交易金额低于 100 万美元，外汇的成本将会更高。购买外汇的数量越少，外汇价格越高。所以如果你去外国旅游，作为一个旅行者，汇率将对你不利。

　　在前面的例子中，美国进口商发现 1 000 万美元与 879.5 万瑞士法郎价值相等。我们通过将美元总值与瑞士法郎用美元计价的价格相乘，得到这个数值。如果我们需要将瑞士法郎兑换成美元，那么我们将用瑞士法郎的价格除以汇率，或用瑞士法郎的价格乘以汇率的倒数。如果一个美国制造商出口汽车到瑞士，并收到 1 200 万瑞士法郎，我们将除以汇率，得到 1 200 万/0.879 5＝1 364.4 万美元。我们也可以将 1 200 万瑞士法郎乘以汇率的倒数 1/0.879 5＝1.137 得到相同的值。当我们知道美元用法郎表示的价格时（美元/瑞士法郎），我们就可以通过取倒数，得到瑞士法郎的美元价格（瑞士法郎/美元）。

　　注意，汇率报价在表 1.3 的第一列是中间汇率。银行买入（bid）外汇的价格低于它们出售（offer）外汇的价格，卖价和买价的差值称作**价差**（spread）。**中间汇率**（mid-range）是买价和卖价的平均值。表 1.3 的第二列列出了每种货币的价差。通过将中间价的后三位数字替换为价差的第一组数字得到买价。同样地，通过将中间价的后三位数字替换为价差的第二组数字得到卖价。例如，瑞士法郎的**买卖价差**（bid-of-fer spread）是 0.879 2－0.879 8。因此，银行愿意以 0.879 2 瑞士法郎的价格购买美元，并以 0.879 8 瑞士法郎的价格出售美元。价差不足 1%［(0.879 8－0.879 2)/0.879 2＝0.000 068］，这表明主要交易的货币市场中，正常的价差很小。由于货币交易者、交易的货币和银行对于外汇市场的整体看法不同，任何货币价差都不相同。对于较少交易的货币（例如，那些不产生大量交易的货币），或者当银行感知到交易货币的风险在某个时点上升时，价差的报价将会上升。

　　大型外汇交易银行，例如花旗银行或德意志银行，时刻准备通过报出买价和卖价制造货币交易活跃的假象。实际上，外汇交易者报价时不会引用表 1.3 中的所有数字。例如，该表列出了欧元的价差为 624－628。在实践中，该价差被表示为 1.462 4－28 美元。交易者听到后就知道银行愿意出价 1.462 4 美元购买 1 欧元，并愿意以 1.462 8 美元出售 1 欧元。

　　到目前为止，我们已经讨论了交易瑞士法郎和加元分别用符号 SF 和 C＄表示。表 1.4 列出了通常使用的多种货币符号和它们国际标准（ISO）的代码。汇率报价对于所有货币可以自由流通的国家来说，通常都是可以获得的。在不允许自由交易的市场下，国家通常对所有外汇交易规定官方汇率，而不考虑当前的市场条件。

表 1.4　　　　　　　　　　　　　　国际货币符号

国家	货币	符号	ISO 代码
澳大利亚	澳大利亚元	A＄	AUD
奥地利	欧元	€	EUR
比利时	欧元	€	EUR

国家	货币	符号	ISO 代码
加拿大	加拿大元	C$	CAD
丹麦	克朗	DKr	DKK
芬兰	欧元	€	EUR
法国	欧元	€	EUR
德国	欧元	€	EUR
希腊	欧元	€	EUR
印度	卢比	₹	INR
伊朗	里亚尔	RI	IRR
意大利	欧元	€	EUR
日本	日元	¥	JPY
科威特	第纳尔	KD	KWD
墨西哥	比索	Ps	MXN
荷兰	欧元	€	EUR
挪威	克朗	NKr	NOK
沙特阿拉伯	里亚尔	SR	SAR
新加坡	新加坡元	S$	SGD
南非	兰特	R	ZAR
西班牙	欧元	€	EUR
瑞典	克朗	SKr	SEK
瑞士	法郎	SF	CHF
英国	英镑	£	GBP
美国	美元	$	USD

本章讨论的外汇买卖是当场交付（实际上，外汇交易市场中使用的存款，一般需要两个工作日才能完成结算）；这就是所谓的**现货市场**（spot market）。在第四章，我们将考虑交易合同涉及在未来某日支付的重要情况。不过，首先，我们应该更加详细地考虑外汇市场的性质。

货币套利

外汇市场是一个通过电话或电脑网络很容易获得价格信息的市场。既然货币是同质商品（一美元就是一美元，无论它在哪里被交易），它在不同市场的价格就可以很容易地比较，所以汇率在世界范围内往往是相同的。如果不是这样，通过同时购买一个市场的货币，并在另一个市场销售，就有机会获利。这个活动被称作**套利**（arbitrage），这会提高较低汇率市场的汇率，因为在这个市场中你将买入货币，需求的增加将导致更高的价格。同样，你将会卖出汇率较高市场的货币，卖出行为的增加将导致价格降低。套利将会继续，直到不同地方的汇率十分接近，不足以弥补买卖外汇的成本。当这种情况发生时，我们说汇率的"交易成本相近"。任何汇率的既有偏差都不能覆盖额外套利交易的成本，所以套利活动终止。

例如，假设以下报价是瑞士法郎/美元的汇率：

- 花旗银行报价 0.874 5—55；
- 法兰克福的德意志银行报价 0.872 5—35。

这意味着，花旗银行购买美元将花费 0.874 5 瑞士法郎，卖出美元将得到 0.875 5 瑞士法郎。德意志银行购买美元将花费 0.872 5 瑞士法郎，卖出美元将得到 0.873 5 瑞士法郎。这存在套利机会。我们称这种情况为**两点套利**（two-point arbitrage），因为它涉及两种货币。我们可以在德意志银行以 0.873 5 的汇率购买 1 000 万美元，同时向花旗银行以 0.874 5 的汇率卖出 1 000 万美元。这使得 1 美元的交易获利 0.001 0 瑞士法郎，或者说将有 10 000 瑞士法郎的套利总利润。

如果存在这样的获利机会，这将导致当套利者进入市场时，汇率会出现相应的调整。如果从德意志银行购买美元的需求增加，德意志银行会提高汇率，使其高于 0.873 5；而以 0.874 5 法郎的价格向花旗银行抛售美元意愿的增加，会导致花旗银行降低汇率。通过这种方式，套利活动推动不同交易者的价格改变，直至市场中不再存在套利利润。假设花旗银行瑞士法郎/美元的汇率改变为 0.874 0—50，德意志银行的汇率改变为 0.873 0—40。现在不存在套利利润。德意志银行的卖价 0.874 0 等于花旗银行的买价。每个银行买价和卖价的价差为 0.001 瑞士法郎。在大额银行外汇市场，这个买卖差价是唯一的交易成本。当两个不同银行的价差不超过这些银行在市场中的报价价差时，就不存在套利机会。

套利可能涉及不止两种货币。既然银行外汇汇率的报价都是相对于美元的，我们可以用两种货币的美元价值来计算这两种货币的**套汇汇率**（cross rate）。套汇汇率是指两个实际报价的隐含汇率。例如，如果我们知道英镑的美元价格（$/£）和瑞士法郎的美元价格（$/SF），那么我们可以推断相应法郎的英镑价格（£/SF）。从现在开始，我们会写明汇率的单位，以避免混乱。例如，$/£=1.76 是每英镑的美元汇率。

假设在伦敦汇率为 $/£=1.76，而在纽约汇率为 $/SF=1.10。相应的套汇汇率为 £/SF。如果 $/£=1.76，$/SF=1.1，那么通过简单的代数知识得到 £/SF =（$/SF）/（$/£），或 1.10/1.76=0.625。如果我们观察到市场中这三个汇率——$/£，$/SF，£/SF——其中之一不符合汇率关系，就会存在套利机会，这种情况称为**三角套利**（triangular arbitrage）。三角套利，或**三点套利**（three-point arbitrage），涉及三种货币。

为了简化涉及三种货币的套利分析，让我们暂时忽略买卖价差，并假设我们可以在同一价格买卖外汇。假设在瑞士日内瓦汇率是 £/SF=0.625，而在纽约是 $/SF=1.100，在伦敦是 $/£=1.600。

表 1.5 表明似乎没有套利机会，但是精明的外汇交易者将观察到其与套汇汇率的差异。计算纽约的隐含套汇汇率，套利者发现隐含套汇汇率是 £/SF=（$/SF）/（$/

£），或 1.100/1.600＝0.687 5。因此，在纽约，瑞士法郎的成本高，而英镑的成本低。

表 1.5 三角套利

地点	$/SF	$/£	£/SF
纽约	1.100	1.600	—
伦敦	—	1.600	0.625
日内瓦	1.100	—	0.625

假设一个交易员在纽约拥有 100 万美元。这个交易员应该在纽约买英镑。在纽约（或伦敦）卖出 100 万美元，交易员收到 625 000 英镑（100 万美元除以 $/£＝1.60）。然后用这些英镑以汇率 £/SF＝0.625 购买瑞士法郎（在伦敦或日内瓦），这样 625 000 英镑＝1 000 000 瑞士法郎。100 000 瑞士法郎在纽约能够以 $/SF＝1.10 的价格购买美元，所以 1 000 000 瑞士法郎＝1 100 000 美元。因此最初的 100 万美元变成了 110 万美元，通过三角套利的行为，交易员能够获得 100 000 美元（为了得到真正的套利利润，交易成本应该扣除）。

像前面介绍的两种货币套利的情况，这种套利活动有价值的产物就是使汇率达到全球一致的水平。如果最初的差异是由于在伦敦英镑的美元价格太低，在伦敦抛售美元换取英镑的套利行为会使英镑更贵，从而将英镑的价格 $/£＝1.60 提高。注意，如果英镑的成本增加到 $/£＝1.76，那么就不存在套利的可能。然而，英镑的汇率不太可能增加那么多，因为其他市场中的套利活动将提高法郎的英镑价格，并降低瑞士法郎的美元价格，这使得在三种货币的新均衡中，英镑的美元价格介于 1.60 至 1.76 之间。

既然美元和其他货币之间存在活跃的交易，我们可以考虑任意两种货币与美元的汇率，由此来计算套汇汇率。所以即使两种货币的直接交易有限，例如墨西哥比索和日元，我们也可以通过使用 Ps/$ 和 $/¥，得到隐含 Ps/¥ 的汇率。既然对于较少交易的货币交易成本较高，而涉及美元的外汇交易较多，当 X 和 Y 的交易并不广泛时，用一种货币 X 获得美元，进而兑换成另一种货币 Y 就相对便宜。因此，如果一个小国 X 的厂商想购买货币 Y 来支付从小国 Y 的商品进口，出售货币 X 换取美元，然后用美元购买货币 Y，比直接交易货币 X 和货币 Y 更便宜。

短期汇率波动

理解了"市场微观结构"，我们就能够解释外汇市场当天的演变，在整个交易日中，外汇交易员不断调整他们的买卖报价。

随着他们买卖货币造成的头寸变化，外汇交易员可能会改变他们的汇率报价。例如，假设赫尔穆特·史密斯（Helmut Smith）是一名德意志银行的外汇交易员，并且主要研究美元/欧元市场。银行的管理层通过限制交易员拥有的头寸控制外汇交易的风险，因为头寸暴露了当汇率变动时银行的潜在损失。如果史密斯购买的欧元比卖出的多，他就有一个欧元的**多头头寸**（long position），并且当欧元升值时盈利，当欧元贬值时亏损。如果史密斯出售的欧元比购买的多，他就有一个欧元的**空头头寸**（short position），并且当欧元贬值时盈利，当欧元升值时亏损。他在任何时刻的头寸称作**外汇库存**（inventory）。交易员调整报价的原因之一是对外汇库存变化的反应。在一天结束的时候，大多数交易员都会**平仓**（go home "flat"）。这意味着他们购买货币的订单等于他们卖出货币的订单。因此，银行得到的利润来自交易活动，而不是投机活动。

常见问题：什么是流氓交易员？

许多银行交易员都需要每天平衡他们的头寸。这样做是为了消除头寸价值隔夜剧烈变化的风险。注意，在套利的情况下，买卖几乎是瞬间的。因此，套利实际上没有风险。相抵持仓等待的时间越长，风险越大。因此，当银行采用单边赌博时，有投机风险。隔夜头寸对大多数银行来讲都会因风险过大而难以接受，因为这是高风险的投机。

然而，银行有时可能遭受欺诈，因为它们似乎不能控制交易员做什么。如果交易员避开银行的风险控制，进行赌博，他们就变成了"流氓交易员"。2011年9月，瑞士联合银行发现它们的交易员之一，Kweku Adoboli，在电脑中输入了高达100亿美元的虚假平仓交易。这个风险头寸的产生，导致了瑞银集团高达23亿美元的损失。

最著名的"流氓交易员"就是尼克·李森（Nick Leeson）。20世纪90年代他在巴林银行工作时，造成了13亿美元的损失。他购买期货合约，而不采取任何对冲交易，并声称他们是受客户委托进行购买的交易行为。这个巨大的损失导致有200年历史、备受尊重的巴林银行不得不宣布破产。尼克在新加坡被判监禁六年半。想要了解更多关于尼克·李森的生活，详见李森（Leeson, 2011）或者观看由伊万·麦格雷戈尼（Ewan McGregor）主演的电影《流氓交易员》（*Rogue Trader*）。

让我们看一个例子。假设赫尔穆特·史密斯一整天都在购买和卖出美元。下午他的头寸如下：

● 购买美元：100 000 000 美元；
● 销售美元：80 000 000 美元。

为了平衡他的头寸，史密斯将调整他的报价，进而鼓励销售更多的美元，购买更少的美元。例如，如果欧元兑美元目前的交易汇率为 1.465 0—60，那么赫尔穆特将提高买价和卖价，使其他人向他卖更多的欧元以兑换美元，而阻止其他人向他购买更多的欧元。例如，如果他将报价变为 1.465 5—65，那么有人会以 1.465 5 美元的价格卖给他欧元（或者购买他的美元）。既然他提高了欧元的美元价格，会有更多人希望向他卖出欧元获得美元。当赫尔穆特从其他交易员手中购买欧元时，他正在出售美元，这有助于平衡他的外汇库存，并减少他的美元多头头寸。同时，赫尔穆特将出售欧元的价格提高至 1.466 5 美元，这使得其他交易者不愿向赫尔穆特购买更多欧元（向他支付美元作为回报）。

这个汇率的**外汇库存控制**（inventory control）效应可以解释，在没有任何关于汇率的基本面新闻时，为什么交易员也可能改变他们的报价。埃文斯和里昂（Evans and Lyons，2002）研究了在欧元出现之前的德国马克/美元市场，并估计外汇交易员平均每 1 000 万美元不理想的外汇库存，将会改变他们的报价 0.000 08。所以平均而言，交易者有 2 000 万美元不理想的多头头寸，将提高 0.000 16 的报价。

除了外汇库存控制效应，**不对称信息**（asymmetric information）效应也可能导致汇率变化，这是由于交易员担心他们的交易对手比他们更了解现在市场的情况。即使没有关于基本面的新闻，通过交易，信息也从一个交易员传递给了另一个交易员。如果赫尔穆特报价 1.025 0—60，花旗银行的英格丽·舒尔茨（Ingrid Schultz）想以赫尔穆特的报价 1.026 0，购买价值 500 万美元的欧元，赫尔穆特就会担心英格丽是否知道一些他不知道的消息。英格丽同意以赫尔穆特的出价交易，是否意味着赫尔穆特的价格太低了？英格丽有什么优越的信息吗？每个银行从非银行客户那里收到买卖货币的命令。也许英格丽知道她的银行刚刚收到戴姆勒-奔驰公司出售美元的大订单，在这笔非银行的订单引起价格上升前，她卖出美元（并买进欧元）。

赫尔穆特不知道为什么英格丽在他提供的价格上购买欧元，但他为免于向比自己知道更多消息的人出售更多欧元，他提高了他的报价。买价可能保持不变，因为别人的订单都是购买他的欧元；在这种情况下，知道更多消息的交易对手提高了交易的卖价，价差增加。里昂（Lyons，1995）估计由于交易者间信息不对称的存在，每 1 000 万美元的交易导致报价平均变化 0.000 14。在这个平均水平，面对英格丽购买 500 万美元的订单，赫尔穆特的报价将提高 0.000 07。

外汇库存控制和信息不对称效应能够解释，为什么汇率整天都在变化，即使在没有关于汇率基本面因素消息的时候。交易行为使风险厌恶者调整价格，因为他们要管理存货头寸，以降低意想不到的汇率变化带来的风险暴露，并降低与消息灵通的对手交易带来的潜在损失。

长期汇率波动

到现在为止，我们已经考察了短期汇率波动。而本书的大部分更关注汇率的长期变动。既然汇率是一种货币用另一种货币表示的价格，汇率的变化影响国际贸易中商品和服务的价格。因此这本书的大部分内容都与为什么汇率变动以及我们如何避免这些影响有关。在这个部分中，我们将介绍一个简单但功能强大的工具，称作**贸易流动模型**（trade flow model）。贸易流动模型认为，汇率是由国家交易商品的需求决定的。

我们可以使用经济学原理课程中常用的图表——供给和需求图表。图 1.3 说明了日元/美元的汇率市场。试想美元的需求来自日本对美国产品的需求（他们必须购买美元，以支付美国的商品）。向下倾斜的需求曲线表明，美元的日元价格越高，美国商品对日本买家越昂贵，所以对美元的需求越小。供给曲线是日元/美元市场的美元供给，来自美国对日本的商品需求（为了获得日本产品，美国进口商必须卖出美元以兑换日元）。向上倾斜的供给曲线表明，当美国居民每一美元能够换得更多日元时，他们将从日本购买更多，并向市场提供更多的美元。

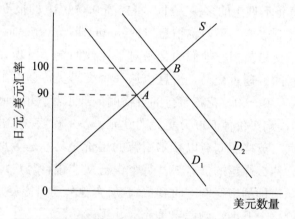

图 1.3　交易者的美元需求增加，导致美元价值上升

最初的均衡汇率在点 A，此时汇率是 90 日元兑 1 美元。现在假设日本对美国产品的需求增加。这增加了美元的需求，因此需求曲线从 D_1 移动至 D_2。均衡汇率在点 B，现在汇率变为 100 日元兑 1 美元，此时美元相对于日元升值。美元升值使得日本出口品相对于美国买家来说更便宜。

在上面的例子中，美元的需求改变。其实供给也可能改变，如图 1.4 所示。假设美国最初在点 B，汇率为 100 日元/美元。如果美国消费者比以前更喜欢日本产品，这将导致供给曲线移动。美国进口商将更渴望用美元换取日元。这使供给曲线向右移动，从 S_1 移至 S_2，这降低了美元的价值。新的平衡在点 C，此时日元/美元的汇率为 85。

上面的例子说明，贸易流动模型表明汇率随国家对商品需要的变化而变化，是一个有用的模型。在下一章，我们将加入中央银行干预，以扩展贸易流动模型。下面，我们将研究其他能够解释汇率变动的模型。

国际货币与金融（第八版）

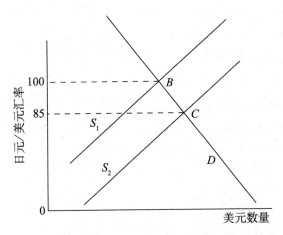

图 1.4 交易者的美元供给增加，导致美元价值下降

小结

1. 外汇市场是一个全球市场，这里交易外国货币存款。实际纸币的交易一般仅限于旅游或非法活动。

2. 美元/欧元汇率主导外汇交易量，英国拥有最大的交易场所。

3. 即期汇率是一种货币用另一种现场交割货币表示的价格。银行购买外汇的汇率低于卖出外汇的汇率，买价和卖价之差被称作价差。

4. 套利从市场失衡中实现无风险利润，通过在一个市场购买货币，并在另一个市场出售获利。套利使所有市场中的汇率接近交易成本。

5. 外汇库存控制和信息不对称是能够解释为什么短期内汇率变化巨大的因素。

6. 从长远来看，经济因素（如国外和国内商品的需求及供给）影响汇率变动。贸易流动模型对讨论外汇汇率的基本变化是很有用的。

练习

1. 假设在伦敦 ¥1 = $0.007 7，在纽约 $1 = SF2.00，在巴黎 SF1 = ¥65。

a. 如果你最初持有 10 000 日元，你怎样才能从这些汇率中赚取利润？

b. 找到每日元最初交易的套利利润

（忽略交易成本）。

2. 假设住友银行的汇率报价为 ¥/$ = 110.30 — 0.40，野村银行的报价为 110.40 — 0.50。存在套利机会吗？如果存在，解释你如何从这些报价中获利。如果不存在，解释原因。

3. 下列报价的套汇汇率是什么？

a. C\$/\$＝1.561 3，\$/€＝1.000 8；

b. ¥/\$＝124.84，\$/£＝1.572 0；

c. SF/\$＝1.470 6，C\$/\$＝1.561 3。

4. 假设美元、英镑和瑞典克朗在三个地方的即期汇率报价如下：

	\$/£	\$/SKr	SKr/£
纽约	2.00	0.25	—
伦敦	2.00	—	10.00
斯德哥尔摩	—	0.25	10.00

5. 对日元市场使用贸易流动模型。如果日本人比以前更喜欢美国汽车，日元（兑美元）汇率会怎样变化？用图形解释。

延伸阅读

Bank for International Settlements, Triennial Central Bank Survey; *Report on Global Foreign Exchange Market Activity in 2010*, Basel, December, 2010.

Berger, D. W., Chaboud, A. P., Chernenko, S. V., Howorka, E., Wright, J., 2008. Order flow and exchange rate dynamics in electronic brokerage system data. *J. Int. Econ.* 75 (1), 93–109.

Evans, M., Lyons, R., 2002. Order flow and exchange rate dynamics. *J. Polit. Econ.* Vol. 110 (No. 1), 170–180.

The Foreign Exchange Market in the United States, Federal Reserve Bank of New York, ⟨http://www.newyorkfed.org/education/addpub/usfxm/⟩.

Leeson, Nick, 2011. ⟨www.nickleeson.com⟩.

Lyons, R. K., 1995. Tests of microstructural hypotheses in the foreign exchange market. *J. Financ. Econ.* 39, 321–351.

Norrbin, S., Pipatchaipoom, O., 2007. Is the real dollar rate highly volatile? *Econ. Bull.* Vol. 6 (No. 2), 1–15.

附录 1A：贸易加权汇率指数

假设我们要考虑货币的价值。一个衡量标准是双边汇率，例如日元的美元价值。然而，如果我们对货币的国际情况感兴趣，我们需要一种货币价值相对于其他货币更广泛的衡量标准。这类似于考察消费者价格指数，以此衡量价格如何在经济中变动。我们可以观察鞋子的价格或面包片的价格，但是这类单个商品的价格不一定反映普遍通胀形势的情况，因为有些价格可能上升，而有些价格可能下降。

在外汇市场中经常可以看到，一种货币相对于另一种货币升值，而对另一种货币价值下跌。结果，汇率指数被用于衡量货币相对于其他几种货币的平均价值。汇率指数是货币相对于其他货币价值的加权平均，权重通常基于每种货币在国际贸易中的重要性。如果我们想要构建美国的汇率指数，我们可以将美国的主要贸易伙伴国家的货币包括进来。

如果美国一半的贸易是与加拿大进行的，另一半是与墨西哥进行的，那么贸易加权的美元汇率指数的百分比变动将等于加元/美元汇率百分比变动的一半与墨西哥比索/美元汇率百分比变动的一半之和。表1A.1列出了两个流行的汇率指数及其权重设计。被列指数是联邦储备委员会的**主要货币指数**（Major Currency Index，TWEXMMTH）和**广泛货币指数**（Broad Currency Index，TWEXBMTH）。

既然构建不同的指数使用不同的货币，我们应该期待它们各自讲述不同的故事吗？完全可能一种货币相对于另一种货币升值，而对其他货币贬值。因此，汇率指数不会完全相等地移动。图1A.1描述了各种指数随时间的变化。

表 1A.1　　　　　　　**两种美元汇率指数的主要货币权重**
汇率指数

国家/地区	TWEXMMTH	TWEXBMTH	国家/地区	TWEXMMTH	TWEXBMTH
加拿大	30.3	16.4	新加坡	—	2.1
欧元区	28.7	18.8	巴西	—	1.8
日本	25.6	10.6	泰国	—	1.4
英国	8.0	5.1	印度	—	1.1
瑞士	3.2	1.4	菲律宾	—	1.1
澳大利亚	2.6	1.3	以色列	—	1.0
瑞典	1.6	1.2	印度尼西亚	—	1.0
中国大陆	—	11.4	沙特阿拉伯	—	0.6
墨西哥	—	10.0	智利	—	0.5
韩国	—	3.9	阿根廷	—	0.4
中国台湾	—	2.9	哥伦比亚	—	0.4
中国香港	—	2.3	委内瑞拉	—	0.3
马来西亚	—	2.2	总计	**100.0**	**100.0**

资料来源：Loretan, Mico, "Indexes of the Foreign Exchange Value of the Dollar," *Federal Reserve Bulletin*, Winter 2005, pp. 1–8. 注意每列之和不为100是由于四舍五入。

图1A.1表明美元的价值在20世纪80年代早期普遍上涨——不管使用哪个汇率指数。然而90年代出现了差异，美元兑主要货币的价值基本保持不变，但广泛货币指数表明美元升值。在20世纪，两个指数又诉说了相同的故事，它们都表明美元贬值。外国货币在不同指标中被赋予了不同的重要性，这一点并不奇怪。比如，如果我们看看表1A.1中的权重，那么在一段时期内美元兑墨西哥比索相对于其他货币快速升值，可能导致主要货币指数比广泛货币指数记录的美元升值小。这是因为墨西哥比索广泛货币指数中的比重为10%，但对主要货币指数的权重为零。

图 1A. 1 两个不同汇率指数的美元价值（1973—2011）

资料来源：Federal Reserve Bank of St. Louis, FRED data, Authors' calculation.

汇率指数是国际经济学常用的分析工具。当货币价值的平均变化十分重要时，双边汇率（两种货币之间）不是令人满意的指标。无论经济理论和实践都不能告诉我们哪个汇率指数是最好的。事实上，对于一些问题，没有必要区分哪个指数。然而在许多情况下，指数的构建和选择取决于需要解决的不同问题。

附录 1B：顶级外汇交易商

外汇交易的主要参与者是有全球业务的大型商业银行。市场是竞争性的，因为每个银行都试图维持其公司业务的份额。《欧洲货币》（*Euromoney*）杂志通过发布对主要跨国公司会计信息的周期性调查，发表了很多对这个市场有趣的见解。

对谁得到该公司外汇业务的决定因素排名这一问题，财务主管认为以下因素是最重要的：银行提供外汇报价的速度排名第三；报价的竞争力排名第二；公司与银行的关系是最重要的因素。处理公司其他银行业务的银行，也可能得到公司的外汇业务。

竞争性报价的意义在于，财务主管经常联系不止一家银行，以便在达成交易前获得多个报价。另一个意义在于，市场将由大型银行控制，因为只有大型银行才有全球活动的能力，才能得到大量货币的竞争性报价。表 1B. 1 给出了《欧洲货币》的银行排名调查。根据此项排名，德意志银行的业务比其他银行多。同时也要注意，三大银行——德意志银行、瑞士联合银行和巴克莱资本——控制着外汇市场。

表 1B. 1 市场份额排名前 15 的外汇交易商

1. 德意志银行（18.1%）	9. 高盛（4.3%）
2. 瑞士联合银行（11.3%）	10. 摩根士丹利（2.9%）
3. 巴克莱资本（11.1%）	11. 法国巴黎银行（2.9%）
4. 花旗银行（7.7%）	12. 美国美林银行（2.3%）
5. 苏格兰皇家银行（6.5%）	13. 法国兴业银行（2.1%）
6. 摩根大通（6.4%）	14. 德国商业银行（1.5%）
7. 汇丰银行（4.6%）	15. 渣打银行（1.2%）
8. 瑞士信贷（4.4%）	

资料来源：*Euromoney*, May 2010.

什么使德意志银行成为世界上最好的外汇经销商？许多因素使它成为获胜者。一个重要的因素就是客户的规模。德意志银行拥有许多公司的银行账户，这使得它在外汇交易方面具有天然的优势。外汇交易已经成为银行盈利能力的重要方面。因为每笔交易都会对银行产生收益，近年来动荡的外汇市场经常导致市场的狂热活动，这使得银行的收益相应提高。

第 二 章

国际货币安排

正如公共政策的大多数领域，国际货币关系受频繁的修改建议的支配。在固定汇率、浮动汇率和大宗商品支撑的货币等方面，都存在不同的争论。在考虑国际货币系统替代品的优点前，我们应该了解国际货币系统的背景。虽然国际货币系统自从有了货币交易的时候就已经存在了，但是通常情况下，大多数现代国际货币历史的讨论开始于 19 世纪晚期。正是在这段时期，金本位制开始了。

金本位制：1880—1914 年

虽然不能准确地找到金本位制具体开始的日期，但是我们知道它始于公元 1880—1890 年。在**金本位制度**（gold standard）下，货币的价值用黄金来衡量（在金本位制时期，一盎司黄金价值 20.67 美元）。金本位制是讨论国际货币体系的重要开端，因为当每种货币都用黄金的价值衡量时，所有的货币都被联系在固定汇率体系中。例如，如果货币 A 价值 0.10 盎司的黄金，而货币 B 价值 0.20 盎司的黄金，那么 1 单位的货币 B 的价值是 1 单位货币 A 的价值的两倍，所以，1 单位货币 B＝2 单位货币 A 的汇率关系建立了。

维持金本位制需要参与国家的承诺，愿意以固定价格向任何人买卖黄金。为了维持每盎司 20.67 美元的价格，美国不得不以这样的价格买卖黄金。黄金作为货币是由于它在世界范围内是易于储存、便携、可分为如盎司等标准化单位的同质商品。（你能创造鱼本位吗?）因为生产黄金的成本高昂，它拥有另一个重要的属性——政府无法轻易地增加它的供给。金本位制是一种商品货币本位（commodity money standard）。钱有固定的商品黄金价值。

货币本位一方面是基于有相对固定供给、长期价格稳定的商品。既然政府必须保持相对于黄金的货币价值稳定，那么货币供给受到黄金供给的严格限制。随着黄金产量和经济增长的波动，价格起起伏伏，但趋势是回到长期的稳定水平。图2.1从图形上说明了与后面的时期相比，金本位制时期美元价格和英镑价格相对稳定。然而，还要注意在金本位制时期，价格在短期上下波动。因此，在短期，通货膨胀和通货紧缩可能频繁地发生；而在长期，价格水平不受影响。既然货币可以兑换黄金，国家货币供给受到黄金库存的严格限制。只要黄金库存稳定增长，价格也会遵循稳定的路径。新发现的黄金将使价格产生不连续的跳跃，但在金本位制时期，黄金库存相当稳定。

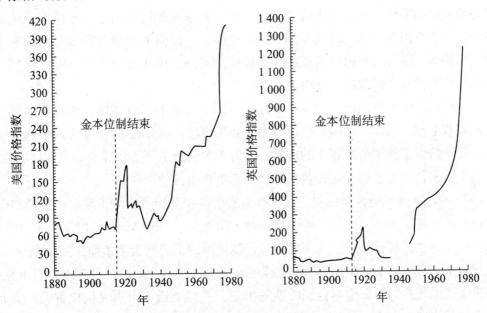

图2.1　1880—1976 年美国和英国零售价格指数（英国第二次世界大战期间的数据丢失）

资料来源：Roy W. Jastram, *The Golden Constant*, New York：Wiley, 1977.

今天的人们经常将金本位制时期视作经济发展的"黄金时代"。经常能够听到要求返回金本位时代的言论。这样的言论通常引用这一时期价格稳定、经济增长和世界贸易发展，作为这种有序的国际货币体系的优点。也有人认为，那段时期经济发展和世界经济的稳定并不一定是由于金本位制的存在，而是由于没有任何重要的真正冲击，例如战争。虽然我们可能不同意回归金本位制，但是平心而论，不同国家货币系统的连接和稳定的价格有利于世界贸易的发展。因为在金本位制时期，黄金就像世界货币，我们很容易可以理解国际收支不均衡是被如何补救的。一个国际收支（官方结算）赤字的国家，将有黄金的净流出，这将减少其货币供给，进而降低其价格。国际收支盈余国家将会发生黄金流入和货币供给的增加，因此价格上涨。赤字国家的价格下跌将增加净出口（出口减去进口），盈余国家的价格上涨将减少净出口，所以国际收支将会恢复均衡。

实际上在这一时期，实际黄金的流动并不是，或者说并非最重要的解决国际债务的手段。因为伦敦是世界金融中心，英国是世界的领导交易商和金融资本的来源，英镑也充当着世界货币的角色。国际贸易通常用英镑计价，未经过英国的贸易也常常用英镑支付。

两次世界大战期间：1918—1939 年

第一次世界大战结束了金本位制。战争使国际金融关系极为紧张，因为商人和银行家必须考虑国家暂停国际资本流动的可能性。战争开始时，由于每个国家公民的爱国热情以及法律限制，私人的黄金流动被完全禁止。因为战时融资需要敌对国家小心管理国际储备，私人黄金出口就被视作不爱国的表现。中央政府鼓励（有时强制）私人黄金和外汇持有者向政府出售财产。

因为欧洲的大部分国家在战争中和战后经历了快速的通货膨胀，不可能恢复金本位制的原有汇率。然而，美国几乎没有发生通货膨胀，因此在 1919 年 6 月回到了金本位制。战争结束了英国金融霸主的地位，因为美国已经主导了世界金融。在战后初期，随着每个国家价格水平的变化，英镑兑美元汇率自由波动。

1925 年，英国回到金本位制，其汇率为战前英镑兑换黄金的汇率，尽管价格已经比战前时期上涨了很多。正如约翰·梅纳德·凯恩斯（John Maynard Keynes）曾经警告的一样，高估的英镑损害了英国的出口，使英国的工资和价格紧缩。到 1931 年，因为英国黄金储备的流失（将英镑兑换为黄金的需求很大），英镑被宣布不可自由兑换，这结束了英国短暂的回归金本位制时期的历史。一旦英镑不可再兑换成黄金，美元就成为关注的焦点。在 1931 年末美国黄金的流失导致美国黄金储备下降 15%。虽然这并没有立即改变美国的政策，但是到 1933 年美国放弃了金本位制。

大萧条时期的特点是国际货币战争。为了通过增加出口刺激国内经济，一个又一个国家的货币贬值，因此，20 世纪 30 年代早期至中期的特点是**竞争性贬值**（competitive devaluations）的时期。政府也诉诸外汇管制，试图操纵净出口，这在某种程度上可以增加 GDP（国内生产总值）。当然，随着第二次世界大战的冲击，敌对国家采用外汇管制帮助战争融资。

布雷顿森林体系：1944—1973 年

两次世界大战期间发生的经济战争，催生了 1944 年新罕布什尔州布雷顿森林的国际会议的召开。在第二次世界大战结束之后，所有人都渴望将国际货币体系改革为相互合作和自由兑换货币的体系。

此时需要一个每种货币相对固定的体系，但是不能使每种货币都与黄金固定。布雷顿森林体系解决了这个问题，它要求每个国家的货币价值与一种锚货币的价值固定，该锚货币就是美元（它建立了每种货币的"标准"价值，以确保货币平价）。美元是布雷顿森林体系的关键货币，**1 美元被规定等于 1/35 盎司黄金的价格**。既然每种货币通过与美元连接，从而有隐含的黄金价值，那么所有货币都被联系在一个固定汇率体系内。

许多国家都致力于将货币平价维持在 1‰以内。各国央行通过购买和出售它们的货币（通常相对于美元）以实现这个目标。当一个国家由于国际收支失衡难以维持其货币平价时，它可以向一个产生于布雷顿森林会议的新机构——**国际货币基金组织**（International Monetary Fund，IMF）求助。国际货币基金组织主要负责监控体系的运行，并向经历暂时国际收支困难的国家提供短期贷款。这样的贷款受制于国际货币基金组织的条件，这些条件通过改变国内经济政策以恢复国际收支平衡。

常见问题：什么是特别提款权？

有一种奇怪的货币，在任何货币表中都有它的标价，但该货币实际并不存在，这就是特别提款权（SDR）。这种"货币"由国际货币基金组织发行，并不以物质形态存在。相反，它被用来充当记账单位。例如，国际货币基金组织自己的所有账户都用特别提款权账户记录。

特别提款权首次出现于 1969 年。SDR 被用于支持布雷顿森林固定汇率体系。参与布雷顿森林体系的国家需要更多的官方储备，以维持国内汇率。然而，在那个时候，黄金和美元的供给不能满足迅速增长的世界贸易。特别提款权向世界市场提供更多流动性，并允许许多国家继续扩大贸易规模。特别提款权不以纸币和硬币的形式存在，但它有价值，因为所有国际货币基金组织的成员都同意接受特别提款权。

特别提款权的拨款很少见，在历史上只发生过四次。第一次拨款发生在 1970—1972 年（93 亿特别提款权），就在布雷顿森林体系解体前。第二次则发生在 1979—1981 年（121 亿特别提款权）。在那之后直到大衰退，一直没有特别提

款权的拨款。2009 年 8 月 28 日拨款 1 612 亿特别提款权，不久又于 2009 年 9 月 9 日拨款 215 亿特别提款权。有关特别提款权的进一步信息，详见 http://www. imf. org/external/np/exr/facts/sdr. HTM。

下表显示了一笔 2011 年 5 月 19 日价值 1.59 美元的特别提款权。该价值是由欧元、日元、英镑和美元加权计算得到。权重经过周期性地调整，而这些权重建立于 2011 年 1 月。

2011 年 5 月 19 日，星期四

货币	规则 O-1 下的货币金额	汇率[a]	美元等价物	从前面的计算中得出对美元汇率的百分比变化
欧元	0.423 0	1.427 00	0.603 621	0.183
日元	12.100 0	81.930 00	0.147 687	−1.086
英镑	0.111 0	1.620 00	0.179 820	0.179
美元	0.660 0	1.000 00	0.660 000	
			1.591 128	

a. 日元汇率用一美元兑换的货币单位表示；其他汇率用一货币单位兑换的美元表示。

在一国基本面不均衡，国际收支处于较为严重的失衡状态时，该国可以向 IMF 申请货币贬值或升值。这类汇率平价的永久改变是罕见的。表 2.1 总结了主要工业国家在布雷顿森林体系时期汇率调整的历史。

然后我们注意到，布雷顿森林体系虽然本质上是固定或钉住汇率制度，但是当经济环境批准时，允许改变汇率。实际上，该体系最好描述为**可调整的钉住汇率**（adjustable peg）。该体系也可以描述为金汇兑本位，因为官方美元持有者可以将关键货币美元兑换为黄金（如中央银行和国债）。

表 2.1   **布雷顿森林体系期间主要工业国家的汇率**

国家	汇率[a]
加拿大	浮动汇率持续到 1962 年 5 月 2 日，之后改为钉住汇率 1.081 加元＝1 美元，1970 年 6 月 1 日以后又为浮动汇率。
法国	1948 年至 1958 年 12 月 29 日没有官方的 IMF 平价价值（尽管实际汇率徘徊在 350 法郎＝1 美元），1958 年 12 月 29 日以后汇率固定在 493.7 法郎＝1 美元（旧法郎）。一年后，新法郎的汇率变为 4.937 法郎＝1 美元（1 新法郎等于 100 旧法郎）。1969 年 8 月 10 日贬值为 5.554 法郎＝1 美元。
德国	1961 年 3 月 6 日从 4.20 德国马克＝1 美元重新估值为 4.0 德国马克＝1 美元。1969 年 10 月 26 日重新估值为 3.66 德国马克＝1 美元。
意大利	1960 年 3 月 30 日到 1971 年 8 月钉住汇率 625 意大利里拉＝1 美元。
日本	1971 年以前，钉住汇率 360 日元＝1 美元。
荷兰	1961 年 3 月 7 日以前钉住汇率 13.80 荷兰盾＝1 美元，并于 1961 年 3 月 7 日重新估值为 13.62 荷兰盾＝1 美元。
英国	在 1967 年 11 月 11 日，从 2.80 英镑＝1 美元贬值为 2.40 英镑＝1 美元。

a. 本表中的汇率指相对于美元汇率。

布雷顿森林体系时期的中央银行干预

通过签署布雷顿森林体系，各国同意将它们的汇率保持在商定水平，防止汇率上升或下降。这个协议表明央行不得不采取更积极的措施，以确保市场压力不会改变汇率。各国中央银行进行干预能用第一章的贸易流动模型说明。假设美国和英国正在进行双边贸易，英国居民需要更多福特汽车（一种美国商品）。从第一章你知道，这将使英镑的供给曲线移动。英国交易者更愿意向银行提供英镑以换取美元，因为交易者想购买美国商品。银行看到提供英镑并需要美元的客户增加，导致银行使英镑贬值。

图2.2说明了供给曲线移动导致了银行希望贬值英镑，从美元兑英镑汇率2.00移动至新均衡汇率1.80。

为了防止英镑贬值，英格兰银行（英国的中央银行）不得不在外汇市场进行干预。英格兰银行必须通过购买英镑并出售已经储存在其银行金库的美元进行干预。

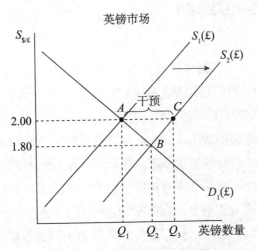

图2.2　固定汇率体系中的干预

图2.2说明英格兰银行不得不购买相当于从 Q_1 至 Q_3 数量的英镑，并出售相当于英镑数量乘以2.00汇率数量的美元。这个行为将提供足够多的美元，以防止私人银行和交易员改变汇率。

注意，这个用于说明干预的模型是流动模型。这意味着每个时期，这样的情况都会发生。例如，如果这个时期是一年，那么只要对福特汽车新的需求存在，英镑过剩的供给每年都会存在。因此，英格兰银行不得不每年干预，购买英镑并出售美元。如果过剩供给持续太久，英格兰银行可能会耗尽其金库中的美元，并将被迫向国际货币基金组织申请符合新市场汇率的货币贬值（在本例中为1.80）。

布雷顿森林体系的崩溃

布雷顿森林体系在20世纪50年代和60年代的部分时期运作良好。1960年出现美元危机，这是因为50年代后期美国有大量的国际收支赤字。由于其他国家担心持有过多美元，黄金的需求增加。各国中央银行与国际黄金总库合作，设法使黄金价格稳定在官方汇率，但压力仍然不断加大。尽管美国赤字和日本、欧洲盈余的慢性问题能够通过重估被低估的日元、马克和法郎来解决，但是盈余国家认为恢复国际收支平衡是美国的责任。

面对经济的根本改变，重新调整货币价值的失败意味着结束布雷顿森林体系金汇兑本位制的开始。到20世纪60年代晚期，美国的外国美元负债远远高于其黄金储备。这种"美元过剩"的压力终于在1971年8月达到顶峰，此时美国总统尼克松宣布美元不可兑换，意味着固定汇率和可兑换货币的布雷顿森林体系时代的结束。

过渡时期：1971—1973年

1971年12月召开了一个调整主要货币汇率价值的国际货币会议。《史密森协定》(Smithsonian Agreement) 将每盎司黄金的美元汇率从35美元调整至38.02美元。同时，美元贬值约8%，盈余国家的货币升值。官方货币价值改变之后，这个体系将采用固定汇率，中央银行将购买和出售它们的货币，以使汇率保持在规定平价的2.25%之内。尽管调整货币价值的《史密森协定》暂时缓解了外汇危机，但缓解是短暂的。投机性资本流动开始对英镑和里拉施加下行压力。1972年6月根据供给和需求情况，英镑开始浮动。经历投机资本大量流入的国家，如德国和瑞士，采取法律措施以放缓进一步涌入它们国家的资金。

虽然美元的黄金价值已经被正式改变，美元仍不可兑换成黄金，因此美元贬值的主要意义是相对于外汇的美元价值，而不是官方的黄金变化。1972年和1973年初的投机性资本流动导致美元在1973年2月的进一步贬值，这时一盎司黄金的官方价格从38美元上涨至42.22美元。然而，投机资本持续从弱势货币流向强势货币。最后，在1973年3月，主要货币开始浮动。

国际储备货币

国际储备是结算国际债务的方法。在金本位制度下，黄金是主要的国际储备。第二次世界大战过后，金汇兑本位制下的国际储备包括黄金和储备货币美元。储备货币国家持有黄金，作为外国持有货币造成的未清偿余额的准备。而货币的外国持有者能够自由将货币兑换为黄金。然而，正如我们对美元的观察，一旦货币的可兑换性受到怀疑，或者一旦有大量货币需要兑换为黄金，系统往往会土崩瓦解。

自二战结束以及整个 50 年代，世界需要美元作为国际储备。在这段时间，美国的国际收支赤字满足了世界国际储备增长的需求。随着时间的推移，当世界其他地区发达和成熟了，美国的外国债务极大地超过了支持这些债务的黄金储备。然而，只要美元储备的需求增加与供给相等，缺乏黄金支持就是无关紧要的。到 60 年代晚期，美国的政治和经济事件开始动摇美国的国际地位，美国持续增长的赤字与美元的需求并不匹配，将美元兑换成黄金的压力导致 1971 年 8 月美国正式宣布美元不再与黄金可兑换。

表 2.2 说明了自 20 世纪 70 年代以来，外汇储备货币构成的多样化。该表显示自 90 年代初期美元作为国际储备的份额不断下降。自 70 年代中期至 90 年代中期，德国马克和日元在国际储备组合中的份额上升。21 世纪美元的份额再次上升。尽管 2011 年美元的份额比 70 年代低，但其份额仍然超过国际储备的 60%。此外，欧元的份额也增加了，但到 2011 年只略高于 26%。

表 2.2　　　可确认的官方持有外汇总数的各种货币份额（%）

	1977	1985	1993	2001	2006	2011
所有国家						
美元	80.3	65.1	55.6	68.3	65.5	60.2
英镑	1.8	3.2	2.9	4.0	4.4	4.2
德国马克	9.3	15.5	14.0	——	——	——
法国法郎	1.3	1.2	2.2	——	——	——
瑞士法郎	2.3	2.4	1.1	0.7	0.1	0.1
荷兰盾	0.9	1.0	0.6	——	——	——
日元	2.5	7.6	7.7	4.9	3.1	3.9
其他货币	1.6	3.9	7.3	9.0	1.8	4.9
欧洲货币单位	——	——	8.6	——	——	——
欧元	——	——	——	13.0	25.1	26.7
工业化国家						
美元	89.4	63.2	49.9	74.5	68.1	63.6
英镑	0.9	2.0	2.0	1.8	3.2	2.6
德国马克	5.5	19.2	16.2	——	——	——
法国法郎	0.3	0.5	2.5	——	——	——
瑞士法郎	0.8	1.8	0.3	0.4	0.1	0.1
荷兰盾	0.6	1.0	0.4	——	——	——
日元	1.8	8.5	7.7	5.5	4.2	4.5
其他货币	0.7	3.9	5.8	8.1	1.9	4.1
欧洲货币单位	——	——	15.2	——	——	——
欧元	——	——	——	9.7	22.2	24.9

	1977	1985	1993	2001	2006	2011
发展中国家						
美元	70.9	67.5	63.1	64.1	61.5	56.6
英镑	2.8	4.7	4.0	5.5	6.0	5.8
德国马克	13.3	10.9	11.1	—	—	—
法国法郎	2.3	2.1	1.9	—	—	—
瑞士法郎	3.9	3.1	2.2	0.9	0.1	0.1
荷兰盾	1.2	1.1	0.9	—	—	
日元	3.2	6.5	7.6	4.5	1.4	3.2
其他货币	2.5	4.0	9.3	9.6	1.6	5.7
欧元	—			15.3	29.4	28.7

资料来源：IMF；Currency Compilation of Official Foreign Reserves (COFER), October, 2011; Authors' calculations. 2011 年数据为第二季度数据。

乍看之下，成为储备货币是非常理想的，因为作为世界贸易融资的必要手段，这可以让其他国家接受你的国际收支赤字。创造新平衡的成本和新平衡带来的实际资源的差值被称为**铸币税**（seigniorage）。铸币税是发行货币带来的财政奖励。中央银行的铸币税是印刷钞票与其获得的资产回报之差。除了这种央行铸币税，当外国国家要求发行货币，并把那些货币储备起来，储备货币国家也收到额外的铸币税，因为这降低了货币创造产生的通货膨胀压力。成为主导货币的额外铸币税回报一定很低，因为在这之前，美国和英国并没有生产非常高质量的储备货币。

表 2.2 表明，美元到目前为止依然是占主导地位的储备货币。因为在过去的几十年里，美国的国际地位已经有些受到侵蚀，我们不禁要问，为什么没有看到德国马克、日元或瑞士法郎成为主导的储备货币。尽管德国马克、日元和瑞士法郎已经成为受欢迎的货币，各国政府拒绝它们的货币具有更大的国际作用。除了对主导国际货币明显较低的额外铸币税回报，这些国家抵制还有一个原因。主导货币生产者（国家）发现，对其货币需求的国际变动可能对国内活动产生影响。对于规模和美国一样的国家，国内经济活动相对于国际经济活动足够大，所以任何规模的国际资本流动破坏美国市场的可能性比破坏日本、德国和瑞士市场的可能性小很多，因为对于这些国家国际活动更加重要。这就是为什么这些国家反对日元、德国马克和瑞士法郎成为储备货币的原因。随着时间的推移，我们发现欧元成为占主导地位的储备货币，因为欧元区国家的经济联合提供了非常大的经济活动基础。然而，表 2.2 显示，欧元仍然只占国际储备总额的 26.7%，它与美元份额的 60.2% 并不接近。此外，欧元份额似乎已经稳定在略多于储备的四分之一处。大多数欧元储备的增长是以其他货币为代价，而不是美元，这有效地建立了一个美元和欧元主导国际储备的双货币储备系统。

常见问题：中国的外汇储备有多大规模？

中国的中央银行，中国人民银行，自 2000 年以来以非常快的速度积累外汇储备。事实上，2011 年中国已经成为主要的外汇储备持有者。下图表明中国储备的快速增长。

注意，在图中中国外汇储备在 20 世纪 90 年代末还很小，但从那以后外汇储备就成长为巨大的数量。到 2011 年底，中国央行有超过 3 万亿美元的资产。这些资产大多数都是美元资产，这意味着中国的中央银行持有大量美元支撑的资产。有趣的问题是，在接下来的十年这种快速的外汇储备积累能否继续？

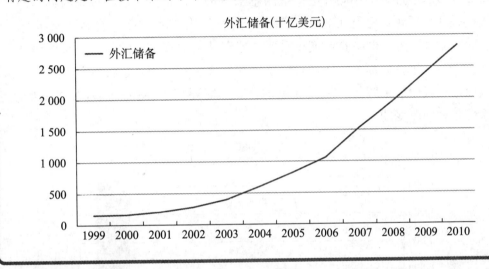

外汇储备(十亿美元)

在国内的货币理论中，经济学家通常认为货币有三个作用。货币通常作为（1）记账单位，（2）交换媒介，（3）价值储藏。同样地，在国际背景下，我们可以按照与上述角色有关的标准解释储备货币的选择。表 2.3 总结了储备货币的作用。首先，记账的国际单位的作用来自信息成本。我们发现初级产品，如咖啡、锡或橡胶在全球范围内都是以美元报价。因为这些产品是同质的，至少相对于制成品是这样，当世界范围内以一种货币报价时，关于它们价值的信息传播迅速。由于储备货币比其他货币具有明显的信息优势，在国际贸易合同中的计价货币更多地采用储备货币，储备货币的私人使用增加。除了作为私人合同的记账单位，储备货币也能作为其他货币钉住汇率的基准货币。

表 2.3　　　　　　　　　　　　　　储备货币的作用

	功能	私人作用	官方作用
1. 记账的国际单位	信息成本	计价货币	钉住汇率
2. 交换的国际媒介	交易成本	媒介货币	干预货币
3. 价值的国际储备	稳定价值	银行货币	储备货币

货币作为国际交换媒介的作用是由于交易成本的存在。美元的交易如此广泛，由

货币 A 换得美元再换得货币 B，比直接由货币 A 换得货币 B 通常要便宜。因此，以美元作为国际交换媒介，并以美元作为媒介买卖非美元货币，是十分有效的。私人（主要是银行间）的媒介作用意味着美元（或占主导地位的储备货币）也将被中央银行用于外汇市场干预，旨在实现汇率的目标水平。

最后，货币作为国际价值储备的功能来自其价值的稳定性。换句话说，未来价值的确定性增强了货币储备购买力的作用。美元这方面的作用在 20 世纪 70 年代就受到削弱，并且美国货币政策更加不稳定可能导致其作用进一步下降。私人市场使用的美元被称作国际贷款和存款，这表明占主导地位的储备货币在银行业的作用。此外，国家会选择占主导地位的储备货币作为它们大部分的官方储备。

图 2.3 显示了过去十年间外汇储备的急剧增长。在布雷顿森林体系时期，外汇储备的规模是热门话题，但是在 70 年代和 80 年代变得不那么重要。自 2000 年以来，外汇储备大幅增长，外汇储备重新变得重要。特别是由中国主导的新兴经济体增加了大量的外汇储备。这种大幅增长伴随着贸易收支的严重不平衡，这将在下一章中重点讨论。然而，在我们解决贸易不平衡问题前，我们需要探究在布雷顿森林体系崩溃后，汇率系统是如何改变的。

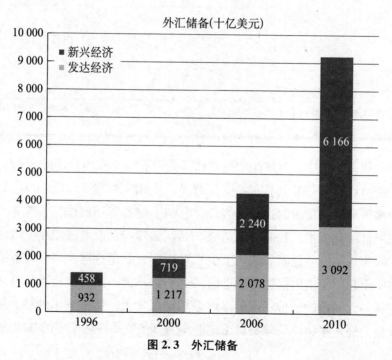

图 2.3　外汇储备

浮动汇率：1973 年至今

虽然我们将 1973 年以后的汇率制度视作浮动汇率制度，然而很少有国家完全允许市场决定汇率。在这种情况下，我们称该汇率体系为"纯粹的浮动"汇率体系。相反，大量部分或完全地控制汇率的方法也出现了。汇率制度的选择也决定了中央银行实施货币政策的能力限制。图 2.4 说明了主要汇率安排的类别和对一国货币政策独立性的影响。在图 2.4 中，汇率体系的类型包括从①"美元化"（指一国使用其他国家的货币，中央银行已经完全放弃对货币供给的控制）到另一个极端⑥完全浮动汇率（指中央银行保留国内对货币的控制）。在两者之间，中央银行对货币供给量有某种程度的控制能力。

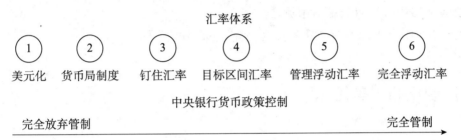

图 2.4　汇率安排类型

上面的分类可以总结为三个标题：钉住、混合和浮动，见图 2.5。所有的钉住汇率都是固定利率，这些汇率由政府决定；而所有的浮动汇率在某种程度上由市场决定。目标区间汇率和爬行汇率是介于钉住汇率和浮动汇率之间的汇率体系，兼有两者的特点。例如目标区间汇率允许市场在一定范围内决定汇率，但不能超过政府预定的范围。

我们简单描述一下每种类型的汇率安排，从货币政策最独立的汇率制度到货币政策最不独立的汇率制度：

自由浮动汇率（free floating）：汇率由市场决定，任何干预都旨在缓和波动，而不是决定汇率水平。

管理浮动汇率（managed floating）：货币当局（通常是中央银行）通过活跃的外汇市场干预以及并未事先宣布的汇率路径影响汇率。

水平区间汇率（horizontal bands）：汇率围绕一个固定的中间目标汇率波动。这样的目标区间将货币控制在中间目标汇率的水平，同时允许汇率进行温和波动。

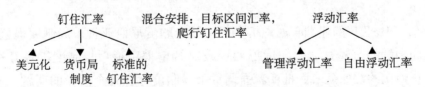

图 2.5　汇率安排分类板

爬行钉住汇率（crawling pegs）：该汇率在固定数值上做小幅度的周期性调整，这个固定的数值是事先宣布的汇率或者根据某种指标确定的汇率（如对主要贸易伙伴的通货膨胀差异）。

爬行区间汇率（crawling bands）：汇率维持在中心汇率的某个波动幅度之内，该中心汇率是定期调整的固定汇率、事先宣布的汇率或根据某些指标确定的汇率。

固定钉住汇率（fixed peg）：汇率相对于一种主要货币或一篮子货币是固定的。需要积极干预以维持目标钉住汇率。

货币局制度（currency board）：通过立法建立一个固定的交换比例，承诺在某个固定汇率以本国货币交换外国货币。通过持有关键外汇，新发行的本国货币通常有一定比例（比如 1：1）的准备金。

"美元化"（dollarization）或**没有独立的法定货币**（no separate legal tender）：以另一个国家的货币作为法定货币流通。

附录 2A 中有上面所有货币安排在特定国家中的例子。

货币局制度和"美元化"

有长期不稳定汇率的发展中国家，经常难以让公众相信政府政策能够在将来保持稳定的汇率。通过控制货币政策和汇率政策，限制政府随意的政策制定，可以克服对政府的不信任。**货币局制度**（currency board）就是限制的一种形式。20 世纪 90 年代阿根廷和中国香港成功地维持了货币价值，就是这种形式的成功原型。然而，2001 年阿根廷货币局制度失败，需要寻找新方法来解决可信度问题。随着厄瓜多尔和萨尔瓦多用"美元化"来解决可信度问题，本书还将讨论单方面地使用其他国家货币解决可信度问题的可能性。

固定汇率制度崩溃的多数原因都是中央银行因兑换本国货币而耗尽外汇，并最终使本币贬值。通过持有与国家货币发行量 100% 相等的外汇储备，货币局制度可以实现可靠的固定汇率。通过采取这样的外汇储备，人们相信货币局制度总是能够以固定的汇率提供足够的外币供给以换取本国货币。货币局制度的批评者指出，维持货币局制度的外汇储备成本较高。然而，由于货币局制度主要持有短期、有息外币计价的证券，而不是实际的无息货币作为自己货币的准备金，所以利息收益往往使货币局制度有利可图。

在 1997—1998 年的亚洲金融危机期间，随着印度尼西亚货币局制度提议的提出，关于货币局制度的争论加剧。印度尼西亚政府希望采用货币局制度以提升卢比的信誉，并阻止卢比的快速贬值。批评者强调货币局制度存在几个潜在的问题，并最终导致印度尼西亚放弃了该计划。批评者强调货币局制度只有当本国货币和美元之间能够选定可持续的固定汇率时才能成功。一个明显的问题是将汇率定为多少才正确呢？如果汇率高估了国内货币，那么货币局可能会受到投机者的"攻击"，投机者将本币兑换为美元，因为他们打赌本币将贬值。由于货币局制度只有有限的美元供给，不可持续的固定汇率将最终导致美元储备的巨大损失，最终导致货币局制度崩溃，汇率贬值。

另一个与货币局制度有关的问题是保有外汇储备以支持本国货币会使中央银行应对国内金融危机的能力受限，中央银行对金融机构难以充当"最后贷款人"。因为中央银行不能创造本国货币以借给国内机构应对"信贷危机"，金融危机有可能爆发为全国性的经济危机和严重的经济衰退。

一定要记住，货币局制度不能实施货币政策这种美国美联储等中央银行的典型功能。它们的唯一功能就是提供本国货币与某种主要货币如美元的固定汇率。为了提升公众对银行体系的信心，一些货币局制度国家也同时赋予中央银行监督国内银行体系的职能，并对问题银行充当最后贷款人的角色。然而，这种中央银行已经没有自由裁量权来影响汇率；如果它们这么做，公众就可能怀疑政府维持固定汇率的承诺。

附录 2A 列出了十几个采取货币局制度的国家或地区。东加勒比货币联盟（ECCU）的成员国、吉布提和中国香港，以美元作为货币局制度中的钉住货币。三个国家——波斯尼亚和黑塞哥维那、保加利亚和立陶宛，选择在货币局制度中钉住欧元，而文莱达鲁萨兰选择在货币局制度中钉住新加坡元。对于固定汇率还是浮动汇率，政府通常难以选择。对于选择固定汇率的发展中国家，由于过去的政策错误，面对持怀疑态度的公众，货币局制度可能是建立可靠汇率体系的合理做法。中国香港成功的货币局制度历史已经有很长时间，甚至在亚洲金融危机中也能幸免于难。然而，最近阿根廷的经验表明，货币局制度并不能确保成功。

十年来，阿根廷以 1 比索/美元的汇率维持着货币局制度。然而，巨大的财政赤字导致政府的实质破产。同时，政府积累了以美元计价的巨额债务，随着比索贬值，经济基本面下滑。货币局制度的固定汇率不再与扩张性财政政策创造的经济现实相一致，经济危机在 2001 年末和 2002 年初爆发，这导致美元的挤兑，由于人们在明显高估的 1 比索/美元汇率上争相以比索兑换美元。阿根廷的危机引发了骚乱，两位总统相继引咎辞职，银行提取存款冻结，并打破了固定汇率。一旦货币局制度终结，比索迅速从 1：1 平价贬值至 3 比索兑换 1 美元。阿根廷的案例是货币局制度不能永远保证固定汇率的警告。如果政府政策与固定汇率不一致，货币局制度将不能长久。

附录 2A 表明，有 13 个国家已经"美元化"。8 个"美元化"国家使用美元作为官方货币，3 个使用欧元，2 个使用澳大利亚元。

"美元化"经济的一个主要优势在于，没有投机性冲击。此外，通货膨胀率与采用的货币相关，通常情况下，"美元化"经济有更低的通货膨胀率。最后，由于不需要转换货币或价格，"美元化"经济与使用目标货币国家之间的贸易变得透明。

然而，"美元化"也有一些缺点。"美元化"经济的中央银行不能以常规的方式运作。它们不参与中央银行典型的货币政策功能。例如，厄瓜多尔的中央银行无法影响厄瓜多尔的货币供给量。这意味着中央银行失去了对陷入困境银行的最后贷款人功能。此外，它也失去了所有铸币税收入。由于银行不再发行货币，它不能收取任何铸币税收益。即使在货币局制度下也存在一些铸币税收入，虽然它是持有外国货币而不是本国货币的收入。然而，在"美元化"经济中，铸币税收益归货币发行国所有，而不是"美元化"国家。

大多数"美元化"国家的地理规模较小。例如，圣马力诺共和国是一个小国家，约有 30 000 居民，坐落在意大利。因为较小的规模和地理位置，圣马力诺共和国选择欧元作为自己的货币并不奇怪。注意，即使圣马力诺共和国使用欧元，但它不是欧洲货币联盟的一部分，不能在欧洲中央银行中投票。它自己采用欧元，而不是申请加入欧元区。因为许多传统的"美元化"国家都很小，使用"美元化"作为发展中国家解决方案是否成功仍然有争议。然而，最近如厄瓜多尔和萨尔瓦多等国家已经实现了"美元化"。不久，这些国家将提供更多关于"美元化"是否适用于主要发展中经济体的信息。

汇率制度的选择

完全的固定汇率或钉住汇率将与金本位制相同。所有的货币与另一种货币如美元的汇率固定，从而与其他所有国家的汇率固定。在这样的安排下，为了保持相同的通货膨胀率，以维持固定汇率，每个国家必须与主要货币国家的货币政策相同。

浮动汇率由市场的供求力量决定。随着货币需求相对于货币供给的增加，货币将升值；反之，若货币供给量超过了货币需求量，货币将贬值。

不是所有经济学家都同意浮动汇率相对于固定汇率的优势和劣势。例如，有些人认为浮动汇率的主要优势是一国能使国内的宏观经济政策与其他国家的政策独立。为了维持固定汇率，各国必须有相同的通货膨胀，这通常是第二次世界大战后固定汇率制度的问题来源。如果美元——这个系统的关键货币——通货膨胀的速度比日本快，那么日本较低的通货膨胀率导致日元相对于美元有升值压力，因此现有的钉住汇率将不能维持。然而对于浮动汇率来说，每个国家可以选择理想的通货膨胀率，而汇率会相应地调整。因此，如果美国选择 8% 的通货膨胀率，而日本选择 3%，美元相对于日元将会持续贬值（无任何相对价格运动）。考虑到每个国家政治环境和文化传统的不同，我们有理由相信不同国家会采取不同的货币政策。浮动汇率允许根据不同的通货膨胀率，对汇率进行有序的调整。

也有些经济学家认为，每个国家选择不同的通货膨胀率是浮动汇率不理想的方面。固定汇率的支持者认为，固定利率有利于在各国控制通货膨胀方面提供国际纪律。固定利率为有通胀倾向的国家提供了锚定。通过维持对美元（或其他货币）的固定汇率，每个国家的通货膨胀率"锚定"美元，因此将遵循美元的政策。

浮动汇率的批评者也认为，浮动汇率将受到不稳定投机的影响。**不稳定投机**（de-stabilizing speculation）意味着外汇市场中的投机者会使与没有这种投机时相比汇率的波动区间扩大。这种逻辑是，如果投机者预期货币贬值，他们将在外汇市场中持有头寸，这将导致贬值成为自我实现的预言。但是如果投机者猜错了，他们将亏损，所以只有成功的投机者将继续留在市场，这些成功的玩家使外汇市场波动变得"平缓"。例如，如果我们预期下个月货币贬值或价值下降，我们可以现在卖出货币，而这将导致现在就发生货币贬值，从而导致未来的贬值比本将发生的更小。一段时间以后，投机者使汇率波动更加平缓，并往往能抹平汇率跳跃。如果投机者打赌货币未来贬值，那么现在出售货币，而货币非但没有贬值反而升值，则投机者亏损，如果这样的错误重复发生，那么投机者终将被市场淘汰。

研究表明，选择钉住汇率制度和选择浮动汇率制度的国家存在系统性差异。一个非常重要的特征是由经济活动或 GDP 衡量的国家大小。大国家倾向于更独立，不愿意为了维持与外国货币的固定汇率而限制国内政策。既然国际贸易往往只是 GDP 的一小部分，那么国家越大，相比于小国家而言越不习惯担忧汇率。

经济的开放程度是另一个重要因素。提到"开放程度"，我们指的是国家依赖国际贸易的程度。GDP 中可贸易商品（即国际贸易商品）的比例越大，经济越开放。一个几乎没有或根本没有国际贸易的国家，被称为**封闭经济**（closed economy）。正如前面提到的，开放程度与国家规模有关。经济越开放，可贸易商品的价格占国家总体价格水平的比重越大，因此汇率改变对价格水平的影响越大。为了减少涉外冲击对国内物价水平的影响，越开放的经济越倾向于采用钉住汇率。

选择比贸易伙伴的通货膨胀率更高的国家，将难以维持钉住汇率。事实上，我们发现与平均通货膨胀率不同的国家一般采用浮动汇率或爬行钉住汇率制度，这种爬行钉住汇率制度允许汇率在较小的区间中调整，以弥补通货膨胀的差异。

与一个特定外国国家进行大部分贸易的国家，往往将自己的汇率钉住该贸易国家的汇率。例如，由于巴巴多斯的贸易大部分是与美国进行的，通过钉住美元，在一定程度上巴巴多斯稳定了它的出口和进口，否则它将丧失这种稳定。通过维持巴巴多斯岛美元与美国美元之间的钉住汇率，在与美国交易商品和服务的定价方面，巴巴多斯与美国的另一个州并无不同。拥有多种交易模式的国家，并不会认为钉住汇率如此理想。

以前的研究证据很有力地说明了钉住汇率与浮动汇率的系统性差异，详见表 2.4。但是也有例外，因为不是所有的钉住汇率和所有的浮动汇率都有完全相同的特点。我们可以保守地说，一般来说，国家越大，越有可能采用浮动汇率；经济越封闭，越有可能采用浮动汇率；等等。关键是经济现象而不是政治操纵，最终影响外汇汇率实践。

另一个问题是，汇率制度的选择如何影响经济稳定。如果国内政策当局寻求最小化国内价格水平超出预期波动的方法，那么它们会选择最好的汇率制度以最大限度地减少这种波动。例如，可贸易的外贸商品的价格波动越大，越有可能选择浮动汇率，因为浮动汇率有助于使国内经济免受外国价格干扰。国内货币供给波动越大，越有可能采用钉住汇率，因为国际资金流动有减震器的作用，能够降低国内货币供给波动造成的国内价格冲击。对于固定汇率来说，国内货币的超额供给将导致资本外流，因为货币过剩供给能够通过国际收支赤字消除。对于浮动汇率来说，国内货币的超额供给被限制在国内，并反映在更高的国内价格和贬值的本国货币上。经验证据再一次证明，真实世界的汇率实践由这样的经济现象决定。

表 2.4	选择钉住汇率或浮动汇率国家的特征
钉住汇率	浮动汇率
小规模	大规模
开放经济	封闭经济
温和的通货膨胀	波动的通货膨胀
集中交易	多样化交易

最优货币区

最优货币区（optimum currency area）可以被定义为，通过在区域内保持固定汇率，最大化经济效益的地理区域。看看真实世界，考虑到地理邻近的加拿大、墨西哥和美国与西欧国家的地理位置，我们可能认为北美和西欧是货币区。因为美元和加拿大元之间的汇率、美元和墨西哥比索之间的汇率似乎紧密相连（当然，比索和美元有很长时间的固定汇率历史），我们可能预期这三个国家之间维持固定汇率，而对世界其他地区采用浮动汇率。事实上，欧洲人已经明确采用这种最优货币区的安排，这就是欧元。

最优货币区的必要准则之一就是，生产要素（劳动和资本）在区域内的流动成本应该相对低。为了说明这一理论，假设我们有两个国家，A 和 B，分别生产电脑和棉花。偏好的突然变化，导致对电脑的需求转变为棉花。国家 A 将产生国际收支赤字，并有劳动力和资本的过剩供给，由于对电脑的需求已经下降；而国家 B 将产生国际收支盈余，并有劳动力和资本的超额需求，由于对棉花的需求上升。

为了纠正国际收支赤字，生产要素可以从 A 移动到 B，从而在每个区域建立工资和价格的新均衡。如果要素可以自由并廉价地从缺少就业的地区迁移至需要劳动力的地区，那么这种流动性将使均衡恢复。这是由于一个地区的失业可以由迁移得到弥补。因此，区域内的固定汇率是适当的。

如果要素是不可移动的，那么均衡只有通过相对价格变化才能够恢复。如果 A 和 B 有不同的货币，这样的相对价格变化可能发生。因此将生产要素不能自由流动的地理区域划分为两个或多个浮动汇率地区，可能会使其从中受益。

欧洲货币体系和欧元

最优货币区的文献表明，像西欧这样的区域设置，固定汇率体系可能是适当的。而共同货币欧元的建立，可以被视为永久性的固定汇率，在欧元之前，连接货币并限制汇率浮动的体系在 20 世纪 70 年代末就已经被建立。欧洲货币体系（EMS）成立于 1979 年 3 月。EMS 允许成员国家之间的汇率维持较小的波动，而允许对其他货币的波动较大。EMS 在 80 年代运作良好，并给成员国最终发展成具有一个欧洲中央银行和一种货币的体系的希望。正是本着这种精神，《马斯特里赫特条约》于 1991 年 12 月签订，并形成了这个体系演化的具体时间表。该条约呼吁：

● 迅速取消欧洲资本流动的限制，并进一步协调货币政策和财政政策。

● 欧洲货币管理局（EMI）于 1994 年 1 月建立，以协调各国中央银行的货币政策，并为一致的货币政策提供技术准备。

● 所有成员国间不可撤销的固定汇率，具有一种共同货币和一个欧洲中央银行，最早在 1997 年 1 月实现，最晚在 1999 年 1 月实现。

最后一步直到 1999 年 1 月才完成。实现这个货币联盟最后一步的国家，需要将它们的宏观经济政策向 EMS 中的其他国家靠拢。政策靠拢具体指的是：（a）国家的通货膨胀率不能超过通货膨胀率最低的三个成员国平均值 1.5 个百分点；（b）国家的长期政府债券利率不超过通货膨胀率最低的三个成员国利率平均值 2 个百分点；（c）国家的政府预算赤字不超过 GDP 的 3%，未偿还的政府债务不超过 GDP 的 60%。

新的欧洲货币，欧元，在 1999 年 1 月 1 日初次亮相。符号是 €，ISO 代码是 EUR。2002 年 1 月 1 日欧元纸币和硬币开始流通。在 1999—2001 年的过渡期，人们使用欧元作为记账单位，衡量金融资产价值并用欧元交易。银行账户使用欧元，信贷交易以欧元计价。然而，直到 2002 年欧元开始流通，实际的现金交易才开始使用欧元。

在欧元开始流通前，欧元区国家"遗留货币"的价值相对于欧元而言都是固定的。表 2.5 表明每种旧货币的汇率相对于欧元而言都是固定的。例如，1 欧元等于 40.339 9 比利时法郎或 1.955 83 德国马克。当然，欧元区国家以前的货币已经被欧元取代，不再使用了。

一种货币需要一个中央银行，欧元也不例外。欧洲中央银行（ECB）于 1998 年 6 月 1 日在德国法兰克福开始运营，执行欧元区国家货币政策。欧元区成员国的中央银行，例如意大利银行或德国联邦银行，仍在运作，并执行在欧洲央行出现以前就存在的许多功能，例如在每个国家管理和监督银行，促进支付系统的完善。从某种意义上讲，它们就像美国联邦储备系统的区域性银行。

表 2.5　　　　　　　　　　　　　　被欧元取代的旧货币的汇率

从前的货币	1 欧元
比利时法郎	BEF40. 339 9
德国马克	DEM1. 955 83
西班牙比塞塔	ESP166. 386
芬兰马克	FIM5. 947 53
法国法郎	FRF6. 559 57
希腊德拉克马	GRD340. 750
爱尔兰英镑	IEP0. 787 564
意大利里拉	ITL1 936. 27
卢森堡法郎	LUF40. 339 9
荷兰盾	NLG2. 203 71
奥地利先令	ATS13. 760 3
葡萄牙埃斯库多	PTE200. 482

欧元区国家的货币政策由位于法兰克福的欧洲中央银行执行，正如美国的货币政策由位于华盛顿特区的联邦储备委员会执行。然而，欧元区成员国的中央银行在各自国家中扮演着重要的角色。整个国内中央银行和欧洲中央银行的网络被称为**欧洲中央银行体系**（European System of Central Banks）。欧元区的货币政策由欧洲央行的**管理委员会**（Governing Council）制定。这个委员会由欧元区国家各国的中央银行负责人以及欧洲央行执委会的成员组成。欧洲央行执委会则由欧洲央行行长、副行长和欧元区国家政府首脑选择的其他四名成员组成。

最近欧元区又增加了几个新成员国。在最初的 12 个成员国之后，新加入欧元区的成员国有：塞浦路斯、爱沙尼亚、马耳他、斯洛伐克和斯洛文尼亚。截至 2011 年 3 月，27 个欧盟成员国中有 17 个加入了欧元区。此外，不属于欧盟的许多小国家已经单方面采用了欧元，例如摩纳哥、圣马力诺和梵蒂冈。相比之下，有资格加入欧元区的欧盟三个成员国，却没有采用欧元，仍然维持着它们自己的货币和货币政策。这三个国家是丹麦、瑞典和英国。这些国家什么时候将成为欧元区的一部分尚待分晓。

小结

1. 在金本位制时期（1880—1914 年），货币可以以固定汇率兑换成黄金。

2. 第二次世界大战期间固定汇率制度崩溃（1918—1939 年）。由于它们遭受了剧烈的通货膨胀，许多政府允许货币汇率自由浮动。

3. 布雷顿森林体系（1944—1970 年）是可调整的钉住汇率制度，每个国家将汇率钉住锚定货币（美元），而锚定货币的价值又与黄金挂钩。这也被称为"金汇兑本位"制度。

4. 国际货币基金组织（IMF）成立于 1944 年，用于监督布雷顿森林体系的运作。

5. 布雷顿森林体系结束于 1973 年。从那以后主要发达国家开始采用浮动汇率。

6. 特别提款权（SDR）是国际货币基金组织发行的特殊货币，用于国际储备和结算国际账户。

7. 国际储备货币的功能为国际记账单位、交换媒介和价值储藏。

8. 当前的汇率制度安排的范围从钉住汇率（如"美元化"、货币局制度、标准的钉住汇率）到浮动汇率（如管理浮动汇率和自由浮动汇率）。

9. 浮动汇率国家往往是大型封闭经济体，通货膨胀率与其贸易伙伴不同，并且与许多国家进行多样化贸易。

10. 最优货币区是在几个国家间采用固定汇率，而与世界其他国家采用浮动汇率，并可以从中取得经济效率的地理区域。最优货币区安排的一个例子是欧元。

11. 最优货币区的一个必要条件是生产要素的完全流动性。

12. 欧洲货币体系（EMS）成立于 1979 年 3 月，要求保持成员国之间较小的汇率波动，同时允许对外部货币的汇率浮动。1999 年 EMS 已经发展成为只有一种货币欧元和一个欧洲中央银行的系统。

练习

1. 什么样的汇率制度是金本位制？解释它是如何运作的。

2. 金本位制如何消除国际收支持续失衡的可能性？

3. 布雷顿森林体系与金本位制有什么区别？布雷顿森林体系中 IMF 的主要目的是什么？为什么布雷顿森林体系会最终崩溃？

4. 铸币税是什么？铸币税是否导致美国在世界商业中拥有不公平的优势？

5. "美元化"和货币局制度的区别是什么？

6. 管理浮动汇率和自由浮动汇率的区别是什么？

7. 讨论国家采用固定汇率安排的共同经济原因。

8. 解释并用图形说明货币投机者如何攻击固定汇率制度国家的货币。

9. 目标区如何有助于稳定汇率？请解释。

10. 欧洲中央银行体系与联邦储备体系在哪些方面相似？

延伸阅读

Alesina, A. , Barro, R. J. , 2001. *Currency Unions*. Hoover Institution Press, Stanford.

Bordo, M. D. , 1982. The Classical

Gold Standard: Lessons from the Past. In: Connolly, M. B. (Ed.), *Int. Monet. Syst.: Choices for the Future*. Praeger, New York.

Dowd, K., Greenaway, D., 1993. Currency competition, network externalities and switching costs: towards an alternative view of optimum currency areas. *Econ. J.* September.

Edison, H. J., Melvin, M., 1990. The Determinants and Implications of the Choice of an Exchange Rate System. In: Haraf, W. S., Willett, T. D. (Eds.), *Monet. Policy for a Volatile Glob. Econ.*. The AEI Press, Washington, D. C.

Edwards, S., Magendzo, I., 2006. Strict dollarization and economic performance: an empirical investigation. *J. of Money, Credit and Bank.* 38 (1), 269 - 282.

Edwards, S., Yeyati, E. L., 2005. Flexible exchange rates as shock absorbers. *Eur. Econ. Rev.* 49 (8), 2079 - 2105.

Hartmann, P., Manna, M., Manzanares, A., 2001. The microstructure of the euro money market. *J. Int. Money and Finance*.

Hau, H., Killeen, W. P., Moore, M., 2002. The euro as an international currency: explaining puzzling first evidence from the foreign exchange markets. *J. Int. Money and Finance*.

Levin, J. H., 2002. *A Guide to the Euro*. Houghton Mifflin, Boston.

Masson, P. R., Taylor, M. P., 1993. *Policy Issu. in the Oper. of Currency Unions*. Cambridge University Press, Cambridge.

McKinnon, R. I., 1963. Optimum currency areas. *Am. Econ. Rev.* September.

Mundell, R. A., 1961. A theory of optimum currency areas. *Am. Econ. Rev.* vol. 51 (No. 4), 657 - 665.

Pollard, P., 2001. The creation of the euro and the role of the dollar in international markets. *Fed. Rev. of St. Louis Rev.* vol. 83 (No. 5), 17 - 36.

Savvides, A., 1990. Real exchange rate variability and the choice of exchange rate regime by developing countries. *J. Int. Money and Finance*.

附录 2A：特定国家或地区的当前汇率实践

表 2A.1 列出了 IMF 成员的汇率实践。此外，该表还提供了成员使用的货币政策框架类型的信息。

表 2A.1

IMF 成员的汇率实践, 2011 年 4 月 30 日

货币政策框架

汇率安排(国家或地区的数量)	汇率基准				货币总目标(29)	通货膨胀目标制的框架(31)	其他①(33)
	美元(48)	欧元(27)	复合(14)	其他(8)			
没有单独的法定货币(13)	厄瓜多尔 萨尔瓦多 马绍尔群岛 密克罗尼西亚 帕劳 巴拿马 东帝汶 津巴布韦(01/10)	科索沃 黑山 圣马力诺		基里巴斯 图瓦卢			
货币局制度(12)	**东加勒比货币联盟** 安提瓜和巴布达 多米尼克 格林纳达 圣基茨和尼维斯 圣卢西亚 圣文森特和格林纳丁斯 吉布提 香港特别行政区	波斯尼亚和黑塞哥维那 保加利亚 立陶宛②		文莱达鲁萨兰国			
传统的钉住汇率(43)	阿鲁巴 巴哈马群岛 巴林 巴巴多斯 伯利兹 库拉索 圣马滕 厄立特里亚 约旦 阿曼 卡塔尔 沙特阿拉伯② 土库曼斯坦 阿拉伯联合酋长国 委内瑞拉	佛得角 科摩罗② 丹麦 拉脱维亚 圣多美与普林西比(01/10) **西非经济货币联盟** 贝宁 布基纳法索 科特迪瓦 几内亚比绍 马里 尼日尔 塞内加尔 多哥 **中非经济货币共同体** 喀麦隆 中非共和国 乍得 刚果共和国 赤道几内亚 加蓬	斐济 科威特 利比亚 摩洛哥② 萨摩亚	不丹 莱索托 纳米比亚 尼泊尔 斯威士兰			

汇率安排（国家或地区的数量）	汇率基准				货币总目标(29)	通货膨胀目标制的框架(31)	其他(33)
	美元(48)	欧元(27)	复合(14)	其他(8)			
稳定安排(23)	柬埔寨 圭亚那 洪都拉斯 伊拉克 牙买加 老挝 黎巴嫩 马尔代夫 马拉维①(02/10) 马尔代夫(04/11) 苏里南 特立尼达和多巴哥 越南	马其顿	俄罗斯(05/10) 伊朗 叙利亚 突尼斯		布隆迪⑤ 巴基斯坦⑤(06/10) 塔吉克斯坦⑤ 乌克兰④⑤(03/10)		阿塞拜疆⑦ 玻利维亚⑤
爬行钉住汇率(3)	尼加拉瓜		博茨瓦纳		乌兹别克斯坦⑤		
爬行安排(12)	埃塞俄比亚 哈萨克斯坦	克罗地亚(06/10)			阿根廷④⑤(01/10) 孟加拉国⑤(10/10) 刚果民主共和国⑤(05/10) 中国⑤(06/10) 多米尼加④⑤(02/10) 卢旺达④⑤(01/10) 斯里兰卡④⑤(03/10)		埃及④⑥(03/09) 海地④⑤(03/10)
在水平区间内钉住汇率(1)			汤加				

续前表

汇率安排(国家或地区的数量)	汇率基准				货币总目标(29)	通货膨胀目标制的框架(31)	其他①(33)
	美元(48)	欧元(27)	复合(14)	其他(8)			
其他管理汇率(17)	安哥拉 利比里亚 苏丹④(12/09)		阿尔及利亚 新加坡 瓦努阿图		几内亚 尼日利亚 巴拉圭 所罗门群岛(02/11) 也门		哥斯达黎加 吉尔吉斯斯坦 马来西亚 毛里塔尼亚 缅甸 俄罗斯
浮动汇率(36)					阿富汗(04/11) 冈比亚 肯尼亚 马达加斯加 蒙古 莫桑比克 巴布亚新几内亚 塞舌尔 塞拉利昂 坦桑尼亚 乌干达 赞比亚	阿尔巴尼亚 亚美尼亚⑥ 巴西 哥伦比亚 格鲁吉亚①⑦(01/10) 加纳 危地马拉 匈牙利 冰岛 印度尼西亚(02/11) 以色列 韩国 墨西哥 摩尔多瓦 秘鲁(04/11) 菲律宾	印度 毛里求斯(07/10)

续前表

汇率安排（国家或地区的数量）	汇率基准				货币总目标(29)	通货膨胀目标制的框架(31)	其他①(33)
	美元(48)	欧元(27)	复合(14)	其他(8)			
						罗马尼亚	日本
						塞尔维亚	索马里
						南非	瑞士
						泰国	(06/10)
						土耳其(10/10)	美国
						乌拉圭	
自由浮动汇率(30)						澳大利亚	欧洲货币联盟
						加拿大	奥地利
						智利	比利时
						捷克	塞浦路斯
						新西兰	爱沙尼亚(01/11)
						挪威	芬兰
						波兰	法国
						瑞典	德国
						英国	希腊
							爱尔兰
							意大利
							卢森堡

续前表

汇率安排(国家或地区的数量)	汇率基准				货币总目标(29)	通货膨胀目标制的框架(31)	其他①(33)
	美元(48)	欧元(27)	复合(14)	其他(8)			
价格稳定的主要目标							马耳他 荷兰 葡萄牙 斯洛伐克 斯洛文尼亚 西班牙

注：如果成员国的实际汇率安排在报告期已被重新分类，变化日期在括号中显示。

① 包括没有对外声明名义标准，但实际监视各种指标制定货币政策的国家。

② 欧洲汇率制度(ERM Ⅱ)的成员。

③ 汇率与货币组合固定的框架中，2006年波斯尼亚和黑塞哥维那可兑换马克(BAM)采取了一个货币政策框架，基于各种通货膨胀指标与隔夜利率作为它的操作目标，以维持价格稳定的主要目标。自2009年3月，BAM参考先前发表的汇率。覆盖前美元的汇率。

④ 汇率安排被重新分类。

⑤ 实际货币政策框架是钉住美元的汇率。

⑥ 实际货币政策框架是钉住货币组合的汇率。

⑦ 中央银行向通货膨胀目标制初步采取了策略，并正在准备过渡到成熟的通货膨胀目标制。

资料来源：IMF staff. International Monetary Fund, April 30, 2011; http://www.imf.org/external/pubs/ft/ar/2011/eng/pdf/a2.pdf).

第 三 章

国际收支

我们都听说过国际收支。然而，我们很少讨论这个习惯用语，因为衡量国际收支的方法有很多，而新闻界常常模糊这些方法的区别。一般来说，**国际收支**（balance of payments）记录了一个国家与其他国家的商品、服务和金融资产的贸易。这些贸易可以被有效地分类，从而反映一个国家总体的贸易情况。私人交易（个人和公司）与官方交易（政府）是有区别的。绝大多数发达国家的国际收支数据会被季度性地公开。图 3.1 显示了美国商务部记录的国际收支数据。这个内容浩繁的文档对经济学家有重要意义，但是这个文档提供了一些我们这里不必深入了解的经济学数据。要想了解国际收支的一般衡量方法，我们只关心国际收支的广义定义。我们必须明白，尽管一些广义上的衡量方法有各自的用途，但是它们也有各自的缺点，这些我们将在后面详细分析。

国际收支是一个建立在复式记账法基础上的会计报表。每一个交易行为都会作为借方和贷方在资产负债表上记录下来。贷方分录记录了外汇流入本国的过程，借方分录则记录了外汇流出的过程。在图 3.1 中，借方分录被记为负值。举例来说，假如我们要记录一个美国制造商把一台机器出售给一个法国进口商的过程，制造商要求买家在 90 天内付清款项。机器出口将被作为贷方在商品账户中记录下来。而对外国人的商业信用将会作为借方在资本账户中被记录下来。这里我们所说的资本是金融资本。因此，延伸一下，商业信用与股票、债券和其他短期金融工具都处于相同的账户中。对于任何账户，如果其贷方分录超过了借方分录，则存在**盈余**（surplus）。假如借方分录

（贷方＋；借方一）

行数	经常账户	1960	1970	1980	1990	2000	2010
1	**商品和服务的出口以及收入收据**	**30 556**	**68 387**	**344 440**	**706 975**	**1 425 260**	**2 500 817**
2	商品和服务的出口	25 940	56 640	271 834	535 233	1 072 782	1 837 577
3	商品，国际收支的基础	19 650	42 469	224 250	387 401	784 781	1 288 699
4	服务	6 290	14 171	47 584	147 832	288 002	548 878
5	美国军事机构销售合同的转移支付	2 030	4 214	9 029	9 932	6 210	17 483
6	旅行	919	2 331	10 588	43 007	82 891	103 505
7	票价	175	544	2 591	15 298	20 197	30 931
8	其他运输	1 607	3 125	11 618	22 042	25 562	39 936
9	版税和专利费	837	2 331	7 085	16 634	51 808	105 583
10	其他私人服务	570	1 294	6 276	40 251	100 792	250 320
11	美国政府杂项服务	153	332	398	668	542	1 121
12	收入收据	4 616	11 748	72 606	171 742	352 478	663 240
13	美国持有海外资产的收入收据	4 616	11 748	72 606	170 570	348 083	657 963
14	直接投资收入	3 621	8 169	37 146	65 973	151 839	432 000
15	其他私人收入	646	2 671	32 898	94 072	192 398	224 469
16	美国政府收入	349	907	2 562	10 525	3 846	1 494
17	员工补偿	...	...	...	1 172	4 395	5 278
18	**商品和服务进口以及支付收据**	**-23 670**	**-59 901**	**-333 774**	**-759 290**	**-1 782 832**	**-2 835 620**
19	商品和服务的进口	-22 432	-54 386	-291 241	-616 097	-1 449 532	-2 337 604
20	商品，国际收支的基础	-14 758	-39 866	-249 750	-498 438	-1 230 568	-1 934 555
21	服务	-7 674	-14 520	-41 491	-117 659	-218 964	-403 048
22	直接防御支出	-3 087	-4 855	-10 851	-17 531	-12 698	-30 391
23	旅行	-1 750	-3 980	-10 397	-37 349	-65 366	-75 507
24	票价	-513	-1 215	-3 607	-10 531	-23 613	-27 279
25	其他运输	-1 402	-2 843	-11 790	-24 966	-37 209	-51 202
26	版税和专利费	-74	-224	-724	-3 135	-16 606	-33 450
27	其他私人服务	-593	-827	-2 909	-22 229	-61 085	-180 598
28	美国政府杂项服务	-254	-576	-1 214	-1 919	-2 386	-4 621

行数		1960	1970	1980	1990	2000	2010
29	收入支付	−1 238	−5 515	−42 532	−143 192	−333 300	−498 016
30	外国拥有美国资产的收入支付	−1 238	−5 515	−42 532	−139 728	−322 345	−483 504
31	直接投资支付	−394	−875	−8 635	−3 450	−56 910	−151 361
32	其他私人支付	−511	−3 617	−21 214	−95 508	−180 918	−196 004
33	美国政府支付	−332	−1 024	−12 684	−40 770	−84 517	−136 139
34	员工补偿	...	...	...	−3 464	−10 955	−14 512
35	**当前单方面转移支付，净值**	**−4 062**	**−6 156**	**−8 349**	**−26 654**	**−58 767**	**−136 095**
36	美国政府拨款	−3 367	−4 449	−5 486	−10 359	−16 836	44 717
37	美国政府养老金和其他转移	−273	−611	−1 818	−3 224	−4 705	−10 365
38	私人汇款和其他转移	−423	−1 096	−1 044	−13 070	−37 226	−81 013
	资本账户						
39	**美国持有的海外资产，不包括金融衍生品**	**−4 099**	**−9 337**	**−86 967**	**−81 234**	**−560 523**	**−1 005 182**
40	美国官方储备资产	2 145	−2 481	−8 155	−2 158	−290	−1 834
41	黄金	1 703	787	...	...	0	0
42	特别提款权	...	−851	−16	−192	−722	−31
43	国际货币基金组织中的储备头寸	442	389	−1 667	731	2 308	−1 293
44	外国货币	...	2 156	−6 472	−2 697	−1 876	−510
45	美国政府资产，不包括官方储备资产	−1 100	−1 589	−5 162	2 317	−941	7 540
46	美国信贷和其他长期资产	−1 214	−3 293	−9 860	−8 410	−5 182	−4 976
47	美国信贷和其他长期资产的偿还	642	1 721	4 456	10 856	4 265	2 408
48	美国的外汇储备和美国短期资产	−528	−16	242	−130	−24	10 108
49	美国私人资产	−5 144	−10 229	−73 651	−81 393	−559 292	−1 010 888
50	直接投资	−2 940	−7 590	−19 222	−37 183	−159 212	−351 350
51	外国证券	−663	−1 076	−3 568	−28 765	−127 908	−151 916
52	与美国非银行机构有关的美国对独立外国人的债权	−394	−596	−4 023	−27 824	−138 790	7 421
53	与美国银行有关证券经纪人有关的美国债权	−1 148	−967	−46 838	12 379	−133 382	−515 043
54	**外资拥有的美国资产，不包括金融衍生品**	**−2 294**	**−7 226**	**62 037**	**139 357**	**1 038 224**	**1 245 736**
55	美国的外国官方资产	1 473	7 775	16 649	33 910	42 758	349 754
56	美国政府证券	655	9 439	11 895	30 243	35 710	316 980

行数	经常账户	1960	1970	1980	1990	2000	2010
57	美国国债	655	9 411	9 708	29 576	−5 199	397 797
58	其他	...	28	2 187	667	40 909	−80 817
59	其他美国政府负债	215	411	1 767	1 868	−1 825	12 124
60	与美国银行和证券经纪人有关的美国负债	603	−2 075	−159	3 385	5 746	−9 375
61	其他美国官方资产	...	...	3 145	−1 586	3 127	30 025
62	其他外国持有的美国资产	821	−550	45 388	105 447	995 466	895 982
63	直接投资	315	1 464	16 918	48 494	321 274	236 226
64	美国国债	−364	81	/19/2 645	−2 534	−69 983	256 428
65	美国证券，不包括美国国债	282	2 189	5 457	1 592	459 889	120 453
66	美国货币	...	...	2 773	16 586	−3 357	28 319
67	与美国非银行机构有关的美国对独立外国人的负债	−90	2 014	6 852	45 133	170 672	77 456
68	与美国银行和证券经纪人有关的美国负债	678	−6 298	10 743	−3 824	116 971	177 100
69	**统计误差（上述有符号的项目之和）**	**−1 019**	**−219**	**22 613**	**28 066**	**−61 361**	**216 761**
	备忘录：						
70	商品余额（第3和20行）	4 892	2 603	−25 500	−111 037	−445 787	−645 857
71	服务余额（第4和21行）	−1 385	−349	6 093	30 173	69 038	145 830
72	经常账户余额（第1、18和35行）	2 824	2 331	2 317	−78 968	−416 338	−470 898

图 3.1　美国国际交易

注：2010 年金融衍生品已被移除，这影响了资本账户余额。

资料来源：Bureau of Economic Analysis; U. S. International Transactions Accounts Data, September 2011.

超过了贷方分录，则存在**赤字**（deficit）。值得注意的是，盈余或赤字只能运用于国际收支中一个特定的区域，因为所有账户的借方总和与贷方总和应该始终相等。换句话说，国际收支一定是平衡的。在下面的内容中，这一点将会被解释得更加详细。让我们来看一些常用的国际收支衡量方法。

经常账户

经常账户（current account）的定义包括了商品、服务、投资收入和双边贸易的交易额度。**商品**（merchandise）是指有形市场中的商品贸易。**服务**（services）指的是对于生产要素的贸易。生产要素包括劳动力、土地和资本。服务包括旅游、稿酬、运输支出和保险费用等往来。有形资本或者服务获得的收益，或者投资获得的收益，将会被记录在投资收益的账户上。国家间的利息和股息维持在一个高值并且随着世界金融市场的复杂化持续增长。

国际收支的最后组成部分包括**单边转移支付**（unilateral transfers），例如美国对外国的援助、外交赠礼和退休金。美国每年在这些方面有很大的财政赤字，除了1991年其他国家为了帮助美国支付中东战争中的开支而向美国转移大笔资金。

图3.2说明了经常账户随时间的变化趋势。在这里，考虑到当时美国的经济增长和通货膨胀，经常账户被表示为国内生产总值的一部分。20世纪80年代经常账户的赤字增长在之前还没有过先例，但比起这些年来的经常账户赤字还是显得微不足道。美国的经常账户赤字在2005—2006年达到顶峰，在这一段时间，经常账户超过国内生产总值的6%。

回到图3.1，第72行说明1960年经常账户有28.24亿美元的盈余，而2010年则变成了4 708.98亿美元的赤字。在2010年约4 710亿美元的经常账户赤字是6 460亿美元商品贸易赤字、1 460亿美元服务盈余、1 650亿美元投资盈余和1 360亿美元转移支付赤字的总和。1960—1970年，美国维持了商品贸易的盈余。从1971年20亿美元赤字开始，商品贸易赤字就一直存在，除了1973年和1975年。尽管美国的商品贸易赤字始终如一，但美国在国际投资中获得了相当的收益，使得经常账户在1973—1976年和1980—1981年实现了盈余。

在图3.1中，国际收支的统计在第69行终止了。第70行至第72行是对第1行到第68行的概要。这几行是通过在国际收支的不同地方划线对比得来的。我们可以在国际收支的区域里画一条线，在这条线之上，把借方和贷方的项目相加。举例来说，假如我们在经常账户中的单边转移支付后面画一条线（第35行），同时把划线之上的借方与贷方的项目相加，我们将得到经常账户的总盈余或总赤字。对于2010年，我们可以把出口额（25 008.17亿美元）、进口额（－28 356.2亿美元）和单边转移支付

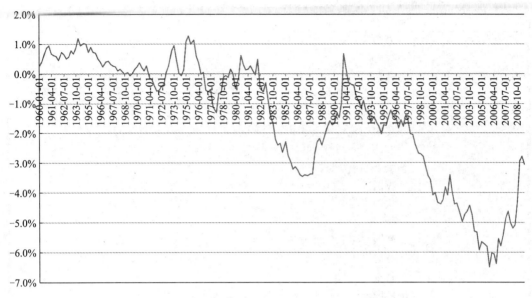

图 3.2　经常账户占 GDP 的比例，1960—2009 年

（−1 360.95亿美元）相加。相加之和为−4 708.98亿美元，这个数目便是第 72 行显示的数目。值得注意的是，在第 38 行之下的项目包括商品贸易、金融项目、服务、投资收入和单边转移支付（国际馈赠）；因此经常账户表明了一个国家对于其他国家总体上是贷方还是借方。经常账户赤字表明一个国家在画线之下有净盈余，并且对于其他国家是净借方。

　　经常账户不包括资本账户的交易——金融资产的买卖。因为经常账户画线下的项目与经常账户余额价值相等（符号相反），我们可以看出经常账户余额是如何表明金融活动（线下），以及商品贸易、服务和单边转移支付这些线上项目的。在一段时期内（一年或者一个季度），如果经常账户有赤字，那么这个国家必须从其他国家借入相应金额来填补这个金融赤字。

常见问题：美国的经常账户赤字和其他国家或地区相比到底是多是少？

　　美国的经常账户赤字的绝对值是世界上最大的。然而，经常账户赤字的美元值具有很大的欺骗性，因为美国是世界上最大的经济体。我们最好比较经常账户赤字或盈余的值占一个国家国内生产总值的比例。通过比较我们可以得到赤字对于一个国家的相对大小。下页的图表显示了一些特定国家或地区 2010 年经常账户赤字或盈余占 GDP 的百分比。从该表可以看出美国的赤字占 GDP 的比例并不是最大的。经常账户有严重问题的国家包括希腊、葡萄牙和冰岛，这三个国家都已经向国际货币基金组织求救。相反，许多国家或地区拥有很大的财政盈余。挪威和瑞士的经常账户盈余超过了国内生产总值的 10%。

国家/地区	经常账户（占 GDP 的百分比）
希腊	−10.5%
葡萄牙	−9.9%
冰岛	−8.0%
西班牙	−4.5%
意大利	−3.3%
美国	−3.2%
加拿大	−3.1%
澳大利亚	−2.6%
英国	−2.5%
法国	−2.1%
墨西哥	−0.5%
韩国	2.8%
芬兰	3.1%
日本	3.6%
中国内地	5.2%
德国	5.7%
瑞典	6.3%
中国香港	6.6%
荷兰	7.7%
挪威	12.8%
瑞士	14.2%

资料来源：International Monetary Fund and Eurostat as compiled by tradingeconomics. com，January 2011.

因为国际收支总是平衡的，这些年来庞大的经常账户赤字和巨大的资本账户盈余是匹配的。这说明其他国家在美国的投资始终保持在很高的水平。一些分析家已经表达了对美国持续增长的外债危机的忧虑。下节将会详细阐述这个问题。

经常账户融资

巨大的经常账户赤字表明了巨大的资本账户盈余。资本账户交易会在国际收支平衡表的经常账户下方被记录下来。回到图 3.1，第 40 行到第 68 行记录了资本账户交易。我们可以看到资本账户交易包括官方交易和私人交易。简单来说，表 3.1 是美国从 1960 年起资本账户交易的一个总结。在该表中，借方和贷方被分别记录，所以我们能够辨别净资本流动改变的来源（净资本流入少于净资本流出）。举例来说，在 2010 年我们看到美国私人证券在海外购买为 1 519.16 亿美元（图 3.1 的第 51 行）。这将被记入资本账户的借方分录，因为这里包含外汇从美国流出的过程。2010 年，国外私人证券在美国购买总计 3 768.81 亿美元（图 3.1 的第 65 行和第 66 行）。这将被记录在资本账户的贷方分录，因为它包含了外汇流入美国的过程。我们可以用相同的方法解释资本账户中的其他项目。

在解释美国国际资本流动的历史之前，我们应该思考个人资本账户项目。

直接投资（direct investment）：超过公司股权 10% 的个人金融交易。

购买证券（security purchases）：私人部门净购买的股票和债券。

银行债权债务（bank claims and liabilities）：债权包括贷款、未偿还贷款、承兑汇票、海外存款、国外附属行的债权、外国政府债务和外国商业及金融证券、债务包括存款、存款证明、国外附属行的债务和其他债务。

美国政府海外资产（U. S. government assets abroad）：美国官方储备资产的变化（黄金、特别提款权、外币持有量和国际货币基金组织的现金准备金头寸）。

外国在美国的官方资产（foreign official assets in the United States）：对美国政府债券的净购买、美国国营公司和代理的债务、美国州政府和地方政府的债券，以及被美国银行记录的对国外官方机构的负债变化。

表 3.1 　　　　　　　　　　美国资本账户交易（资本流动）　　　　　　　单位：百万美元

年份	直接海外投资	对美国的直接投资	海外证券购买	在美国的证券购买	银行对外国人的债权	银行对外国人的债务	美国政府的海外资产	在美国的外国官方资产
1960	2 940	315	663	−82	1 148	678	−1 045	1 473
1970	7 590	1 464	1 076	2 270	967	−6 298	−892	7 775
1980	19 222	16 918	3 568	8 102	46 838	10 743	13 317	16 649
1990	37 183	48 494	28 765	−942	−12 379	−3 824	−159	33 910
2000	159 212	321 274	127 908	389 906	133 382	116 971	1 231	42 758
2001	142 349	167 021	90 644	379 501	135 706	118 379	5 397	28 059
2002	154 460	84 372	48 568	383 702	38 260	96 410	3 336	115 945
2003	149 564	63 750	146 722	312 160	13 014	97 207	−2 060	278 069
2004	316 223	145 966	170 549	475 101	366 047	335 206	−4 515	397 755
2005	36 235	112 638	251 199	582 686	207 625	214 736	−19 635	259 268
2006	244 922	243 151	365 129	625 016	502 099	462 043	−7 720	487 939
2007	414 039	221 166	366 512	672 259	649 730	517 628	22 395	481 043
2008	329 081	310 092	−197 347	−2 695	−542 128	−428 337	534 463	554 634
2009	303 606	158 581	226 813	−10 982	242 865	−317 079	−489 086	480 237
2010	351 350	236 226	151 916	376 881	515 043	177 100	−5 076	349 754

一些资本账户交易是商品和服务交易的直接结果。举例来说，许多商品通过信用交易被卖出。出口商在支付到期之前会给进口商一定的支付时间——一般是 30 天，60 天或 90 天。这种融资能够在银行债权债务中反映出来，因为这种交易由出口方银行操作。其他的资本账户项目是国际投资者经营管理各种投资组合的结果。证券的购买可以被归为此类。与政府有关的官方交易也有各自的经济和政治动机。

最近的资本账户交易从经济学的角度来看十分有趣。总的来说，我们可以看到通过总交易额的迅速增长，全球化的迹象愈发明显。在美国和外国的直接投资相比 20 世纪 70 年代和 80 年代有了极其显著的增长。我们还可以注意到即使在最近的银行危机期间，直接投资仍然保持良好的势头。在绝大多数时期，美国的对外直接投资都超过了外国在美国的直接投资。然而，债券交易呈现出截然不同的局面。2000 年以来，外国购买的美国债券远远超过了美国购买的外国债券。相似的是，外国政府购买的美国资产远远超越了美国政府购买的外国资产。因此外商对购买证券更感兴趣，而美国则更倾向于直接投资。

表 3.1 也提供了在 2008 年金融危机时有趣的一组数据。我们可以看到外国中央行和私人投资者同时大量购买美国证券。值得注意的是，在 2005—2007 年，美国证券私人购买量的平均值达到了 6 000 亿美元，同时还有大约 4 000 亿美元的债券被官方机构所购买。因此，2005—2007 年，每年大约有 10 000 亿美元被投入美国经济市场，为美国提供了足够的投资资本供给。在 2008 年，这种外国私人资金彻底消失，只剩下官方机构的购买。然而，美国在国外的证券购买量依然保持负值，说明美国投资者通过出售外国债券得到将近 2 000 亿美元的流动资产。相似的，美国和其他外国投资者都销售银行资产使得两项数据都保持负值。在 2010 年之前，这个反常的负值消失，国际账户又回到了 21 世纪前十年中期的水平。

额外的概括性指标

到目前为止，我们着重解释了国际收支中的经常账户。从经济学家、政府政策制定者和商业公司的实用性角度来说，对经常账户的强调是必要的。然而，国际收支现象还有其他概括性指标。在经常账户分类中，商品交易余额经常被大众化报纸引用（因为美国每月会公布相应的数据）。**贸易余额**（balance of trade）（图 3.1 的第 3 行与第 20 行之和）呈现盈余，说明商品的出口量超过了进口量。本国的商业公司和工会经常通过商品交易余额来判断是否需要保护国内市场，使其免受国际市场竞争的侵害。当一个国家出现严重的商品交易余额赤字时，当地被外来竞争者伤害的行业就会声明，商品交易余额反映了经济受到的伤害程度。由于商品贸易余额的政治敏感性，它是经常被引用的指标。

官方结算余额（official settlements balance）（图 3.1 的第 40 行和第 55 行）衡量了外国货币管理局持有金融资产和官方储备资产交易的改变。官方结算余额衡量了外币对美元的压力，因为有时官方机构不想增持美元储备，而是宁愿出售。这将会降低美元对外币的汇率。然而假如对美元仍有需求，官方美元储备的操作将造成国际汇兑的压力。另外，在当今世界，官方持有并不一定反映当时的经济情况，因为（后面的章节会详细介绍）欧洲美元市场允许中央银行把对美国的官方债权转化成私人债权。不过，货币学家已然承认官方清算账户的重要性，因为国际储备的变化是一个国家货币供给所要依靠的因素。

外国货币管理局对大多数国家的债权是琐碎繁重的，所以官方结算余额实际上衡量了国际储备的变化。对于美国来说，官方结算余额主要记录了短期内外国货币管理局持有的美国债务。外国中央银行对于美元标价债务的需求，使得美国经常账户赤字能用美元融资。其他国家则必须通过卖出外币来为财政赤字筹措资金。这样做的结果是，它们承受赤字的能力将受到限制，并最终耗尽它们的外汇储备。

交易分类

到目前为止，我们已经定义了重要的国际收支总结指标，并对一国国际交易的各种分类进行了解释。实际的交易分类对初次考虑这种问题的人来说可能比较迷惑。为了有助于理解这些分类问题，我们将分析简化国际收支平衡表后的六种交易。

首先，我们必须记住，国际收支平衡表是资产负债表，所以至少借方总额等于贷方总额。这意味着我们使用复式记账法——在资产负债表中每个项目有两方，一个借方一个贷方。贷方记录项目支付的流入，这类项目与外汇市场上对本国货币需求增加或对外国货币供给增加相关。借方记录项目支付流出，这类项目与外汇市场上对本国货币供给增加或对外国货币需求增加相关。现在考虑下面六个假设的交易，以及表3.2中它们相应的条目。

（1）美国银行向罗马尼亚的食品加工商发放贷款100万美元。贷款使得罗马尼亚公司在美国银行产生了一个100万美元的存款。贷款代表私人资本流出，被记录在私人资本的借方。新存款被记录在私人资本的贷方，由于外国持有的美国银行存款增加，这被视作资本流入。

（2）一家美国公司将价值100万美元的小麦出售给罗马尼亚的公司。小麦是用（1）中创建的银行账户支付的。小麦出口代表100万美元的商品出口，因此我们贷记商品100万美元。存款支付导致外国持有的美国银行存款下降，这被视作资本流出，导致私人资本借记100万美元。

表 3.2	国际收支		单位：美元
	贷方（＋）	借方（一）	净均衡
商品	1 000 000（2）		
	100 000（5）		
服务		10 000（4）	
投资收入	10 000（3）		
单方转移支付		100 000（5）	
经常账户			1 000 000

	贷方（＋）	借方（－）	净均衡
官方资本	50 000 000（6）	50 000 000（6）	
私人资本	1 000 000（1）	1 000 000（1）	
	10 000（4）	1 000 000（2）	
		10 000（3）	
总计	52 120 000	52 120 000	

注：括号中的数字指我们分析过的六个交易。

（3）一名美国居民从其拥有的德国国债中收到 10 000 美元的利息。她将这 10 000 美元存入一家德国银行。国际的外国投资记入投资收入账户的贷方。美国拥有的外国银行存款的增加被视作资本流出，被记录在私人资本账户借方 10 000 美元。

（4）一名美国游客到欧洲旅行，并花费 10 000 美元的德国存款。旅行支出被记录在服务账户中。美国旅行者的国外支出被记录在服务账户借方 10 000 美元。美国拥有的外国存款的减少被视作私人资本流入，并被记录在私人资本账户贷方 10 000 美元。

（5）美国政府向尼加拉瓜捐助了价值 100 000 美元的粮食。粮食出口被记录在商品账户贷方 100 000 美元。既然粮食是捐赠，国际收支平衡表项目就是单方转移支付；在这种情况下，借记单方转移支付 100 000 美元。

（6）日本政府财政部购买价值 5 000 万美元的美国政府债券，用美国银行的存款支付。外国政府购买美国政府债券被记录为官方资本流入，所以我们贷记官方资本 5 000 万美元。外国在美国银行存款的减少被视作资本流出；但是因为存款属于外国政府，借记 5 000 万美元的官方资本。

请注意，经常账户收支是商品、服务、投资收入和单方转移支付账户之和。加总贷方和借方，我们发现贷方总和为 1 110 000 美元，而借方总和为 110 000 美元，所以在经常账户中有 100 万美元正的贷方收支。

资本账户通常最让人感到困惑，尤其是与银行存款变化有关。例如，我们分析的第三个交易，将德国银行存款 10 000 美元记入美国私人资本账户的借方。第四个交易将美国旅行者支出德国银行存款 10 000 美元记入美国私人资本账户的贷方。这似乎令人费解，因为在本章的前面指出，贷方项目是外汇流入国家的项目，而借方项目是外汇流出国家的项目。但是这两个交易都不影响美国银行存款，只影响外国存款。关键是要把德国银行的存款 10 000 美元视作来自美国银行账户。外国银行中美国存款的增加记入借方，不管这些钱是否在美国。重要的不是这些钱是否位于美国，而是所有者的居住国是否为美国。同样，美国拥有的外国存款下降记入私人资本账户借方，不管钱是否实际上从国外带入美国。

图 3.1 中被称作"统计误差"的项目（第 69 行），不是由于不知道如何分类这些交易。被记录的国际交易难以准确地衡量。海关记录的数字和商业公司的调查无法捕捉所有实际发生的贸易。其中一些可能是由于非法或地下活动，但是在现代动态经济

中，即使没有违法活动，我们也预期存在相当大的测量误差。根本不可能观察到每一笔交易，所以我们必须依靠国际交易的有效统计抽样。

国际收支的平衡和调整

到目前为止，我们已经集中讨论了国际收支的会计流程和相关定义。现在我们要考虑国际收支的经济意义。例如，商品出口能够赚取外汇，而商品进口能够使外汇流出，我们还经常听到旨在最大化贸易或经常账户盈余的政策争论。这事实上可取吗？首先，我们必须意识到，因为一个国家的出口是另一个国家的进口，不可能每个国家都有盈余。从全球范围来说，出口的总价值等于进口的总价值——这就是说，这是全球平衡的贸易。实际上，贸易数据收集的方法告知我们，对于贸易平衡将有盈余误差。当货物装船时记录出口，而进口记录是基于收货。因为总有运输中的商品从出口商发往进口商，如果我们将所有国家的贸易余额加总，我们将预期全球贸易盈余。然而，这些年全球经常账户余额始终为赤字。这个问题似乎涉及准确地度量国际金融交易的困难。商品贸易可以相当精确地测量，贸易余额的全球总和几乎是零；但是，服务交易难以观察，投资收入流动似乎是全球经常账户差异的主要来源。出现这种问题的原因是，收到资本流入的国家（债务国）比债权国能更准确地记录交易信息。例如，如果新加坡的投资者购买了墨西哥的股票，墨西哥政府比新加坡政府更可能准确地观察交易。然而即使有政府统计部门的这些记账问题，一个国家的赤字是另一个国家的盈余，这个基本经济观点仍然是正确的。

既然如果一个国家有贸易盈余，另一个国家必须有贸易赤字，那么盈余一定好，赤字一定坏，一个国家只能从另一个国家的损失中获益吗？从某种意义上说，进口似乎好于出口。从当前消费来说，出口的商品被外国进口者消费，就不能再用于国内消费。正如我们从国际贸易理论的研究中得知，自由国际贸易的好处是使得生产更有效率和消费增加。与仅在国内生产相比，进口能够使国家实现更高的生活水平。因为从中国的进口，在圣诞节孩子们有更多的玩具。由于与热带国家的贸易，香蕉和菠萝可以很容易买到。如果国家间的贸易是自愿的，那么很难说贸易使赤字国受害，而使盈余国受益。

一般来说，收支盈余而非赤字的国家是否变好是不明显的。考虑下面的简单例子，只有两个国家，A 和 B。国家 A 是富有的债权国，它向穷国 B 贷款。为了偿还这些贷款，国家 B 对国家 A 必须为贸易盈余，以获得还款的外汇。你愿意生活在富裕的国家 A 并经历贸易赤字，还是贫穷的国家 B 并经历贸易盈余呢？虽然这确实是一个简单的例子，但是现实世界中也存在相似的情况，富有的债权国有贸易赤字，而贫穷的债务国有贸易盈余。这里的重点是分析国际收支不能脱离其他经济因素。赤字本身并不坏，盈余也不是必然好。

国际收支平衡（balance of payments equilibrium）通常被认为是出口等于进口，或在某个子账户中借方等于贷方的状态，例如经常账户或者官方结算账户。事实上，国家的经常账户余额可以是正的、负的或零，这取决于随着时间流逝，何种情况是可持续的。例如，如果世界其他国家想要积累美国金融资产，经常账户赤字是美国的平衡。这涉及美国资本账户盈余作为美国金融资产将出售给外国买家，这将与经常账户赤字相匹配。所以平衡不需要是零余额。然而，为了简化下面的分析，假设平衡就是零余额。从这个意义上说，如果经常账户平衡，那么这个国家的净债权人或净债务人的头寸不变，因为没有净融资的需要——经常账户出口项目正好与经常账户进口项目平衡。官方结算平衡意味着外国货币机构持有的短期资本和储备资产没有变化。对大多数国家来说，这仅仅意味着它们的国际储备保持不变。

如果国际收支不平衡将会发生什么——比如说官方结算账户？这将导致赤字国家的储备资产损失和盈余国家的储备资产积累。国际储备资产包括黄金、国际货币基金组织的特别提款权（在第二章中，这是一种国际货币基金组织发行的信用，并根据各国对国际货币基金组织的金融资助进行分配）和外汇。为了简化问题（虽然这基本上就是大多数国家所面临的情况），我们只考虑汇率。国际收支平衡的概念与第一章和第二章的供给均衡图表联系在一起。在浮动汇率（flexible exchange rates）下，汇率由自由市场的供给和需求决定，自由市场的操作使国际收支均衡恢复。因此，官方结算账户将为零。相比之下，正如我们在第二章中了解到的，汇率并不总是根据市场情况的改变自由调整。对于固定汇率（fixed exchange rates）来说，中央银行将汇率设定在特定水平。当汇率固定时，美元可能被高估或低估，中央银行必须通过国际储备流动资助交易不均衡。特别地，在贸易赤字的情况下，美联储出售外汇以兑换美元。在这种情况下，只要外汇储备持续，美国贸易赤字就会继续，并且官方结算均衡会显示这种干预。

除了这些调整国际收支不平衡的方法，国家有时对国际贸易使用直接控制，例如政府强制配额或制定价格，以使供给曲线或需求曲线移动，使国际收支平衡。这样的政策在发展中国家尤其受欢迎，由于国际储备的长久短缺，不允许在政府支持的汇率上，资助自由市场决定的贸易不平衡。

这个国际收支平衡的调整机制是国际经济学最重要的实际问题之一。这里的讨论只是介绍；第十二至十五章的大部分分析也与该问题有关。

美国的外国债务

表 3.1 中资本账户交易的意义是改变国家净债务人或净债权人的地位。净债务国

对世界其他国家的债务比其他国家对该国的债务更多，而其他国家对净债权国的债务比净债权国对其他国家的债务多。自第一次世界大战以来，1986年美国第一次成为国际净债务国。20世纪80年代经常账户高额赤字与资本账户的高额盈余相匹配。快速增加的外国直接投资和美国证券购买，导致1982年美国净债权国地位的迅速下降，并在1986年成为净债务国。

净国际投资头寸详细列在表3.3中。可以把表3.3作为表3.1的总结，它反映几个给定时点上美国与世界其他国家净头寸的对比。相比之下，表3.1描述了特定年份商品和服务的流动。表3.3的第一行表明累计净投资头寸。这表明20世纪70年代和80年代早期美国是世界上最大的债权国，但是在80年代净头寸开始恶化，美国成为世界上最大的债务国，2010年净头寸为-24 709.89亿美元。因此，外国人拥有近2.5万亿美元的美国资产债权，超过美国对外国资产的债权。

详细的账户也很有趣。美国居民拥有外国资产的巨额债权。美国居民拥有对外国资产价值超过20万亿美元的债权，然而外国人有约22.5万亿美元的债权。相比之下，2010年美国GDP接近15万亿美元，所以持有的国际资产超过了美国国内生产总值。

表3.1中经常项目赤字导致外国人拥有更多美国资产的债权。美国的净国际投资头寸是所有过去经常账户赤字和盈余的总和。因此，经常账户是有用的衡量指标，因为它总结了与一国净债务国地位有关的趋势。由于这个原因，评估发放给外国政府的贷款时，国际银行家将经常账户趋势作为重要变量之一。

美国的外国债务有多糟糕？

在上一节中我们得出结论，美国的债务规模接近2.5万亿美元，超过它从世界其他地区取得的应收账款。这有多严重？我们多次听说美国联邦债务，但很少听说美国国际债务的情况。尽管听起来净额巨大，但是表3.3中的明细账目使我们对债务情况有一些安慰。注意，第27行超过第7行和第12行约4万亿美元。这表明外国中央银行和政府持有大量的美国流动资产，因为它们将这些资产作为外汇储备。另外，第17行和第34行的私人投资账户表明，美国居民有更多对外国的直接投资，然而外国人往往拥有更多美国债券。这两个原因导致外国人持有的美国资产的回报相对低于美国居民海外投资的回报。事实上，尽管美国的债务接近2.5万亿美元，比外国欠美国的更多，但是美国的投资回报率如此高，以至于美国居民持有的外国资产总净收入，超过外国居民持有美国资产的回报。通过回顾图3.1中的收入和支出，我们可以发现这一点。第12行表明，2010年收入是6 630亿美元，第29行表明支出是4 980亿美元。因此美国有1 650亿美元的净收益，尽管对美国来说资产基础比这小得多。因此，从收入角度看，国际债务并不是一个负担。

表 3.3

美国国际投资净头寸

行数	投资类型	1976	1980	1985	1990	1995	2000	2005	2010ᴾ
1	美国国际投资净头寸（第 2＋3 行）	162 709	360 347	61 739	−230 375	−430 194	−1 337 014	−1 932 149	−2 470 989
2	净金融衍生品（第 5—25 行）							57 915	110 421
3	国际投资净头寸，不包括金融衍生品（第 6—26 行）	162 709	360 347	61 739	−230 375	−430 194	−1 337 014	−1 990 064	−2 581 410
4	美国持有的海外资产（第 5＋6 行）	456 964	929 806	1 287 396	2 178 978	3 486 272	6 238 785	11 961 552	20 315 359
5	金融衍生品（正的总公允价值）							1 190 029	3 652 909
6	美国持有的海外资产，不包括金融衍生品（第 7＋12＋17 行）	456 964	929 806	1 287 396	2 178 978	3 486 272	6 238 785	10 771 523	16 662 450
7	美国官方储备资产	44 094	171 412	117 930	174 664	176 061	128 400	188 043	488 673
8	黄金	36 944	155 816	85 834	102 406	101 279	71 799	134 175	367 537
9	特别提款权	2 395	2 610	7 293	10 989	11 037	10 539	8 210	56 824
10	国际货币基金组织中的储备头寸	4 434	2 852	11 947	9 076	14 649	14 824	8 036	12 492
11	外币	321	10 134	12 856	52 193	49 096	31 238	37 622	51 820
12	美国政府资产，不包括官方储备资产	44 978	65 573	89 792	84 344	85 064	85 168	77 523	75 235
13	美国信贷和其他长期资产	44 124	63 731	87 854	83 716	82 802	82 574	76 960	74 399
14	可偿还的美元	41 309	60 731	85 978	82 602	82 358	82 293	76 687	74 126
15	其他	2 815	3 000	1 876	1 114	444	281	273	273
16	美国的外汇储备和美国短期资产	854	1 842	1 938	628	2 262	2 594	563	836
17	美国私人资产	367 892	692 821	1 079 674	1 919 970	3 225 147	6 025 217	10 505 957	16 098 542
18	当前成本的直接投资	222 283	388 072	371 036	616 655	885 506	1 531 607	2 651 721	4 429 426
19	外国证券	44 157	62 454	119 403	342 313	1 203 925	2 425 534	4 329 259	6 222 864
20	债券	34 704	43 524	75 020	144 717	413 310	572 692	1 011 554	1 737 271
21	公司股票	9 453	18 930	44 383	197 596	790 615	1 852 842	3 317 705	4 485 593
22	与美国非银行机构有关的美国对独立外国人的债权	20 317	38 429	141 872	265 315	367 567	836 559	1 018 462	873 667
23	与美国银行和证券经纪人有关的美国债权，不包括其他地方	81 135	203 866	447 363	695 687	768 149	1 231 517	2 506 515	4 572 585
24	外国持有的美国资产（第 5＋26 行）	294 255	569 459	1 225 657	2 409 353	3 916 466	7 575 799	13 893 701	22 786 348

国际货币与金融（第八版）

续前表

行数	投资类型	1976	1980	1985	1990	1995	2000	2005	2010^P
25	金融衍生品（负的总公允价值）								
26	外国持有的美国资产，不包括金融衍生品（第 27 + 34 行）	294 255	569 459	1 225 657	2 409 353	3 916 466	7 575 799	12 761 587	19 242 860
27	美国的外国官方资产	107 110	181 217	207 864	380 263	690 156	1 037 092	2 313 295	4 863 623
28	美国政府证券	72 572	118 189	145 063	291 228	507 460	756 155	1 725 193	3 957 204
29	美国国库券	70 555	111 336	138 438	285 911	489 952	639 796	1 340 598	3 320 654
30	其他	2 017	6 853	6 625	5 317	17 508	116 359	384 595	636 510
31	其他美国政府负债	11 525	18 522	21 185	24 213	30 856	25 700	22 869	110 243
32	与美国银行和证券经纪人有关的美国负债，不包括其他地方	17 231	30 381	26 734	39 880	107 394	153 403	296 647	178 107
33	其他外国官方资产	5 782	14 125	14 882	24 942	44 446	101 834	268 586	618 069
34	其他外国资产	187 145	388 242	1 017 793	2 029 090	3 226 310	6 538 707	10 448 292	14 380 237
35	当前成本的直接投资	47 528	127 105	247 223	505 346	680 066	1 421 017	1 905 979	2 658 932
36	美国国库券	7 028	16 113	87 954	152 452	326 995	381 630	643 793	1 064 554
37	美国证券，不包括国库券	54 913	74 114	207 868	460 644	969 849	2 623 014	4 352 998	5 860 053
38	公司和其他债券	11 964	9 545	82 290	238 903	459 080	1 068 566	2 243 135	2 868 460
39	公司股票	42 949	64 569	125 578	221 741	510 769	1 554 448	2 109 863	2 991 633
40	美国货币	11 250	19 415	33 258	63 991	133 933	205 406	280 400	342 050
41	与美国非银行机构有关的美国对独立外国人的负债	12 961	30 426	86 993	213 406	300 424	738 904	658 177	747 755
42	与美国银行和证券经纪人有关的美国负债，不包括其他地方	53 465	121 069	354 497	633 251	815 043	1 168 736	2 606 945	3 706 733
	备忘录：								
43	对外国直接投资的市场价值			386 352	731 762	1 363 792	2 694 014	3 637 996	4 843 325
44	对美国直接投资的市场价值			219 996	539 601	1 005 726	2 783 235	2 817 970	3 451 405

注：P 指初步的。

另外，应该指出的是，2.5万亿美元的美国净债务与发展中国家的债务不同。美国的国际债务是用美元偿还，因此资产的外国持有者只能收到美元。对于一个印刷美元的国家来讲，债务很容易偿还。相比之下，通常发展中国家的债务也是美元。然而，对于一个不能印刷美元的国家来讲，创造足够的余额以偿还债务更加困难。

小结

1. 国际收支记录了一个国家的国际交易；跨越国家边界的支出和收入。

2. 国际收支使用复式记账法。每个交易都有借方和贷方。

3. 如果某个国际收支账户的贷方项目价值超过（或低于）借方项目价值，那么盈余（或赤字）存在。

4. 经常账户是商品、服务、投资收入和单边转移支付的总和。

5. 经常账户赤字用资本账户盈余抵消。

6. 贸易余额是商品出口减去商品进口。

7. 官方结算余额等于外国货币机构持有的金融资产和官方储备资产交易的改变。

8. 外国银行中美国持有存款的增加（减少）记入美国资本账户的贷方（借方）。而美国银行中外国持有存款的增加（减少）记入美国资本账户的借方（贷方）。

9. 1986年美国成为一个国际净债务国。

10. 赤字不一定坏，盈余也未必好。

11. 对于浮动汇率来说，汇率变化可以恢复国际收支平衡。

12. 对于固定汇率来说，国际收支不会自动恢复。因此，中央银行必须进行干预以资助经常账户赤字，或者施加贸易限制以恢复平衡。

练习

1. 解释国际收支中复式记账法的原则。在国际交易方面，我们怎样借记或贷记？

2. 对以下交易进行分类，并记入美国国际收支账户：

a. 一名美国游客到法兰克福旅行，在酒店，腊肠和啤酒花费1 000美元。他用支票支付，付款人为俄克拉何马州塔尔萨的一家银行。

b. 梅赛德斯-奔驰公司在德国向美国经销商出售400 000美元的汽车，允许90天的贸易信贷，直至到期。

c. 德国的施密特先生收到一张100美元的支票，付款人为美国银行，这是在纽约工作的孙子给他的生日礼物。

d. 亚利桑那州太阳城的居民收到价

值 2 000 美元的德国公司分红支票。这张支票来自德国银行。

e. 美国政府向德国捐赠价值 100 000 美元的小麦。

3. 问题 2 中的经常账户余额是多少?

4. 如果一个国家有经常账户赤字,那么它是世界其余国家的净贷款人还是借款人? 国家应该担心它的经常账户赤字吗? 请讨论。

5. 什么是国际收支失衡? 一个国家可以无期限地拥有国际收支赤字吗? 解释国际收支失衡如何自动地自我调节。

延伸阅读

Bergin, P. , 2000. Should we worry about the large U. S. current account deficit? *Fed. Rev. Bank of San Francisco Econ. Lett.* December 22.

Coughlin, C. C. , Pakko, M. R. , Poole, W. , 2006. How dangerous is the U. S. current account deficit? *Reg. Econ.* , Fed. Rev. Bank of St. Louis. April.

Freund, C. and F. Warnock, Current account deficits in industrial countries: the bigger they are, the harder they fall. NBER Working Paper No. 11823. December 2006.

Glick, R. , 1986. The largest debtor nation. Fed. Rev. Bank of San Franc. Wkly Lett. February 14.

Gonelli, A. , 1993. The basics of foreign trade and exchange. Fed. Rev. Bank of N. Y.

Marquez, J. , Workman, L. , 2000. Modeling the IMF's statistical discrepancy in the global current account. *Int. Finan. Div.* , Fed. Rev. Board. July.

Motala, J. , 1997. Statistical discrepancies in the world current account. *Finan. and Dev.* March, 24 - 25.

第二部分
国际平价
条件

第四章

前瞻性市场工具

在第一章，我们考虑了美国进口商购买瑞士手表的问题。因为出口商需要用瑞士法郎支付，因此该交易要求必须要进行美元与瑞士法郎的兑换。在第一章的讨论中，我们假定这一支付是立即完成的，因此该章讨论的是**即期市场**（spot market）——今天在当前时点的汇率以美元兑换瑞士法郎。而在现实中支付过程并非立即完成的。购买者常常被授予 30 天、60 天或 90 天的期限来支付购买款项。因此，这一交易需要买方和卖方尝试去预测未来的外国货币价值。本章主要讨论那些能够帮助有外国货币债务进口商的工具，防止外国货币价值变得过大，或者是帮助有外国货币应收账款的出口商的工具，防止外国货币价值变得过小。

我们回到美国手表进口商的案例。前面进口商在即期市场购买了瑞士法郎，使得合约可以现在支付。然而很多国际贸易都是在交割和支付之前就订下合约。进口商预定在未来某一时点交割瑞士手表并不少见。举个例子，假设订单约定 3 个月后商品交割并支付发货单。具体来说，我们假设这是 100 000 瑞士法郎的订单。

为了进行支付，进口商有哪些选择呢？一种选择是等 3 个月之后购买瑞士法郎。这个策略的一个缺点是汇率有可能在未来 3 个月变动，导致交易没有利润。如图 4.1 所示，我们能够发现当前即期汇率为 1 美元＝0.879 5 瑞士法郎，或是 100 000 瑞士法郎＝113 701 美元。然而并没有任何保证措施能令汇率（及合约的美元价值）在未来一定上升。如果美元相对于瑞士法郎**贬值**（depreciate）了，那么进口商将不得不以更多的美元来购买任意给定数量的瑞士法郎。比如，假设 3 个月后的即期汇率（当前无法获悉的）是 1 美元＝0.75 瑞士法郎。那么购买 100 000 瑞士法郎将花费 133 333 美元，对进口商而言，购买手表将不再拥有和原来一样的收益。诚然，如果美元相对于瑞士法郎在未来**升值**（appreciate），对于进口商而言利润将会更大。作为对美元/瑞士法郎未来汇率的不确定性的结果，进口商也许不会选择等 3 个月再购买瑞士法郎的策略。

国家	即期汇率中间价	3 个月远期	1 年远期
阿根廷（比索）	4.081 3	4.104 8	4.570 3
澳大利亚（澳大利亚元）	0.928 9	1.072 1	1.027 6
巴西（雷亚尔）	1.564 0	1.569 6	1.686 1
加拿大（加拿大元）	0.951 5	0.949 2	0.962 5
印度（卢比）	44.515 0	44.806 3	47.705 0
印度尼西亚（卢比）	8 650.000 0	8 698.500 0	9 205.000 0
日本（日元）	81.705 0	81.695 1	81.368 9
瑞典（克朗）	6.098 8	6.109 6	6.246 9
瑞士（法郎）	0.879 5	0.879 3	0.878 4
英国（英镑）	1.645 0	1.644 3	1.634 5
欧元区（欧元）	1.462 6	1.461 3	1.445 2

图 4.1　部分货币的交易汇率

资料来源：*Financial Times*，"Currency Markets：Dollar Spot Forward Against the Dollar and Dollar Against Other Currencies"，April 26，2011. http：//markets. ft. com/RESEARCH/markets.

一种可选的方案是现在购买瑞士法郎，并持有或投资 3 个月。这一方案的优势在于进口商清楚现在需要多少美元来购买 100 000 瑞士法郎。然而，进口商面临当期必须投入现金并投资瑞士法郎的新问题。另一种可以确保确定的美元相对价格的方案是利用**远期汇率市场**（forward exchange market）。正如我们将在第六章谈到的，在远期市场和前面谈到的当期购买法郎并投资 3 个月的方案有十分紧密的联系。现在，我们将主要关注远期市场的运行。

远期汇率

远期外汇市场是指在未来的某一时点买卖货币的市场。图 4.1 包含了主要交易货币的远期汇率，瑞士法郎也在其中。世界上大部分国家都有远期市场，而且到期日和数额在每个交易中都确定了。因此，这一数字只代表了一小部分可得的报价。注意在图中 3 个月或是 90 天远期美元/瑞士法郎汇率为 0.879 3 瑞士法郎＝1 美元。要买 90 天的远期瑞士法郎需要花费 1.137 3 美元。需要注意图 4.1 还列出了一年期远期汇率。1 个月和 6 个月作为常见的到期期限，其远期汇率常常也会在报价中列出。

远期市场的优点是我们确立了美元和瑞士法郎之间的一系列汇率，并且直到 90 天到期才需要购买法郎。这比现在就购买法郎并投资它们 3 个月的选择更受欢迎，因为现在既无必要放弃任何资金，也无必要掌握关于瑞士法郎投资机会的知识。（然而，销售的银行可能要求进口商持有"补偿性余额"，直到 90 天期限结束——即在银行账户保留资金，直到远期到期前，允许银行使用资金。）当远期汇率为 1.137 3 美元＝1 瑞士法郎时，100 000 瑞士法郎的售价为 113 730 美元。进口商现在确定知道 90 天内手表将值多少美元。另外，注意在这个远期合约中，进口商只支付超过即期汇率的小部分。无须在现货市场为 100 000 瑞士法郎花费 113 701 美元，进口商可以额外支付 29 美元，得到 90 天期交割 100 000 瑞士法郎的合约。

如果一种货币的远期汇率价格超过当期的即期价格，这一货币就被称作以**远期升水**（forward premium）卖出。当一种货币的远期汇率价格低于当期的即期价格时，这一货币就被称作以**远期贴水**（forward discount）卖出。图 4.1 中的远期汇率指出，英镑相对于美元以贴水出售，而日元以升水出售。货币以折价或溢价卖出的隐含意义将在后续章节中介绍。当现价与远期汇率相等时，这一货币被称作**平价**（flat）。

互换

商业银行很少把远期汇率合约用在银行间交易中；而常用互换协议。**外汇互换协议**（foreign exchange swap）是一种同时交换两种货币的安排，在合约规定的某一特定日期以某一约定汇率兑换，以及在合约规定的某一未来特定日期以某一约定汇率，对相同的两种货币反向兑换的合约。互换是一种满足公司对外汇需求的有效方式，因为它们把两个分开的交易合成了一个，因此降低了一半交易成本。公司通过把借入外汇的负债和借出国内货币的资产相匹配来规避外汇风险，使两者能够在一个已知的未来汇率下偿付。这就是人们所说的**对冲**（hedging）外汇风险。

举个例子，假设花旗银行现在想要英镑，并且想要持有英镑 3 个月。花旗银行并没有借入英镑，而是加入互换协议，它们可以现在以美元换取英镑，并在 3 个月后以英镑换取美元。协议条款很明显与远期市场的情况相似，因为互换利率将由远期外汇市场中的折价或溢价来决定。

假设花旗银行想得到为期 3 个月的英镑，并与莱斯银行签订了一个互换协议。花旗银行将向莱斯银行支付美元，以获得英镑。在 3 个月后进行反向交易，花旗银行将向莱斯银行支付英镑以换取美元（当然，3 个月的期限并没有什么特别——互换可以有任意的期限）。假设即期汇率是 $/£＝2.00，三个月远期汇率为 $/£＝2.10，于是英镑有 0.10 美元的溢价。这些溢价或折价作为互换利率时事实上是以**基点**（basis point）报价的（一个基点是 1/100 个百分点，或是 0.000 1）。因此 0.1 美元的溢价转为互换利率就是 1 000 个点，所有的互换参与者都对它感兴趣；他们不在乎实际的即期汇率或是远期汇率，因为只有二者之间的差值才是真正影响互换的。

互换利率被有效地转换为每年的百分数，以使得它们与其他借入借出汇率可比。（要记住一个互换相当于借入一种货币，并在互换持续期结束后借出另一种货币。）1 000点的互换利率或者0.100 0是3个月期的互换利率。要把这一互换利率转换为年利率，我们找到了互换期限的百分比回报，然后乘以互换期限占整年之比的倒数。这一互换期的百分比回报等于

溢价（折价）/即期汇率＝0.10/2.00＝0.05

互换持续时间占一年时间的比例

3个月/12个月＝1/4年

比例的倒数为

1/(1/4)＝4

所以每年溢价（折价）或互换率的百分比为

每年互换率的百分比＝0.05×4＝20%

这个互换产生每年20%的回报，这可以与银行拥有的其他机会进行比较。

一种可选的互换协议是**货币互换**（currency swap）。货币互换是两个交易对手在约定的期限内交换两种货币的利息流，而在到期时以约定汇率分别交换本金的合约。

货币互换允许公司以较低的成本获取长期外国货币融资，这是相对于直接融资来说的。假想一家加拿大公司今天想要收取日元并准备5年后偿还。如果加拿大公司对于日本银行并不知名，这个公司将比积极参与日本金融市场的公司付出更高的利息。这个加拿大公司也许会向一家银行寻求安排货币互换来降低其借入成本。中介银行会帮助寻找一个需要加拿大元的日本公司。加拿大公司能够以比日本公司更便宜的利率借入加拿大元，而日本公司能够以比加拿大公司更便宜的利率借入日元。中介银行将为两个公司安排借入自己国家的货币，同时让两公司互换本国货币以获取想要的外国货币。两种货币的支付利率在互换开始时将体现实际存在的远期溢价。当互换协议到期时，原始的本金会被交换回原来的公司。两家公司都因为互换比直接获取外国资金支付更低的成本而获利。

常见问题：什么是信用违约互换？

获悉所有的术语或许很难，但是2008—2009年的金融危机带来了一套新的套期工具。信用违约互换（Credit Default Swap，CDS）在21世纪初成为一个巨大的国际市场。正文中我们讨论了不同货币间互换利息和本金额的货币互换。CDS是一种可以保护购买者不受支付中的违约情况影响的保险计划。CDS的买者在CDS的期限内都要向卖者支付一份费用。CDS的卖者将随后从支付行为的群体收到承担违约风险责任的费用。

举个例子，假设一家日本公司已经借入了资金，并允诺向美国银行支付一份定期的资金。美国银行也许随后会买入一份CDS来对日本公司支付的违约风险进行保障。美国银行从美国国际集团购买这样的一份CDS。要注意美国银行现在已经规避了日本公司违约的风险，但是仍有CDS的卖者——美国国际集团承担违约风险。这本并不被认为是一个问题，直到金融危机我们才发现，CDS的卖者也是很脆弱的。美国国际集团承担了日本公司未来进行支付的风险。作为对这一风险的承担的交换，美国银行需要对美国国际集团支付定期的资金。要注意，这就像是CDS的卖者美国国际集团"借"钱给日本公司，并间接从美国银行获取资金一样。直接借出（就像这个案例中美国银行所做的）与通过CDS间接借出资金（就像该案例中美国国际集团所做的）的主要区别在于，美国国际集团永远不用为贷款融资。这意味着公司能够承受更多的负债，并"借出"大量的资金。可以看看Mengle（2007）以获得关于信用衍生品更详细的讨论。

表4.1给出了外汇市场交易量的数据。根据银行报告，2010年约有37%的交易为现货交易。互换业务占45%，远期约占12%。互换是直接购买或卖出货币的远期交易量的4倍。

在外汇交易中，银行并不总与其他人直接交易，而是有中间人——**经纪人**（broker）。如果银行想购买特定的货币，可以与其他几家银行联系报价，或者银行代表可以在电子经纪中输入订单，其中有很多银行参与，在参与银行中当前的最好价格一览无余。经纪市场中的交易不断变化，直到交易达成，才能知道提供报价的银行名称。这种匿名性对交易银行来讲非常重要，因为它使得不同大小和市场地位的银行平等交易。

表 4.1

外汇市场营业额

日均营业额

单位：十亿美元

	2001	2004	2007	2010
即期	386	631	1 005	1 490
期货	130	209	362	475
互换	663	975	1 745	1 808
期权	60	119	212	207

资料来源：Bank for International Settlements, Central Bank Survey of Foreign Exchange and Derivatives Market Activity, Basel, October 2010.

在电子经纪市场，计算机程序接收不同代理人购买和出售的命令，并进行匹配。除了电子经纪，也有电子交易系统。计算机网络允许交易被电子化地执行，而不是经销商与经销商直接在电话中讨论。电子经纪系统的使用在不同国家差别很大。美国大约54%的交易通过电子经纪系统进行，而英国为66%，日本为48%。

期货

我们已经讨论的外汇市场（即期、远期和互换交易）是一个全球市场。商业银行、企业和政府使用电话和电脑系统在不同地点买卖外汇，但是没有集中的市场地理位置。然而，还有额外的机构没有被覆盖，其中之一是外汇期货市场。**期货市场**（futures market）是购买和出售外国货币，以在未来某一日期交割的市场。期货市场不同于远期市场，远期市场只有少数货币交易；此外，交易使用标准化的合约，并在特定的地理位置进行，如芝加哥商品交易所（CME）的国际货币市场（IMM）是全球最大的货币期货市场。

芝加哥商品交易所期货交易可以使用英镑、加拿大元、日元、瑞士法郎、澳元、墨西哥比索和欧元。合约涉及具体数额的货币，将在特定的到期日交易。合约到期日是 3 月、6 月、9 月和 12 月的第三个星期三。在远期市场，期货合约通常是 30 天、90 天或 180 天，但也可以是由双方当事人约定的期限，一年中的任何一天都可以是到期日。远期市场合约可以写入各方商定的任何金额。然而，在外汇期货市场中合约则只可以写入固定的金额，如 62 500 英镑，100 000 加拿大元，12 500 000 日元，125 000 瑞士法郎，500 000 墨西哥比索和 125 000 欧元。

期货表表明每单位合约的美元报价。在图 4.2 中，每个合约的列为：

月份（month）——合约到期月；

开盘价（open）——交易日开始时的合约价格；

最高价（high）——一天中合约到达的最高价格；

最低价（low）——一天中合约到达的最低价格；

结算价（settle）——交易日结束时的合约价格；

有效期最高价（lifetime high）——在合约有效期的任何时点，合约到达的最高价；

有效期最低价（lifetime low）——在合约有效期的任何时点，合约到达的最低价；

交易量（open int）——某个合约的交易量。

2011 年 2 月 28 日	月 份	开盘价	最高价	最低价	结算价	有效期 最高价	有效期 最低价	交易量
英镑（CME）——62 500 英镑；美元/英镑								
	3 月 11 日	1.608 5	1.627 6	1.607 1	1.626 8	1.629 6	1.445 0	115 991
	6 月 11 日	1.607 6	1.625 7	1.605 5	1.625 0	1.627 4	1.514 5	1 445
	9 月 11 日	1.620 0	1.620 0	1.603 1	1.622 0	1.623 5	1.533 3	19
瑞士法郎（CME）——125 000 瑞士法郎；美元/瑞士法郎								
	3 月 11 日	1.078 3	1.080 2	1.074 6	1.076 8	1.083 3	0.876 1	51 325
	6 月 11 日	1.078 7	1.080 9	1.075 6	1.077 7	1.083 9	0.878 0	705

图 4.2　期货市场

期货市场为国际贸易公司提供了套期工具和投机机会。当投机者准确地预测到未来货币的价格与现在合约中的价格存在显著差异（超过交易成本）的时候，投机者将会获得利润。例如，如果我们预测9月份英镑的售价为1.70美元，而目前9月份期货合约的售价为1.622 0美元（结算价），我们便会购买9月份合约。买一份英镑合约，我们需要支付1.622 0×62 500＝101 375美元。然而，我们只需在9月份合约到期的时候支付。卖方的合约可能需要一些安全保障，以保证合约兑现。（在远期合约中，银行了解参与者，所以可能不需要任何安全保障。）例如，卖方可能要求合约价值的10%或10 137.50美元作为安全保障或**保证金**（margin）。保证金是合约可能会给你带来的潜在损失的一种缓冲，以确保你将在到期日兑现你的合约。

每天期货市场都会对我们现在拥有的9月份合约报价，直至到期日，因为合约的价格每天都在改变。在到期日，每英镑售价将为1.622 0美元，但是，合约不是必须被保存到到期日。例如，假定英镑在8月的合约价格是1.65美元。我们现在可以以1.65美元×62 500＝103 125美元的价格出售我们的合约，利润是1 750美元（减去交易成本），或者我们可以等待并希望9月份利率将会更有利。

相反，在8月英镑的价值下降会使我们的财务状况受损。如果英镑跌到1.60美元，那么我们的英镑头寸就只值100 000美元。如果我们还相信英镑的价格将在9月攀升，那么等待并持有合约是有意义的。但是，卖方可能会担心我们将不会在9月兑现头寸。因此，他们可能会要求更高的安全保障，例如额外的1 375美元，使总保证金为11 512.50美元。这就是所谓的**追加保证金**（margin call）。

前面的例子表明，初始购买者可能不会持有期货合约至到期日。只有合约的最后一个持有者才不得不进行外汇交割。因此，期货市场可以用来对冲风险，但也可以被投机者利用。投机者可以用较小的初始投资获得相当大的合约。因此，投机者可以采用高杠杆，拥有期货合约的价值超过个人的净价值。这是尼克·李森导致巴林银行倒闭的原因。在3个月时间里，尼克购买了20 000份期货合约，每份价值约180 000英镑。他推测这些合约的价值会增长，但是实际上这些合约造成了近10亿美元的损失。[①]

通过比较期货市场和远期市场的参与者类型，我们已经得出结论：期货市场可以用于投机和套期保值。此外，与远期合约相比，期货合约所用货币量较少，并因此成为相对较小公司的有用对冲工具。远期合约是在批发银行业务活动的领域，通常只用于大型金融机构和其他大型企业交易非常大量的外汇。

2008年的金融危机强调了远期和期货的另一个重要区别。当一个人交易远期合约时，交易对手是银行。显然随着2008年雷曼兄弟破产，银行面临着信用风险。如果银行是你的远期合约对手，在合约期内银行倒闭了，那么合约将不会被执行，使你面临外汇风险暴露。相反，期货合约在交易所交易，交易所保证每份合约的执行。因此，从银行信用风险的重要程度来看，期货比远期更具有吸引力。

---

① 更多细节请见 www.nickleeson.com。

期权

除了远期和期货合约，还有一个可以对冲未来外币资产和负债的市场；它被称为**期权市场**（options market）。外币期权是一种合约，该合约提供在到期日或者到期日以前以固定汇率买入或卖出一定量货币的权利（被称为美式期权；欧式期权只能在到期日行权）。**看涨期权**（call option）有购买货币的权利，**看跌期权**（put option）有出售货币的权利。用于购买或出售货币的价格被称为**履约价**（strike price）或**行权价**（exercise price）。

使用期权进行对冲是很简单的。假设美国进口商向瑞士制造商购买价值 100 万瑞士法郎的设备，支付 6 月到期。进口商可以通过购买看涨期权，对冲瑞士法郎升值的风险，获得以特定价格在未来 3 个月购买瑞士法郎的权利，直到 6 月到期。想要找到合适的合约，有大量的行权价可供美国进口商选择。图 4.3 显示了 125 000 瑞士法郎合

执行价	看涨期权		看跌期权	
	3 月	6 月	3 月	6 月
1 035	4.19	5.13	0.01	0.87
1 040	3.70	4.76	0.02	1.00
1 045	3.21	4.40	0.03	1.14
1 050	2.72	4.05	0.04	1.29
1 055	2.24	3.71	0.06	1.45
1 060	1.72	3.41	0.11	1.64
1 065	1.37	3.12	0.19	1.85
1 070	1.00	2.84	0.32	2.07
1 075	0.69	2.59	0.51	2.32
1 080	0.46	2.34	0.78	2.57
1 085	0.29	2.13	1.11	2.86
1 090	0.17	1.92	1.49	3.15
1 095	0.10	1.73	1.92	3.46
1 100	0.06	1.55	2.23	3.77
1 105	0.03	1.40	2.85	4.12
1 110	0.02	1.25	3.34	4.47
1 115	0.01	1.11	3.83	4.83
1 120	—	1.00	4.32	5.22
1 125	—	0.89	4.82	5.61
1 130	0.02	0.80	5.32	6.02
1 135	0.01	0.71	5.82	6.43

图 4.3 期权市场

该图为瑞士法郎（CME）期权市场，合约规模为 125 000 法郎，单位为美分/法郎，2011 年 2 月 28 日的结算价为美元/瑞士法郎＝1.076 4。

约的期权价格。需要注意的是，期权合约在固定到期日交易固定金额，与期货合约在如费城交易所等有组织的交易所交易相同。然而，大型跨国公司经常从银行直接购买期权。这种惯例期权可能为双方商定的任何规模或日期，因此比在有组织的交易所交易具有更大的灵活性。

图 4.3 显示了在 3 月和 6 月到期的瑞士法郎期权报价。报价是从 2011 年 2 月 28 日开始的，当时瑞士法郎现货价值为 1.076 4 美元。图中第一列显示的是可行的行权价格。其余列是看涨期权或者看跌期权的每个行权价以美分/瑞士法郎表示的成本。例如，3 月到期的看跌期权的报价在第三列。

回到将在 6 月支付 100 万瑞士法郎的交易，公司现在将为 6 月的负债花费 1 076 400 美元（＝100 000 ×1.076 4）。如果瑞士法郎在未来的 3 个月升值到 1.10 美元，那么在 3 个月内现货市场将使进口价值变为 1 100 000 美元（＝1 000 000× 1.1），这会增加 23 600 美元的进口成本。看涨期权将对这种变化提供保险。但有很多可供选择的期权。如果我们只对瑞士法郎价值的大幅增加感兴趣，我们应该选择较高的行权价，因为它比较便宜。如果我们不能容忍大幅波动，我们会选择较低的行权价，但是需要支付较高的前期成本。例如，如果我们选择规避瑞士法郎的大幅波动，我们可能会选择 1 090 作为行权价格。这个行权价格将给我们提供按 1.090 美元购买瑞士法郎的权利。我们将花费 1.92 美分/瑞士法郎。因此，该 125 000 瑞士法郎合约将耗资 2 400 美元（＝1.92/100×125 000）。然而，我们需要 8 个合约覆盖上文中的负债，因此期权覆盖的总成本为 19 200 美元。

对于期权合约，现在我们可以避免货币成本高于 1.09，同时从瑞士法郎成本的降低中获利。例如，如果瑞士法郎贬值至 1 美元，我们可以放弃期权，并在 3 个月的现货市场上以 1 000 000 美元的成本购买瑞士法郎，比我们最初的债务节省了 76 400 美元。但是，购买期权却并未行权是有代价的。即使我们放弃期权合约，我们仍然要支付总额 19 200 美元。

当看涨期权的行权价格低于目前的即期汇率，或者看跌期权的行权价格大于当前的即期汇率时，我们称期权为**实值期权**（in the money）。回到我们的例子，美国进口商将购买 100 万瑞士法郎设备，并在 6 月支付，现在的即期汇率为 1.076 4 美元/瑞士法郎。如果进口商购买 6 月行权价格为 1 065 的看涨期权，那么这个合同已经可以执行，以购买廉价的货币。通过行使期权，进口商可以按 1.065 美元的价格买入瑞士法郎，然后转身将它们以 1.076 4 美元在现货市场上出售。这种类型的合约是"实值期权"，然而成本超过合约则不是"实值期权"。同样，看跌期权行权价格高于当前即期汇率时也是"实值期权"。

如果我们确实知道未来汇率会如何，期权、期货或者远期合约就会失去市场。在一个不确定的世界，风险厌恶的交易者愿意花钱避免汇率的不利变动带来的潜在损失。期权相比期货或远期的优势是具有更大的灵活性。期货或远期合约是以固定汇率购买或出售的义务。如果需要，期权可提供在未来购买或出售的权利，但并不是义务。

近期实践

自 20 世纪 80 年代初以来，期权合约的增长刺激了新产品和新技术的发展，以管理外汇资产和负债。最近的发展结合了远期合约和期权合约的特征。诸如**可毁约远期合约**（break forward）、**参与性远期合约**（participating forward）或 **FOX**（有期权离开条款的远期合约）的条款指的是，在未来某个日期，远期合约中的期权条款使得合约终止。在这种情况下，远期汇率的价格包括期权溢价，用于终止远期合约的权利。这种合约产生的原因来自客户希望当汇率向对他们不利的方向变动时，远期合约可以提供保险，但随着有利的汇率变动又不会失去潜在的利润。

人们首先会怀疑可毁约远期合约的对冲能否简单地直接用期权合约实现。这种不存在期权的可毁约远期合约有几个很有吸引力的特点。首先，期权需要前期的保险支付。公司财务部门可能没有预算用于期权保险，或可能没有管理层批准使用的期权。这种打破远期合约的远期利率隐藏了期权保险。由于打破远期合约的价格是先前固定的，所以无论合约是否被打破，这种打破远期合约可能被视为以税务和会计为目的的简单远期合约。

对冲外汇风险的困难之一在于合约出价。出价人提交建议为公司或政府机构执行任务，这将使成功的出价人获得合约。因为可能有许多其他出价人，实际上只有当他们获得合约后，出价公司才面临合约的外汇风险。假设某个出价人估计只有 20％的机会赢得合约，那么如果他成功获得合约，该出价人是否应该今天购买远期合约或期权来对冲外汇风险？如果成功的出价人面临重大外汇风险，那么不仅出价人，合约订立者也面临两难境地。考虑到未解决的外汇风险，出价将不具有竞争性；而如果能够对冲汇率的不确定性，出价将会有竞争性。

一种解决此问题的方法是法定的**分享式货币期权合约**（Scout）。米德兰银行开发了法定的分享式货币期权合约作为选项，出售给合约订立者，订立者之后卖给出价人。订立机构现在更有竞争力，或许会有更多的出价，因为现在出价人知道外汇对冲已经被安排了。

随着时间的推移，我们期待新的金融市场产品的扩散，它旨在处理外汇的未来交易。如果公司有兴趣为某个类型的交易定制期权或远期，创新的银行将介入并提供产品。本节讨论新产品中的小样本，目的是告诉大家这些金融创新的实际应用。

小结

1. 许多国际交易涉及未来货物和款项的交割，贸易商在交割时间面临未来汇率波动的不确定性。因此，存在一些前瞻性市场工具，以减少贸易商的货币风险。

2. 在远期外汇市场中，商业银行买入和卖出在未来某天交割的外汇。

3. 当货币的远期价格大于（小于）现货价格时，货币以远期溢价（折价）出售。当远期价格等于现货价格时，货币以远期平价出售。

4. 远期外汇市场的优势是，货币的汇率已经固定，直到未来的某天买/卖货币才是必要的。

5. 远期外汇互换是现货及远期交易的组合，它们有相同金额的货币，在不同的日期交割。在一项交易中执行这两个步骤。

6. 货币互换是合约双方将一种货币贷款的本金和利息与另一种货币贷款的本金和利息相交换。合约双方都能从长期外汇融资中获利，因为融资成本比他们能够直接获得的更低。

7. 外汇期货是标准化合约，在未来指定日期在交易所进行货币交割。

8. 期货市场不同于远期市场，远期市场只有少数货币交易；期货市场的每种货币有固定金额和预先确定日期的标准化合约；并且合约只在特定位置交易。期货市场的参与者也包括投机者，因为期货合约也可以在到期前买入和出售。

9. 外汇期权是期权买方有在一定时期内以固定的价格购买（看涨期权）或出售货币的权利（看跌期权）的合约。行权价是合约持有者有权利交易的价格。

练习

1. 用图4.1确定每种列出的货币对美元3个月远期升水或贴水：
   a. 英镑；
   b. 瑞士法郎；
   c. 日元；
   d. 加拿大元。

2. 用图4.1的信息计算加拿大元3个月远期合约每年的升水（贴水）。

3. 列出期货合约与远期合约的至少三个不同点。

4. 假设美国公司XYZ需要在90天内拥有10 000英镑。讨论公司完成这项义务的可能选择。在决定哪种策略最好时，需要考虑哪些重要因素呢？

5. 假设你是美国大型跨国公司的财务主管，希望对冲90天到期应付的1 000 000澳大利亚元的外汇风险。多少份期货合约能够覆盖你的风险？

6. 假设你是美国跨国公司的财务主管，希望对冲你们公司向瑞士公司卖出价值 1 000 000 瑞士法郎器械的外汇风险。应收账款将在 6 个月内到期。你希望确保当收到法郎时，瑞士法郎至少值 0.70 美元，所以你希望执行价为 0.70 美元。你需要多少份期权合约对冲这种风险？你需要购买瑞士法郎的看涨期权还是看跌期权？你什么时候执行期权？你希望期权什么时候到期？

延伸阅读

Baba, N., Packer, F., Nagano, T., 2008. The spillover of money market turbulence to FX swap and cross-country swap market. *BIS Q. Rev.* March, 73 – 86.

Broll, U., Zilcha, I., 1992. Exchange rate uncertainty, futures markets and the multinational firm. *Eur. Econ. Rev.* May.

Géczy, C., Minton, B. A., Schrand, C., 1997. Why firms use currency derivatives. *J. of Finan.* September, 1323 – 1354.

Lien, D., Wang, K. P., 2004. Optimal bidding and hedging in international markets. *J. of Int. Money and Finan.* vol. 23, 785 – 787.

Mengle, D., 2007. Credit derivative: an overview. *Fed. Rev. Bank of Atlanta Econ. Rev.*, Fourth Quarter, 1 – 24.

Smith Jr., C. W., Smithson, C. W., Wakeman, L. M., 1986. The evolving market for swaps. Midl. Corp. *Finan. J.* Winter, 20 – 32.

第五章

欧洲货币市场

外汇市场是货币交换的市场。货币是对商品和服务进行支付的工具，外汇市场则为国际支付提供了便利。在国际贸易中，人们既需要不同国家的货币进行支付，也需要以不同币种计价的国际信用或存贷款。提供国际存款和贷款的市场通常被称为**欧洲货币市场**（Eurocurrency market），而接受国际存款并发放贷款的银行通常被称作**欧洲银行**（Eurobanks）。

"**欧洲**"（Euro）这一前缀，比如欧洲货币、欧洲银行，存在着一定的误导性。实际上，这些词描述的是与**离岸银行业**（offshore banking）提供外币借贷服务有关的活动，而与欧洲本身没有关系。例如，欧洲美元市场起初指美国境外提供美元存贷服务的银行业市场，但现在也有位于美国境内的欧洲美元银行。欧洲日元市场提供日本境外日元存款的存贷业务。与之类似的还有欧洲欧元，指的是以欧元计价的银行存款，以及欧洲英镑，即以英镑计价的银行存款。

欧洲货币市场的一个突出特点是银行交易中所使用的货币通常不是该银行所处国家的本国货币，但也有例外存在，比如用本币进行交易的国际银行业务。这种涉及本币的国际银行业务与本国其他的本币银行业务是分开的，因为政府对两者的监管要求并不相同。我们在接下来的内容中会讲到离岸银行业能够迅猛发展，很大的原因在于监管的缺乏为银行提供了极大的便利。

离岸银行存在的原因

欧洲美元市场出现于 20 世纪 50 年代后期。学术界在欧洲美元市场的起源及其出现原因等问题上仍存在不少争论，但对以下几点已达成共识。美元是储备货币，其地位决定了最先发展的境外货币市场只能是欧洲美元市场。有人认为欧洲的美元存款最初是由社会主义国家存放的，这是由于社会主义国家时常需要使用美元，而又不愿意将美元存放在美国的银行中，害怕政治上的对立可能带来损失。故而这些国家将美元存放于英国和法国的银行里，这就是最早的欧洲美元存款。

除去政治因素，对利益的追求也促进了欧洲银行的发展。相比之下，美国银行接受监管代价较高，而位于美国境外的银行可以提供更高利率的存款以及更低利率的贷款。例如，美国银行要求必须持有一部分以无息的存款准备金形式存在的存款，而欧洲银行基本上不受监管，故而和它们的美国同行相比，欧洲银行持有较少的存款准备金，可以提供更小的价差。这里所说的**价差**（spread）是指存款、贷款利率之间的差额，即存贷利差。欧洲银行不但有较低的存款准备金要求，也没有政府对其进行利率管制。此外，欧洲银行也没有存款保险、没有政府规定的信贷配额、不限制新银行的进入（因此带来更激烈的竞争以及更高的效率），以及较低的税率等优势。这并不是说欧洲银行所在的国家不对本国银行业进行监管，而是这些国家针对银行业有两套不同的规定：对于那些开展本币业务的银行实施多种规定和限制，而对于那些开展外币业务的离岸银行基本不进行监管。

图 5.1 刻画了美国本币的存贷利率与欧洲美元存贷利率之间的关系。通过这幅图我们可以很明显地看到美国银行的存贷利差要高于欧洲银行的存贷利差，因为和美国的竞争者相比，欧洲银行能够提供更低利率的美元贷款以及更高利率的美元存款。如果没有这一利差上的差异，欧洲美元市场可能不复存在。由于缺乏存款保险以及政府的监管，人们认为使用欧洲美元的交易要比使用美国本土美元的交易承担更大的风险。这意味着就欧洲银行美元存款的供给方而言，欧洲银行存款的供给相对于美国银行存款利率来说有完全的供给弹性，故而美国银行的存款利率是欧洲美元存款利率的下限（即如果欧洲美元的存款利率低于美国银行的存款利率，欧洲银行就不会得到任何美元存款）。就欧洲银行美元贷款的需求方而言，对欧洲银行贷款的需求相对于美国银行贷款利率来说有完全的需求弹性，因此美国银行的贷款利率是欧洲美元贷款利率的上限（即如果欧洲美元的贷款利率高于美国银行的贷款利率，对欧洲银行的贷款需求将下降为零）。

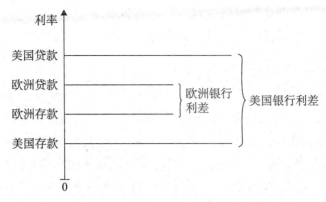

图 5.1 美国和欧洲美元存贷利差比较

伦敦银行同业拆借利率

当比较美国和欧洲银行市场上的实际存贷利率时，我们需要知道应选择哪些利率进行比较。在欧洲美元市场上，贷款利率通常用高于 LIBOR 的百分点进行报价。LIBOR 意为**伦敦银行同业拆借利率**（London Interbank Offered Rate）。该利率是每日上午一些伦敦大银行彼此之间的借款利率。美国商业票据利率被认为是与 LIBOR 最可比的国内利率。而与欧洲美元存款利率最可比的是美国大额可转让定期存单（CD）的利率。

每日各种主要货币的 LIBOR 值由英国银行家协会（BBA）确定，并于伦敦当地时间上午 11 点公布。LIBOR 是全世界范围内设定利率的关键利率。例如，某种货币的可变利率贷款，其贷款利率高于 LIBOR 两个百分点，每年调整一次。因此该贷款的贷款利率每年都会按照该种货币的 LIBOR 值加两个百分点进行调整。

英国银行家协会基于银行的声誉、在伦敦市场上的活跃程度以及对相关币种的专业程度选择一批银行。每个交易日上午 11 点前，各家银行根据从其他银行（非 LIBOR 的报价银行）借款（具有一定规模的借款数额）的利率给出报价。这些报价在经过排序后，选择中间 50% 的价格进行平均以决定最终的 LIBOR 数值。

对于以下十种货币，每日的 LIBOR 值都是给定的：英镑（GBP），加拿大元（CAD），丹麦克朗（DKK），欧元（EUR），美元（USD），澳大利亚元（AUD），日元（JPY），新西兰元（NZD），瑞典克朗（SKR）以及瑞士法郎（CHF）。LIBOR 的每日报价中有 15 种不同期限，最短为隔夜，最长为 12 个月。因此，每日都要确定 150 个 LIBOR 利率。[1] 全球范围内约 360 万亿美元的金融合约都参照这些 LIBOR 值制定。

---

① 最新的 LIBOR 报价可参见 www.global-rates.com。

常见问题：为什么 LIBOR 是全球最重要的利率？

在 2010 年年底，纽约证券交易所的总市值略高于 130 亿美元，而我们每天都能听到来自该证券市场的新闻。全球受到 LIBOR 影响的金融资产价值至少是纽交所市值的 25 倍以上，但我们却很少能听到与之有关的报道。根据英国银行家协会公布的数据，全球将近有 10 万亿美元的贷款和 350 万亿美元的互换与 LIBOR 直接相关。例如，美国将近一半的浮动利率抵押贷款都与 LIBOR 有关。

为了确定每日的 LIBOR 值，需要两个人在市场上收集信息。他们从 16 家不同的备受好评的银行处收集信息，去掉 4 个最高的报价和 4 个最低的报价，并对剩下 8 家银行的借款成本进行平均，得到 LIBOR 利率。由于依赖 LIBOR 的金融工具的规模十分巨大，故而需要采取保障措施以保证这一利率报价准确无误。负责收集 LIBOR 信息的两个员工家中有专用的电话线，一旦有紧急情况发生，他们无须赶回位于伦敦的办公室。[①] 此外，"在距伦敦 150 英里远的小镇上"（MacKenzie，2008，p. 237）还有一个备用办公室。所有保障措施都是必要的，以确保这个世界上最重要的利率可以连续不断地报价。

最近，针对银行间可能相互串通操纵 LIBOR 的调查已经开始。据称，多家银行的实际借款成本与 LIBOR 存在明显的偏离。[②] 这种潜在的误报可以为银行带来巨大的利润。根据 Snider 和 Youle（2010）[③] 的研究，银行相互勾结使得 LIBOR 变化 0.25%，就可以为某一个银行在一个季度中带来 33.7 亿美元的收益。因此，银行有错误报价或合谋的动机。

利差与风险

对于某一特定货币而言，其利率可能会受到资本管制的约束。对于国际资本流入的管制包括对外国存贷款的限额以及对国际资本收取税费。假设瑞士限制资本流入，那么我们可能会发现瑞士本国的存款利率大于其他国家瑞士法郎的存款利率。尽管国际投资者愿意将他们的瑞士存款存放在瑞士的银行以获取更高的利息，然而这种可能的资本流动会因法律限制而被禁止。

---

① 参见 MacKenzie, Donald, "What's in a number? The importance of LIBOR," *Real-world Economics Review*, Issue no. 47, 3 October 2008, pp. 237 - 242。

② Murphy, Megan, "Stakes are high in setting LIBOR," *Financial Times*, March 25, 2011, available at www. ft. com.

③ Snider, Connan and Thomas Youle, "Does the LIBOR reflect the banks' borrowing costs?" working paper, University of Minnesota, April 2, 2010.

另一种可能性为对私有财产所有权的威胁会导致看起来不合常理的利率关系。如果美国威胁声称要没收所有外国存款，那么大量资金就会离开美国，转移到离岸美元市场。这种资本流动可能会造成欧洲美元的存款利率低于美国的存款利率。

　　总的来说，存在风险是导致境外存贷利差小于国内存贷利差的原因。在国内市场上，政府部门会帮助国内的金融机构维持平稳运转，而欧洲美元市场在很大程度上是不受监管的，因此也没有中央银行对其进行救助。国际交易中的另一风险在于投资的存款在支取时会受到货币发行国以及存款银行所在国家的管制。例如，假设一家美国公司在中国香港的一家银行中存有美元存款。当该公司想要支取存款以偿还在中国台湾的欠债时，这笔交易不仅受控于中国香港（特区政府可能不会让资本自由离境），美国政府也可能会对流出美国的美元进行管制，因此中国香港的银行可能难以支付存款。此外，还应注意到尽管境内外的存贷款利率因风险不同而有差异，但所有的利率都有同向变化的倾向。美国国内美元利率上升，离岸美元的利率也同样提高。

　　欧洲美元市场能够发展的原因在于欧洲银行的存贷利差较小。随着对美元信贷总需求的增加，以及美元银行从美国向离岸市场的转移，我们可以看到欧洲美元市场的规模逐渐扩大。随着欧洲美元利差不断缩窄，以及投资者行为的改变，美元中介发生了转移。

　　随着时间的推移，其他主要国际货币（欧元、英镑、日元、加元、瑞士法郎）的离岸市场也发展起来，变得越来越重要，但这些货币的交易额远远比不上欧洲美元的交易额（指美元的离岸银行业务）。截至 2010 年底，国际清算银行对欧洲货币市场上各种货币的占比进行估计，其中美元的占比为 58%，欧元为 21%，日元为 3%，英镑为 5%，剩余部分由其他货币构成。

　　图 5.2 展示了由不同国家银行持有的外汇资产。显而易见，英国和美国在国际银行业中占据主体地位。需要注意的是，图中对银行资产进行了划分，包括银行同业债权和非银行信贷。银行同业债权指银行存放在其他国家银行中的存款。如果想知道非银行信贷的具体贷款数额，我们必须剔除银行同业业务对其的影响。图 5.2 中显示了

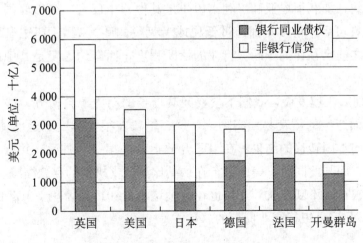

图 5.2　各国银行的外汇资产

资料来源：于 2011 年 6 月摘自巴塞尔国际清算银行，http：//www.bis.org。

在国际金融领域中银行同业市场庞大的规模。对比银行同业存款和非银行信贷的例子将在后面的章节中给出。

国际银行设施

1981 年 12 月，美联储允许美国银行在美国本土开展欧洲银行业务。在此之前，美国银行就已通过其海外分支机构处理存贷款从而参与国际银行业务。很多位于开曼群岛或者巴哈马群岛的"壳"银行分支机构最多只拥有一间小办公室和一部电话，然而通过这些分支机构发放贷款并吸收存款，美国的银行可以规避对美国普通银行实行的存款准备金及利率管制要求。图 5.2 显示，截至 2011 年 6 月，开曼群岛所在地拥有16 560 亿美元的银行离岸存款。然而，这些存款大部分都属于其他国家的银行，而属于开曼群岛当地公司的离岸存款仅为 24 亿美元。因此，开曼群岛大部分的银行存款都属于外国银行在开曼本地建立的分支机构。

国际银行设施（international banking facilities，IBF）于 1981 年 12 月在美国境内合法化。IBF 并不要求美国银行新建任何实体办事处，而是要求现有银行办事处建立另一套账目，记录所有 IBF 提议下许可的存贷款。此外，允许国际银行设施接受非美国居民以及其他国际银行设施的存款，并可向其发放贷款。因为国际银行设施并不受存款准备金和利率管制的要求，也不需要像其他普通的美国银行那样向美国联邦存款保险公司上缴存款保险费，故而这些存贷款与银行其他业务分开保管。

国际银行设施计划的目标是允许美国的银行在不开设海外分支机构的情况下与其他离岸银行竞争。国际银行设施所在的位置大体上反映了银行业的活跃程度，因此我们一点也不惊讶地发现，纽约作为整个国家的金融中心拥有 75% 以上的国际银行设施存款。除了纽约，加利福尼亚和伊利诺伊州是其他州中仅有一个重要国际银行设施的州。在 IBF 被许可后，很多州都通过低税或者无税的政策吸引 IBF。IBF 的业务规模折射出该地区之前已存在的国际银行业的活跃程度，而纽约无疑是其中最活跃的地区之一。

IBF 自创建后飞速发展，我们不禁要问其增长的动力源自何方。这一增长并非源于因 IBF 创建而产生的新交易，实际上，这一增长在很大程度上是加勒比海的"壳"分支银行业务向本国转移的结果。在 IBF 开放运营的第一个月后，共有 291 亿美元的外国居民存款，而与此同时，美国银行在加勒比海分支机构的存款缩减了 233 亿美元。随着欧洲美元银行的不断增加，IBF 也在持续增长。2011 年 6 月，IBF 的规模已超过7 000 亿美元，几乎是银行同业债权的总和。

离岸银行业务实践

欧洲货币市场中蕴含着巨额的资金量。如图 5.2 所示,银行同业交易的存在会导致对实际非银行存贷款资金量的度量存在一定的高估。为了测量欧洲的银行实际信贷额,我们需要知道市场的净规模,即不考虑银行同业存贷款的总额。为了理解欧洲美元交易总额和净额的区别,我们来看以下例子。

假设位于纽约的美国公司 IBM 为了得到更高的存款利息,将 100 万美元从美国的银行转移到另一家欧洲银行 A。表 5.1 给出了记录这笔交易的 T 型账户明细。由于这 100 万美元存款的所有权从 IBM 转移到了欧洲银行 A,因此现在美国银行有一笔对于欧洲银行 A 的 100 万美元的负债(记录在资产负债表的右方),欧洲银行 A 则有在美国银行以存款形式存在的 100 万美元的资产,以及接受 IBM 存款而产生的 100 万美元的负债。现在假设没有客户向欧洲银行 A 申请贷款,而另一欧洲银行 B 则有贷款客户。故而,欧洲银行 A 会将这 100 万美元存款存在欧洲银行 B 中,以得到与支付给 IBM 公司的利息相比多大约 1% 的利息。

表 5.2 展示了当欧洲银行 A 将 100 万美元存于欧洲银行 B 后,美国银行持有对欧洲银行 B100 万美元存款的负债,而这笔存款也表现为欧洲银行 B 的资产,与之对应的是欧洲银行 B 持有的对于欧洲银行 A 的负债。

最后,在表 5.3 中可以看到,欧洲银行 B 贷款给位于慕尼黑的 BMW 公司。现在,美国银行存款负债的债权转移到了 BMW 公司(随着欧洲美元交易的发生,支付的美元一定出自美国,因为只有美国才能创造美元,而欧洲美元银行只起到了中介的作用)。银行总存款数额度量的市场总规模为 200 万美元(欧洲银行 A、B 分别有 100 万美元的存款)。市场的净规模为剔除银行同业存款后的规模,也是对非银行的实际美元信贷量的度量。在本例中,欧洲银行 A 在欧洲银行 B 中有 100 万美元存款,如果我们将这 100 万美元的银行同业存款从欧洲银行存款总额中减去,我们得到市场的净规模为 100 万美元。这 100 万美元也是融通给非银行贷款者的信贷总量。

表 5.1   **位于纽约的 IBM 公司将 100 万美元存入欧洲银行 A**

美国银行	
资产	负债
	应付欧洲银行 A100 万美元
欧洲银行 A	
资产	负债
100 万美元存款存于美国银行	应付 IBM 公司 100 万欧洲美元存款

表 5.2   **欧洲银行 A 将 100 万美元存入欧洲银行 B**

美国银行	
资产	负债
	应付欧洲银行 B100 万美元

欧洲银行 A	
资产	负债
100 万欧洲美元存款存于欧洲银行 B	应付 IBM 公司 100 万欧洲美元存款

欧洲银行 B	
资产	负债
100 万美元存款存于美国银行	应付欧洲银行 A100 万欧洲美元存款

表 5.3   **欧洲银行 B 将 100 万美元贷给 BMW 公司**

美国银行	
资产	负债
	应付 BMW 公司 100 万美元

欧洲银行 A	
资产	负债
100 万欧洲美元存款存于欧洲银行 B	应付 IBM 公司 100 万欧洲美元存款

欧洲银行 B	
资产	负债
向 BMW 公司发放 100 万美元贷款	应付欧洲银行 A100 万欧洲美元存款

慕尼黑 BMW 公司	
资产	负债
100 万美元存款存于美国银行	欠欧洲银行 B100 万美元贷款

由于欧洲美元市场规模如此庞大，经济学家和政客都在关注欧洲美元市场会对国内市场造成怎样的影响。在美国，欧洲美元存款被计入货币供给的 M3 定义中。经济学家可以通过美国货币供给的数量估算公众消费总额。欧洲美元虽不可以直接使用，但是类似于国内定期存款的货币替代品。由于欧洲美元不能作为支付手段，因此欧洲银行不像国内银行那样可以创造货币。从本质上看，欧洲银行仅为金融中介，它们吸收存款并将这些存款贷出。

尽管欧洲美元不能作为支付手段，它们依旧对国内货币实践存在一定影响。对于没有有效货币市场的国家来说，能够进入有效性较高且高度竞争的欧洲美元市场会降低对国内货币的需求，因为国内的公司进行交易时不再需要使用本国货币。

所有银行都希望能扩大存贷利差，就这一点而言，欧洲银行与本国银行并无区别。银行也都关注与资产、负债相关的风险管理。欧洲银行与所有金融中介一样，其借入资金的期限较短，而贷出资金的期限较长。因此如果存款负债大量减少，我们会发现短期存款利率急速上升。银行将存款和贷款的期限结构进行匹配的意义在于如果存款和贷款到期日相同，则银行能够更好地应对客户对存贷款需求的变化。

欧洲美元市场的存款都有固定的到期期限，短的只有几天，而期限长的则有数年，然而大部分存款的期限都小于6个月。美国国内的存单与欧洲货币存款最为相似，欧洲货币市场贷款上限可达10年或更久。欧洲货币市场贷款的利率经常被表示为与LI-BOR之间的利差，并按固定的时间间隔进行调整，比如每三个月进行一次调整。可调整的利率使得银行能够最小化利率风险。

大额贷款通常是由欧洲银行**辛迪加**（syndicates）提供的。银行辛迪加是指一个有组织的银行集团。辛迪加通常由一家银行领导，其他愿意加入这笔贷款业务的银行会加入辛迪加，共同提供贷款资金。通过允许银行降低参与每笔贷款的额度，银行辛迪加可以参与到更多的贷款业务中。故而，每个银行可以通过多样化的贷款组合降低它们的风险。

小结

1. 欧洲货币市场是离岸的银行市场。该市场上的商业银行吸收非本国货币的存款并发放贷款。

2. 欧洲美元是美国境外以美元标价的存款和贷款，是离岸银行业中最活跃的币种。

3. 和本国银行相比，欧洲银行的操作成本更低，管制更少，故而欧洲银行可以提供更窄的存贷利差。

4. 由于监管较松，欧洲银行业务在投资者中得到普及，发展迅速。

5. 欧洲货币市场的存在提高了国际金融的有效性。这一有效性来自低成本的借款、政府监管的缺乏以及欧洲银行间的激烈竞争。

6. LIBOR作为一个重要利率，是欧洲美元市场上的基准利率。市场依据该利率确定贷款利率。

7. 国际银行设施（IBF）是美国银行的业务部门，被许可经营欧洲货币银行业务。

8. 欧洲美元市场的净规模度量的是非银行的信贷总量。

9. 大额欧洲货币贷款由银行辛迪加提供。

练习

1. 为什么欧洲银行的存贷利差一定小于本国银行的存贷利差？如果两个市场上的存贷利差相同会出现什么现象？

2. 使用T型账户解释欧洲美元市场总规模和净规模之间的差别。

3. 请设计以下例子：美国的一家制造公司Motorola将1 000万美元存款存入欧洲美元市场，之后一家法国的公用事业公司Paris Electric将贷款1 000万美元。在这两笔交易之间，你设计的例子中必须包括至少一个银行同业交易，并说明你的例子是如何影响欧洲美元市场的总规模以及净规模的？

4. 讨论欧洲银行在存贷利差很小的情况下是如何生存的。

5. 当投资者选择将存款存入欧洲货币市场时会面临怎样的风险？

6. 什么是国际银行设施（IBF）？为什么美联储授权建立国际银行设施？请解释。

延伸阅读

Apergis, N., 1997. Domestic and eurocurrency yields: any exchange rate link? evidence from a VAR model. *J. Policy. Model.* 19 (10), 41—49.

Bremnes, H., Gjerde, O., Saettem, F., 1997. A multivariate cointegration analysis of interest rates in the eurocurrency market. *J. Int. Money and Financ.* vol. 16 (5), 767 - 778.

Snider, C. and T. Youle, Does the LIBOR reflect the banks' borrowing costs? working paper, University of Minnesota, April 2, 2010.

Hsieh, N. C. T., Lin, A., Swanson, P. E., 1999. Global money market interrelationships. *Int. Rev. Econ. Financ.* 8, 71 - 85.

Key, S. J., 1983. International banking facilities. *Fed. Rev. Bull.* October, 565 - 576.

MacKenzie, D., 2008. What's in a number? The importance of LIBOR. *Real-world Econ. Rev.* (47), 237 - 242.

第 六 章

汇率、利率与利率平价

国际贸易包括商品和金融资产交换两个方面。汇率的变化在一定程度上是为了配合这种贸易交换。在本章中，我们主要研究利率和汇率之间的关系，并考察汇率将如何调整以达到市场均衡。

利率平价

利率平价（interest rate parity）解释了两国间债券投资收益率的关系。利率平价是由套利活动导致的，尤其是抛补套利的行为。下面让我们看一个抛补套利的例子。为了解释方便，我们引入如下符号：

$i_\$ =$ 美国利率

$i_\pounds =$ 英国利率

$F =$ 远期汇率（每英镑的美元价格）

$E =$ 即期汇率（每英镑的美元价格）

其中，利率和远期汇率对应的期限相同（例如，为 3 个月或 1 年）。在美国的投资者可以通过投资 1 美元，于 1 期后（假设 1 期为 1 年）得到 $(1+i_\$)$ 美元。此外，该美国投资者也可以将美元兑换成英镑并在英国投资。1 美元等于 $1/E$ 英镑（E 为英镑的美元价格），故而在英国投资的美国居民可以得到 $(1+i_\pounds)/E$ 英镑，这一收益也同样来自 1 美元的初始投资。记住，1 美元可以兑换为 $1/E$ 英镑，而 1 英镑在 1 期后可以带来 $1+i_£$ 英镑的收益，故而 $1/E$ 英镑在 1 期后得到的收益为 $(1+i_£)/E$ 英镑。

由于投资者是美国居民，投资所得最终要被兑换为美元。但是对于投资者来说，无法确定地知道未来的即期汇率。为了消除未来 $(1+i_£)/E$ 英镑的美元价值的不确定性，投资者可以签订远期合约覆盖所持有的英镑头寸。这样，投资者可以通过远期市场卖出在未来一段时间后获得的 $(1+i_£)/E$ 英镑，从而利用这一投资机会得到确定的美元收益。这一抛补套利行为所得为 $(1+i_£)F/E$ 美元。美国的投资者要么将 1 美元投资于本国得到 $(1+i_\$)$ 美元的收益，要么投资于英国，最终得到 $(1+i_£)F/E$ 美元的收益。这两种投资机会间的套利行为使得

$$1+i_\$ = (1+i_£)F/E$$

这一等式可被重新表达为

$$(1+i_\$)/(1+i_£) = F/E \tag{6.1}$$

将等式左右两边各减去 1，等式（6.1）可以写为另一种更加有用的形式，被称为**准确的利率平价**（exact interest rate parity）等式：

$$(i_\$ - i_£)/(1+i_£) = (F-E)/E \tag{6.2}$$

由于等式左边的分母接近 1，等式可以近似写为以下形式，这一形式被称为**近似抛补利率平价**（approximate covered interest rate parity）等式：

$$(i_\$ - i_£) = (F-E)/E \tag{6.3}$$

$i_£$ 值越小，等式（6.3）越近似于等式（6.2）。等式（6.3）意味着美、英两国可比投资的利息之差等于英镑的远期升水或贴水。（我们必须记住，由于利率是按年利率报价的，故而远期升贴水也必须按年利率的形式报价。）现在让我们考虑以下例子。假定忽略买卖价差，我们观察到欧洲货币市场的利率如下：

- 欧洲美元存款利率：15%；
- 欧洲英镑存款利率：10%。

汇率的报价方式为英镑的美元价格，而现在的汇率为 $E=2.00$。给定之前的信息，你预期 12 个月的远期汇率为多少？

利用等式（6.3），我们可以代入已知利率和即期汇率，求解远期利率：

$$0.15 - 0.10 = (F-2.00)/2.00$$

化简得：

$$F = 2.00 \times (0.15-0.10) + 2.00 = 2.10$$

故而我们可以预期 12 个月的远期汇率价格为 2.10 美元，由此给出的 12 个月远期升水为 0.05 美元，与利息价差相等。

假设银行把 12 个月的远期汇率设为 2.15 美元而非 2.10 美元，这就带来了套利机会。套利者怎样才能获利呢？由于英镑在未来的美元价格高于利率平价关系中隐含的英镑远期价格，故而它们可以按照即期汇率买入英镑并进行投资，并在远期卖出英镑

获得美元。这样的套利活动导致即期汇率上升，远期汇率下降，最终使得远期升水下降，直至与利差相等。在这一过程中，利率也会随之变化。大量资金投资于英镑导致了英镑利率的下降，而对美元投资的减少则会使得美元利率上升。

利率平价关系也可以用来阐释一项外国投资的实际收益这一概念。等式（6.3）可以被写为美元利率等于英镑利率加上远期升水的形式。故而投资于美元资产以及以英镑标价的资产的收益为：

$$i_{\$} = i_{\pounds} + (F - E)/E \qquad\qquad (6.4)$$

抛补的利率平价公式保证等式（6.4）成立。注意到，投资于英镑的收益率并不是英镑的利息 $i_{\pounds}$。实际上，投资于英国的实际收益包括利率收益和汇率收益。假设我们不使用远期市场，但我们仍作为美国公民购买英国债券。即使在这种情况下，投资的实际收益仍包括两部分。第一部分是利息收益，第二部分是汇率变动的预期收益，因为此时我们需要考虑到未来即期汇率的期望值。换言之，投资于英镑的预期收益为该英国投资的收益加上英镑价值的预期变动。如果远期汇率等于未来即期汇率的期望值，则远期升水等于汇率的预期变动。

虽然外汇交易员根据利差以及当前的即期汇率对远期汇率进行报价，使得远期升水等于利差，我们可能会问：在现实生活中，利率平价关系的成立情况如何？由于偏离利率平价关系似乎会带来可以获得利润的套利机会，期望追求利润的套利者可以消除偏差。然而，谨慎的研究表明，一些小的偏差确实存在。利率平价不能完美成立有很多原因，但在这种情况下我们并不能从中得到套利利润。因为买卖外汇和国际证券的每次交易中都包含交易成本，因此相对于利率平价的偏差可能等于或者小于这些交易成本。在这种情况下，套利者无法从偏差中获得利润，因为市场上的买价和卖价会消除任何显而易见的获利机会。研究表明，只有计价货币不同的可比金融资产（例如一家德国银行中以美元和英镑标价的欧洲存款），其偏离利率平价的原因百分之百源于交易成本。

除了交易成本外，还有一些原因可能会导致利率平价关系不能完美成立。其中一个原因是，各国政府对利息收入以及汇率收入征税的税率可能有所不同，从而导致了一些小的偏差。如果一个国家对两者的税收政策不同，则实际收益率等式（6.4）可能并不成立，因为该式中一侧仅包含利息收入，而另一侧包括利息收入和外汇收入。因此，仅考虑税前的实际收益率来决定是否存在套利机会可能会有一定的误导性。

其他两个利率平价不能完美成立的原因为政府管制和政治风险。如果政府对金融资本流动进行管制，那么不同国家的市场间会存在障碍。如果个人投资者不能自由地在一国买入、卖出货币或证券，则由实际收益率差异驱动的自由市场力量不会起作用。实际上，哪怕只存在管制的可能性也会对利率平价造成影响。政治风险与政府管制常常被人们一起提及。政治风险，比如政体变更，不会直接影响利率平价成立与否的状况。能够影响到利率平价状况的反而是新政体可能会施加资本管制这类威胁。然而，我们应该注意到，由于个人可以在本国之外的市场借贷各种外国货币，因此外部市场或者欧洲货币市场通常可以用来规避政治风险。例如，欧洲美元市场在美国境外的主要金融中心为美元存款和贷款提供了市场，从而规避了任何与美国政府行为有关的风险。

利率和通货膨胀

为了更好地理解利率与汇率之间的关系，我们现在来思考这两者与通货膨胀之间存在怎样的关系。为了将利率、汇率、通货膨胀三者联系起来，我们首先需要理解通货膨胀在利率决定中所起的作用。经济学家将利率分为名义利率和实际利率。**名义利率**（nominal interest rate）是在市场中真正观察到的利率，而**实际利率**（real interest rate）度量的是根据通货膨胀调整后的利率。如果你借钱给他人，并对这笔贷款收取5％的利率。在存在通货膨胀的情况下，这笔贷款的实际收益会变少。例如，如果通货膨胀率为10％，那么贷款方偿还贷款时所付的钱实际上变少了，少到让作为借款人的你最终所拥有的购买力低于借钱之前的购买力。

以上内容都意味着借款人的实际收益由名义利率和通货膨胀预期共同决定。通货膨胀预期对名义利率的影响被称为**费雪效应**（Fisher effect）（以欧文·费雪的名字命名，该学者是利率决定因素理论的先驱）。预期通货膨胀率和利率之间的关系可以由**费雪方程式**（Fisher equation）刻画：

$$i = r + \pi^e \qquad\qquad\qquad (6.5)$$

其中，i 为名义利率，π^e 为预期通货膨胀率。故而，π^e 的增加会导致 i 的增加。例如，由于 20 世纪 70 年代较高的通胀预期，70 年代的利率要远远高于 60 年代的利率。在同一时间，不同国家的利率也会因通货膨胀情况的差异而互不相同。表 6.1 展示了近期通货膨胀率较高国家的名义利率有上升的倾向。

表 6.1 　　　　　　　　　**2010—2011 年个别国家利率与通货膨胀率**

国家	2010 年通货膨胀率（％）	2011 年利率（％）
日本	−0.70	0.03
美国	3.20	3.50
泰国	3.30	3.00
越南	9.00	14.00
阿根廷	22.00	12.99

注：通货膨胀率等于 CIA 世界各国概况中消费者物价指数的年变动率。利率为 2011 年 10 月国际存款利息支出记录中记录的最高存款利率。http://www.deposits.org/。

汇率、利率和通货膨胀

如果我们将费雪方程式（6.5）与利率平价等式（6.3）相结合，我们可以知道利率、通胀率以及汇率三者之间都存在联系。首先，考虑对于美国和英国两国的费雪方程式：

对于美国，有 $i_\$ = r_\$ + \pi_\$^e$，

对于英国，有 $i_£ = r_£ + \pi_£^e$。

国际投资者希望他们投资的实际收益率越高越好。如果全球市场允许资本进行自由流动，那么投资于不同国家的实际收益率应该相等。如果我们假设各国的实际利率相同，即 $r_\$ = r_£$，那么两国名义利率之差只取决于预期通胀率之差，我们可以写出：

$$i_\$ - i_£ = \pi_\$^e - \pi_£^e \tag{6.6}$$

等式（6.3）中的利率平价条件意味着利差等于远期升水，即：

$$i_\$ - i_£ = \pi_\$^e - \pi_£^e = (F - E)/E \tag{6.7}$$

等式（6.7）总结了利率、通货膨胀率以及汇率之间的关系。

在现实世界中，等式（6.7）所体现的交互关系是同时被决定的。这是因为利率、通胀预期和汇率会同时受到新发生的事件以及新消息的影响。例如，假设我们一开始处于均衡状态，且利率平价关系成立。之后美国政策突然发生变化，导致对美国通货膨胀率的预期升高。这一通胀预期的增加导致了美元利率上升，与此同时，汇率也会随之调整以保证利率平价关系成立。如果预期未来汇率的即期价格改变，我们可以预期 F 承担了较大部分的调整压力。如果预期未来汇率的即期价格不变，那么倾向于现在的即期价格承担调整压力。如果最终央行决定通过不断的买入和抛售行为将汇率维持在某固定数值，那么国内和国外的利率都会根据平价关系进行调整。上述内容的重点在于，美国政策的变化导致了通胀预期、利率和汇率同时变化，以达到新的均衡状态。

汇率预期与利率期限结构

利率对于一个国家来说至关重要。在一国之内，不同投资机会的利率不同，相似但到期日不同的投资机会的利率也不相同。对于现存的投资机会，其利率随时间变化的结构被称为**利率期限结构**（term structure of interest rates）。例如，在债券市场上，我们可以观察 3 个月、6 个月、1 年、3 年甚至更长期债券的利率。如果利率随着到期日的临近增加，那么我们可以看到上升的期限结构。如果利率不随时间变化，那么其

期限结构就是平坦的。我们将不同时间观察到的利率用曲线联结起来，并用其斜率来描述利率的期限结构。

在解释利率期限结构方面存在一些相互矛盾的理论，我们将讨论以下三种理论：

1. 预期理论。这一理论认为长期利率是该期间内短期利率期望值的平均值。换言之，投资者可以投资于长期债券或者一系列短期债券，而持有一系列短期债券的期望收益率与持有长期债券的期望收益率趋于相同。

2. 流动性溢价理论。这一理论背后的思想在于长期债券中包含风险溢价，这是因为风险规避的投资者更愿意贷出短期资金。长期债券的溢价导致了利率随着债券持有期的增加而上升。

3. 偏好理论。这一理论主张按照到期日的不同分割债券市场。即短期债券和长期债券处于分离的市场中，而利率由每个市场的供求关系决定。如果市场被分割，那么长期债券市场和短期债券市场的收益率将存在较大差异。

尽管我们可以运用这些理论去解释任意一种货币的利率期限结构，然而在国际金融中，我们使用不同货币的期限结构来推断预期汇率的变化。例如，如果我们对比欧洲美元和欧洲欧元不同期限的存款利率，比如 1 个月和 3 个月的存款，只要保证未来的即期汇率等于现在的远期汇率，那么这两种期限结构的差异应反映预期汇率的变动。当然，如果存在资本管制，那么各国的市场都是孤立的，这种不同国家间利率的特殊关系也就不复存在。

图 6.1 描绘了从期限为 1 个月到期限为 12 个月的欧洲货币存款利率。我们从利率平价条件中知道，当一个国家的利率高于另一个国家时，高利率货币会存在相对于低利率货币的贬值预期。此时，一种利率高于另一种利率的唯一可能性为，如果高利率货币存在着贬值预期，那么实际利率 $i+(F-E)/E$（如等式（6.4）所示，用远期利率预测未来的即期利率）会低于市场上观察到的利率 i。

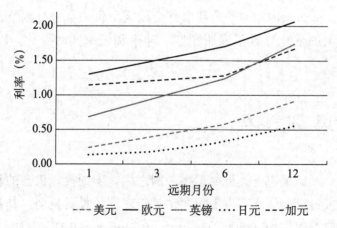

图 6.1　2011 年 10 月 12 日欧洲货币利率

资料来源：《金融时报》，www.ft.com。

如果两条期限结构曲线之间的距离在各点处都是恒定的，则汇率的预期变动相同。为了更清楚地解释这一点，让我们再次考虑等式（6.3）：

$$i_\$ - i_\pounds = (F - E)/E$$

这一表达式意味着两个国家的利率之差等于同一期限的远期汇率升水或贴水。如果远期汇率等于未来的即期汇率，我们可以说利率差也近似等于即期汇率的预期变动。这意味着在利率期限结构曲线上的每一点，不同国家的利率差异应当反映这两种货币汇率的预期变化。通过检验期限结构的不同位置，我们可以知道汇率预期是怎样随时间而变化的。即使其中一种货币没有远期汇率市场，我们也可以通过这种货币与另一货币利率之差推断出未来的预期汇率。

现在我们能理解为什么两种货币间恒定的利息差意味着汇率未来的预期变化是恒定的。因此，如果两条利率期限结构曲线平行，则汇率的预期变动相同（一种货币相对于另一种货币按照相同的比例升值或贬值）。另一方面，如果两条期限结构曲线相互背离或者离彼此越来越远，那么可以预期高利率的货币随着时间的推移加速贬值。如果两条期限结构曲线相互靠拢或者彼此之间的距离变小，那么可以预期高利率货币相对于低利率货币的贬值速度逐渐降低。

为了解释清楚汇率与期限结构之间的关系，让我们看图 6.1。在图 6.1 中，日本的利率期限结构曲线位于美国的下方。我们可以预期日元相对于美元升值，日元相对于美元出现远期升水。在曲线的斜率方面，日本和美国的利率期限结构曲线相互背离，这意味着相对于美元，日元存在加速升值的预期。

从图 6.1 中，我们可以看到其他货币预期汇率变化的差异。英国的利率期限结构曲线在美国的上方，故而我们预期英镑在未来相对于美元贬值，英镑相对于美元出现远期贴水。欧元的利率期限结构曲线在其他所有币种之上意味着欧元将相对于图中其他货币贬值。一个比较有意思的例子是加元和英镑的利率期限结构曲线出现了交叉，从较短的期限看，加元存在贬值预期，汇率出现远期贴水，而从 12 个月及以上的期限来看，加元相对于英镑的汇率出现远期升水。

小结

1. 利率平价关系表明，投资于两种货币的利息之差等于汇率远期升水或贴水。

2. 抛补的国际投资是指投资者使用远期合约对冲汇率风险，这一风险来自未来即期汇率的不确定性。

3. 一种货币的远期升水值等于该货币与另一利率较低货币的利率之差；一种货币的远期贴水值等于另一利率较高货币与该货币的利率之差。

4. 抛补的利率平价关系将当前的即期汇率、当前的远期汇率以及两个国家当前的利率联系起来。如果其中一个发生变化，那么其他三个至少有一个会同时变化以保证抛补的利率平价关系成立。

5. 抛补利率的套利活动使得利率平价成立。

6. 造成实际中的利率偏离利率平价关系的可能原因有交易成本、差异化的税收政策、政府管制和政治风险。

7. 实际利率等于名义利率与预期通货膨胀率之差。

8. 如果两国实际利率相同，则名义利率之差等于预期通胀率之差，也等于这两种货币汇率的远期升水或贴水值。

9. 利率的期限结构是指到期日不同的债券利率之间的关系。

10. 两国利率期限结构的不同反映了汇率的预期变化。

练习

1. 假设一个欠发达国家的利率完全由市场决定，但并不存在外汇远期市场。那么你应该用怎样的方法才能推断出预期汇率的变化呢？这一推断成立的假设条件是什么？

2. a. 说明远期升水与两种货币实际利率之差存在直接联系。

b. 在何种条件下远期升水等于两种货币预期通胀率之差？

3. 试给出利率平价不严格成立却无法进行套利以获取利润的四个原因。

4. 假设英镑的一年期利率为11%，美元的一年期利率为6%，当前美元/英镑的即期汇率为1.80。

a. 你认为一年后的即期汇率是多少？

b. 为什么我们可以不用观察预期的未来即期汇率？

5. 假设美国一年期利率为2%，瑞典一年期利率为4%，那么瑞典克朗存在远期升水还是远期贴水？

6. 如果两国的利率期限结构相同，那么预期两国货币之间的未来汇率会发生怎样的变化？

延伸阅读

Choudhry, B., Titman, S., 2001. Why real interest rates, cost of capital and price/earnings ratios vary across countries. *J. Int. Money and Finan.* April, 165-190.

Lothian, J. R., Wu, L., 2011. Uncovered interest rate parity over the last two centuries. *J. Int. Money and Finan.* vol. 30 (3), 448-473.

McKinnon, R. I., 1979. *Money. Int. Exch.*. Oxford, New York.

Pigott, C., 1993—1994. International interest rate convergence, a survey of the issues and evidence. *Q. Rev.* Winter, Federal Reserve Bank of New York.

Solnik, B., 1978. International parity conditions and exchange risk. *J. Bank. Finan.* 2, 281-293.

Throop, A. W., 1994. Linkages of national interest rates. FRBSF Wkly. Lett. September 2.

Wainwright, K., Chiang, A. C., 2004. *Fundam. Methods. Math. Econ..* McGraw-Hill, New York.

附录 6A：什么是对数？为什么在金融研究中使用对数？

虽然金融类课程并非数学课，但在金融研究中，一些数学方法使用得很广泛，如果学生不了解这些数学知识，就会在学习中觉得很痛苦。对数就是其中之一。使用对数最重要的原因在于对数真实刻画了比例的距离。此外，使用对数可以化简某些金融关系的计算。

什么是对数？

对数（logarithms）是为了简化对问题的分析而进行的数字变换。对数相当于对于给定底数计算幂值。例如，我们都知道 10 的平方是 100，即 $10^2 = 100$。如果以 10 为底，我们知道当幂为 2 时，才能得到 100。我们也可以说，100 以 10 为底的对数为 2。即：

$$\log_{10} 100 = 2$$

那么 1 000 以 10 为底的对数值是多少呢？显而易见，$\log_{10} 1\,000 = 3$，因为

$$10 \times 10 \times 10 = 10^3 = 1\,000$$

更普遍地来看，任何大于 1 的数字都可以作为任何正数的底数。现在，我们设底数为 a，a 为大于 1 的任意值，b 为任意一个正数，则：

$$\log_a b = c$$

其中 c 为幂值。

底数 a 虽然可以取大于 1 的任意值，但我们通常将 a 固定为某一源于经济现象中的特殊值，这个值接近 2.718 28，被称作自然常数 e。e 的值来自连续复利计算，更具体地说，有 $e = \lim_{n \to \infty} (1 + 1/n)^n$，其中 n 为每年用于复利计息的次数。给定本金数额 P，在未来的一年里按照利率 r 连续复利计息，本金利息和为 $V = Pe^r$。如果 $r = 100\%$，则一年后本息和为 $V = Pe$。由于 e 很自然地从连续复利的计算中得出，我们称以 e 为底的对数为**自然对数**（natural logarithms）。金融研究人员使用的就是自然对

数。对于自然对数，我们并不将其写为 $\log_e b = c$ 的形式，而是将 $\log_e$ 简写为

$$\ln b = c$$

在文中所有使用对数的地方，我们都假设 $\log b$ 就是 $\ln b$，即为自然对数形式。为了方便，我们省略下标 e，将 $\log_e b$ 写为 $\log b$。

为什么在金融研究中使用对数？

如果你觉得之前的内容较为艰深难懂，那么下面的例子可能会更加贴近你之前所学的内容。

对数的一个较为有用的特征在于某些变量变化的百分比可以用其对数的变化进行度量（对于按复利方式变化的变量来说，这种度量是准确的，对于按普通利率变化的变量来说则为近似值）。如果我们想要计算日元/美元汇率（E）从昨天（第 $t-1$ 期）到今天（第 t 期）的变化，我们可以计算 $(E_t - E_{t-1})/E_{t-1}$。此外，我们也可以计算 $\ln E_t - \ln E_{t-1}$。

假设日元/美元汇率昨天的值为 $E_{t-1} = 80$，今天的值为 $E_t = 125$。那么日元升值的百分比是多少？如果我们使用公式 $(E_t - E_{t-1})/E_{t-1}$，得到的变化比例为 56.25%，如果使用公式 $\ln E_t - \ln E_{t-1}$，得到的变化比例为 44.63%。这两个值较为接近，但并不完全相等。现在假设美元和日元的汇率是按美元/日元的方式报价。此时，$E_{t-1} = 0.0125$，$E_t = 0.008$。注意到此时只是报价方式改变，而实际汇率与之前的例子完全相同。那么汇率变化的幅度是多少呢？使用公式 $(E_t - E_{t-1})/E_{t-1}$，得到的变化比例为 -36%，而使用公式 $\ln E_t - \ln E_{t-1}$，得到的变化比例为 -44.63%。因此不管报价方式如何，使用自然对数形式公式进行计算的百分比变化值都相同。

无论基期值是什么，计算得到的百分比变化值都相同，这是对数一个非常有用的性质。在抛补的利率平价概念中，我们需要来回换算货币，若使用对数形式进行计算，则结果与利率差相等。

自然对数有很多很好的数学性质，其中在国际金融中经常用到的三个重要性质有：

1. 两个数乘积的对数等于这两个数分别取对数再求和：

$$\ln(MN) = \ln M + \ln N$$

2. 两个数之商的对数等于这两个数分别取对数再相减：

$$\ln(M/N) = \ln M - \ln N$$

3. M 的 N 次方的对数等于 M 的对数的 N 倍：

$$\ln(M^N) = N(\ln M)$$

由于在金融研究中，很多变量间的关系都是以乘积或比例的形式表示的，通过对其取对数，我们可以将包含乘积、商的复杂关系转化为更加简单的线性、可加的关系，再对其进行分析。

本章的附录仅对对数内容进行简要的介绍，给出了一些与本书内容有关的例子，并没有对国际金融中应用对数的实例进行非常详细的解释。之后的章节中也会分析其他的相关示例。更多有关对数应用的举例可以在 Wainwright 和 Chiang（2004）找到。

第七章

价格与汇率

购买力平价

本书第一章讨论了外汇市场上的套利活动具有使不同地点的汇率价格保持一致的作用。如果位于旧金山的美国银行对日元的美元价格报价高于位于纽约的花旗银行的报价，我们可以预期市场上的交易者会从花旗银行买入日元，与此同时将日元卖给美国银行。这一举动导致花旗银行提高美元/日元汇率的报价，而美国银行的报价降低，直至考虑交易费用后两者的报价相同。这样的套利活动不只局限于外汇市场，只要同类商品在不同的地点进行交易，就有可能存在套利机会。例如在同一时刻，全球不同地点的金价基本相同。如果某一地区黄金的卖价高于其他地区，套利者会在金价低的地区买入黄金，在金价高的地区卖出黄金，直至金价相等（考虑交易成本）。与之类似，我们预期拖拉机、汽车或者钢板在不同地区市场上的价格存在一定关联。当然，有些同类商品在一些国家的销售价格比另一些国家更加接近，这种情况可以从经济学的角度进行很好的解释。

这种同类商品在全球各地价格接近的趋势使得物价和汇率之间存在一定关联。如果我们想知道为什么汇率随时间推移而不断变化，一个显而易见的答案是，随着全球物价的变化，汇率也必须随之改变以保证当用同一种常用货币进行衡量时，不同国家的价格水平一致。换言之，汇率的变化应当抵消不同国家通胀率的差异。这一商品、服务的价格水平与汇率之间的关系被称为购买力平价。尽管购买力平价理论可能难以解释短期的汇率波动，研究价格水平与汇率之间的关系对于了解商品市场（区别于金融资产市场）在国际金融中的作用是很重要的。

绝对购买力平价

我们首先来看**购买力平价理论**（purchasing power parity，PPP）中的绝对购买力平价理论。我们认为国家间物价水平的比值决定汇率。如果 E 为即期汇率（以每单位外币的本币价格表示），P 为本国物价指数，P^F 为外国物价指数，则绝对购买力平价关系可以表示为

$$P / P^F = E \tag{7.1}$$

对物价指数不太熟悉的读者可以把 P 和 P^F 理解为消费者物价指数或者生产者物价指数。物价指数用于衡量一个经济体中的平均物价水平，故而也有批评者认为物价指数并不是任何一种物品的真实价格。在编制物价指数时，首先要选择需要监视价格水平的特定商品和服务，并按照其在总开销中的重要性赋予相应权重构成组合。故而在计算消费者物价指数时，房价的权重可能非常大，而面包的权重可能很小。最终得到的物价指数是选定的商品和服务物价水平的加权平均值。

等式（7.1）表明，任意两国之间的汇率等于其物价指数的比值，所以汇率是基于价格水平的名义变量。当我们使用现实中的物价指数数据时应加以小心，所使用的不同国家的价格指数数据在基年（用于参照的年份）选择以及商品、劳务种类选择方面都应该是可比的。如果现实中的物价水平表明仅出现名义变化，我们则可认为购买力平价理论成立。之后我们将阐述这句话的重要性。

等式（7.1）可以被重新表达为

$$P = E P^F \tag{7.2}$$

即本国物价指数等于外国货币的本币价格与外国物价指数的乘积。等式（7.2）被称为一价定律，其含义为，同一商品在世界各地出售的价格相同。例如，一件衬衫在美国的售价为 10 美元，在英国的售价为 4 英镑。如果此时的汇率为 2.50 美元/英镑，则 $P = E P^F = 2.50 \times 4 = 10$。因此，只要我们将衬衫的英镑价格按照汇率转换为美元，我们会发现当用同一种常用货币比较时，英国和美国出售衬衫的价格相同。

不幸的是，实际中的情况要比上面这个简单的衬衫例子复杂得多。在现实生活中，差异化的产品、较高的信息成本等障碍使得全球商品的价格并不相同。显而易见，产品同质化程度越高，一价定律越容易成立。某些无论在哪个地区销售都大体相同的商品为一价定律提供了绝佳的实例。例如国际上统一用美元进行标价的黄金。我们可以

认为对于黄金，一价定律基本成立。与之相反，衬衫有不同的风格、品牌以及价格，所以我们认为无论是从国内还是国际的角度来看，针对衬衫的一价定律并不能成立。

巨无霸汉堡包指数

图7.1展示了不同国家巨无霸汉堡包指数之间的差异。图中第一列是以当地货币表示的价格指数，第三列则为按照汇率换算的美元价格。通过该表我们可以看到，不同国家购买一个巨无霸汉堡包的成本差异相当大。在中国，购买一个巨无霸汉堡包的价格相当于1.83美元，远远低于在美国的售价3.57美元，而在挪威，一个巨无霸汉堡包的售价则为6.15美元。如果你经常到国外旅行，你会发现不同国家之间同类产品或者服务的价格存在巨大的差异。

有人可能会疑惑，既然国际贸易中含有运费以及关税，为什么我们还会期待购买力平价成立呢？考虑到商品运输的成本，我们并不认为对于某一特定商品来说，购买力平价能够成立。那么我们为什么期待物价指数之间的关系满足等式（7.1）呢？而且，并非所有商品都在全球范围内进行贸易，但是在一国的物价指数编制中也会包括这类商品。随着非贸易商品价格的变化，一国的物价指数也会变化，但不会对汇率造成影响。这是因为非贸易商品的价格变化并不是国际贸易流动导致的，因此货币的供给和需求也没有发生变化。近期，经济学家对购买力平价的解释提出了很多改进，但在此处我们不需要对其进行讨论。我们需要知道的是，当使用物价指数解释汇率变化时可能会出现问题。

国家	当地价格	汇率（外币/美元，2009年7月13日）	美元成本（美元）
美国	3.57 美元	1.00	3.57
巴西	8.03 雷亚尔	2.00	4.02
英国	2.29 英镑	0.62	3.69
加拿大	3.89 加元	1.16	3.35
中国	12.50 元人民币	6.83	1.83
日本	320 日元	92.6	3.45
挪威	40 挪威克朗	6.51	6.15
瑞典	39 瑞典克朗	7.90	4.93
瑞士	6.50 瑞士法郎	1.09	5.98
泰国	64.49 泰铢	34.2	1.89

图7.1 一些国家的巨无霸汉堡包指数

资料来源：*The Economist*，July，2009.

到目前为止，我们着重强调了价格指数变化或者名义变化会导致汇率波动。然而，我们可以合理地假设造成汇率周而复始变化的主要原因是实际的变化而非名义的变化。除了由整体通胀水平变化造成的价格水平变化之外，我们还可以定义相对价格变动。通胀会造成所有价格上升，但相对价格变动意味着价格并非一起变动。有些价格上涨速度较快，有些价格上涨时另一些价格在下降。一个可以帮助学生理解的古老的比喻是将通货膨胀想象为一部载有很多网球的升降电梯，每一个网球代表单一商品的价格。随着通货膨胀的持续，网球被电梯带到高处，这意味着所有价格都在上升。但在通胀持续以及电梯上升的过程中，这些网球，或者说是单一商品价格，不断地上下弹跳。所以当电梯带着网球上升时，这些球并非同时向上或者同时向下跳动。向上弹起的球相对于正在向下的球来说，相对价格提高。

如果我们用不同电梯代表不同国家，当所有电梯以相同速率上升，而网球相对于电梯保持静止时，汇率正如购买力平价所指出的那样是一个常数。此外，如果我们考虑的时间期间足够长，则可以忽略网球的弹跳，这是因为电梯的运动较大，会主导汇率的变动。然而如果我们在很短的时间内进行观察，此期间电梯的运动变得非常缓慢，我们会发现网球的弹跳，或者说是单个商品价格的相对变化在很大程度上决定了汇率。

相对购买力平价

除了我们之前讨论的绝对购买力平价之外，购买力平价理论还存在另一视角，即相对购买力平价。当以下等式成立时，我们称相对购买力平价成立：

$$\hat{E} = \hat{P} - \hat{P^F} \tag{7.3}$$

其中，变量的上标（^）表示变化的百分比。等式（7.3）表明汇率变化的百分比（$\hat{E}$）等于国内物价水平变化的百分比（$\hat{P}$）减去外国物价水平变化的百分比（$\hat{P^F}$）。因此，绝对购买力平价阐述的是汇率等于物价指数之比，相对购买力平价则从变化的百分比这一角度对这些变量进行解释。

我们通常把物价水平变化的百分比称为通货膨胀率。因此另一种表述相对购买力平价关系的方式为汇率变化的百分比等于本国和外国通货膨胀率的差异。如果我们认为汇率变化的百分比等于通货膨胀率之差，那么我们可以忽略 E，P，以及 P^F 的实际水平值，仅考虑其变动。这一假设不如绝对购买力平价的假设严格。应该注意的是，如果绝对购买力平价成立，那么相对购买力平价也成立。但是如果绝对购买力平价不成立，相对购买力平价也有可能成立。这是因为 E 可能不等于 P / P^F，但 E 的变化仍有可能与通货膨胀率之差相等。

在之前的章节中，我们已经观察到相对价格是如何决定汇率的，我们有理由相信，随着时间的推移，与通货膨胀相比，相对价格变动对汇率影响的重要性降低。因此长期中，通货膨胀差异在汇率变动中起到了主导作用。这里的想法在于，能够影响相对价格变动的真实事件从本质上来说，是短期内随机发生的。事件的随机性是指这些事件的发生是无法预料的，而且等可能地提高或降低汇率水平。考虑到这一特性，这些随机的相对价格变动会随着时间的推移而抵消（否则我们不能认为它们等可能地提高或降低汇率水平）。

时间、通货膨胀和购买力平价

　　一些研究人员发现对于高通胀的国家来说，购买力平价关系保持得更好。当我们说"保持得更好"时，我们的意思是与低通胀国家相比，高通胀国家中观察到的随时间变化的实际汇率与物价水平数据更加接近公式（7.1）和（7.2）中的等式关系。在高通胀国家中，汇率的变化与通货膨胀差异高度相关，这是因为通货膨胀对汇率的重要影响超过了相对价格对汇率的影响；而在低通胀或者温和通胀的国家，相对价格主导了汇率价格的变动，从而偏离了购买力平价关系。在我们之前的例子中，当电梯快速上升时（高通货膨胀），电梯中网球的弹跳运动（相对价格）的重要性降低；当电梯缓慢地运动时（低通货膨胀），网球的弹跳运动就很重要了。

　　除了通胀率之外，分析时所处的时期也会对购买力平价关系成立的程度造成影响。我们希望年度数据比月度数据更能体现购买力平价关系，这是因为时间越长，通胀幅度越大。因此随机的相对价格变动对汇率影响的重要性降低，我们发现，汇率的变化更接近于通胀差异。同样使用电梯的比喻，我们分析的时间范围越长，电梯移动的距离越远；而电梯移动得越远，里面网球的弹跳运动就越不重要。这意味着在对购买力平价进行的研究中，在包含较多年份数据的基础上进行的研究比仅包含一些年份数据的研究更容易得到支持购买力平价成立的证据。

　　关于购买力平价的文献有很多，而且都倾向于证实我们之前的结论。研究人员给出了支持以下观点的证据，即真实相对价格变化在短期中有重要作用，但在长期中，相对价格变动因其随机性以及事件发生的无关性，对汇率的影响降至最低。对长期（比如100年）进行研究发现，购买力平价关系在长期中保持得更好。

购买力平价的背离

　　到此为止，我们已经讨论了一些导致汇率偏离购买力平价关系的原因。当讨论商品市场中套利行为的作用时，我们曾说一价定律不适用于差异化的产品以及产品不在全球范围内进行贸易的情况。此外，在国际贸易中，由于商品需要跨国运输，运输成本和关税都会改变价格。相对价格变动也是为什么购买力平价在长期比短期保持更好的原因之一。这种相对价格的变化通常是由实体经济事件导致的，比如偏好改变、糟糕的天气状况，或者政府政策。在附录7A中给出了相对价格影响购买力平价的细节。

由于不同国家的消费者消费不同的商品，不同国家的物价指数无法直接进行比较。如果使用美国和日本的消费者物价指数来检验美国和日本的购买力平价关系，我们知道由于典型的日本消费者和典型的美国消费者购买不同的商品篮子，那么这一检验结果会被削弱。在这种情况下，对于单一商品，一价定律完全成立，然而我们会观察到当使用日本和美国消费者物价指数检验平价关系时，存在着偏离购买力平价的现象。

我们需要认识到的很重要的一点在于购买力平价并非有关汇率决定的理论。换言之，通货膨胀的差异并不是造成汇率变化的原因。购买力平价关系是两个内生变量之间的均衡关系。当我们说价格和汇率是内生的时，我们旨在说明这两个变量是同时由其他变量决定的。那些其他变量被称为外生变量。外生变量是独立变化的，如坏天气、政府政策。当某一外生变量发生变动时，比如坏天气导致了糟糕的收成，价格和汇率会同时变动。如果价格和汇率以不同的速度变动，就会测得购买力平价的背离。

这种背离现象可以这样解释：由于商品的价格不如金融资产的价格（汇率是货币的价格）变化灵敏，故而用于计算的物价指数变化相对缓慢。我们知道，随着对外汇资产供给、需求的变化，外汇汇率每天都处在不断的变化当中。但百货商场需要多久才改变一次家具的价格，汽车配件专卖店需要多久才改变一次轮胎的价格呢？由于计入公开物价指数的价格变动慢于汇率价格变化，那么汇率价格变化先于物价变化也就不奇怪了。如果汇率变化快于商品价格变化，我们有另一原因来解释为什么购买力平价在长期比在短期更容易成立。当经济方面的消息被大众接受后，汇率和价格都会发生变化。例如，假设美联储今天宣布在未来的12个月，美元供给将增加100％。这一变化会增加流通中的货币量，提高物价，从而导致更高的通货膨胀率，由于美元的供给相对于需求提高，美元的价值相对于其他货币下降。

在美联储发布公告之后，你会期待美国国内物价的提高发生在外汇市场上美元贬值之前吗？虽然一些有关汇率决定的重要话题将在之后的章节进行讨论，但我们可以大体地说，美元会在公告发出之后立即贬值。如果交易者认为美元在未来的价值下降，他们会试图现在卖出美元，这种卖出行为会在今天压低美元的价值。这与商品市场上的交易者预期未来价格上升而在今天买入更多商品类似。但是对于大多数商品来说，短期内的结果是以不变的价格耗尽库存。随着时间推移，大部分商品的价格将会提高。

图7.2解释了汇率在信息的影响下是如何移动的。图中横轴表示买卖美元的数量，纵轴表示美元的日元价格。最初，外汇市场的均衡点位于需求曲线 D_0 与供给曲线 S_0 的交点。此时汇率为120日元/美元，正在交易的美元数量为 $\$_0$。假设美联储现在发布公告，使得人们预期美元供给在未来迅速上升。这使得外汇交易员认为美元在未来贬值，因此，他们试图现在卖出更多的美元，使得图7.2中的供给曲线移动至 S_1。供

给曲线移动而需求曲线保持不变，造成美元贬值至 110 日元/美元。在这一新汇率下，美元的交易数量为 $\$_1$。

假设一开始购买力平价关系成立，则汇率 $E = 120 = P_{JA} / P_{US}$。由于货币在一天之中连续不断地进行交易，因此货币政策的变更公告会立即对汇率造成影响。而商品和服务的价格变化就要缓慢得多。在短期内，日本物价指数与美国物价指数的比值可能仍然保持在 120 不变，因此当今日汇率 E 下降至 110 时，如图 7.2 所示，国家之间的物价水平比值仍等于初始的汇率值 120，这明显偏离了购买力平价关系。

因此，在出现重要经济新闻的时期，购买力平价的偏离程度较大——汇率迅速调整，而物价调整滞后。除了汇率与价格调整速度的差异之外，在新闻占据主导地位的时期可能会出现很多相对价格变动，因此即使不存在汇率与价格调整速度上的差异，也会出现偏离购买力平价的现象。

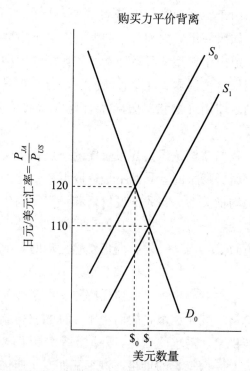

购买力平价背离

图 7.2　外汇市场价格移动和购买力平价背离

对购买力平价的背离也有可能源自国际贸易中订货与货物运输之间的延迟。几个月后运出的货物价格是在今天的合约里确定的。如果我们想比较物价数据和今天的汇率数据以衡量购买力平价关系，我们应使用适用于货物价格的汇率数据。今天运输的货物价格是在过去某一时间确定的。在理想情况下，我们应当比较各国签订合约时的合约价格与未来货物实际送达付款时的汇率。如果未来的实际汇率与货物协议达成统一价格成交时对未来汇率的预测值相等，那么我们可以使用今天的汇率以及运输的货物价格。问题在于在现实中，汇率很难进行预测，因此当前的实际汇率价格很难与过去交易者预测的价格相同。

让我们思考一个简单的例子。假设 9 月 1 日，美国先生同意以每本书 1 英镑的价格从英国小姐那里购买书籍。当这一合约签订时，书在美国的售价为 2 美元，当前的汇率为 $E_{\$/£} = 2$ 以确保一价定律成立——书在英国的售价为 1 英镑，等价于 2 美元（1 英镑的图书价格乘以 2 美元的英镑的美元价格）。如果合约要求于 12 月 1 日交货付款，价格为每本图书 1 英镑，并且美国先生预期到 12 月 1 日时，汇率和图书价格都不发生改变，即他预期付款时购买力平价依然成立。假设 12 月 1 日的实际汇率为 1 英镑 ＝1.50 美元，一位研究有关图书一价定律的经济学家会采用英国书价 1 英镑、美国书价 2 美元以及汇率 $E_{\$/\pounds} = 1.50$ 进行比较，并检验 $E_{\$/\pounds} = P_{US}/P_{UK}$ 是否成立。由于 $1.50 < 2/1$，该经济学家会得到严重偏离购买力平价的结论，然而这种偏离情况存在欺骗性。确定合约价格时可以预期购买力平价关系成立，但由于我们将今天的汇率价格与过去确定的价格进行比较，导致了偏离购买力平价关系的情况发生。

对于购买力平价背离的可能解释包括造成永久背离的因素（运输成本和关税）、造成暂时背离的因素（金融资产市场和商品市场的调节速度差异，或真实相对价格变化）以及现实中不存在的造成背离的因素（比较当期汇率与过去的价格或者使用各国消费者物价指数时，各国消费的商品篮子不同）。既然对购买力平价的度量传递了与货币相对购买力有关的信息，那么这种度量可以作为讨论经济政策的基础。在下一节中将给出对购买力平价的度量中包含了与政治有关信息的例子。

货币的高估与低估

随着时间的推移，如果我们观察 E、P 和 P^F，我们会发现绝对购买力平价关系在任何一对国家之间都不能很完美的成立。如果 P^F 随时间推移增加的速度快于 P，那么我们可以期望 E，即外国货币的本币价值降低。如果 E 的下跌幅度小于 P/P^F 的下跌幅度，那么我们可以说，本国货币被低估，或者外国货币被高估（两者是一回事）。

在 20 世纪 80 年代早期，有关美元被高估的言论很多。美元的外币价值与美国和其他发达国家通货膨胀率之差比，似乎要高很多。高估意味着汇率尚未达到它应该达到的值。然而，如果汇率是由自由市场上的供给和需求因素决定的，那么高估的汇率价格实际上正是自由市场上的均衡价格。这意味着货币的高估可能暗示着现在的均衡状态仅是对购买力平价的短期偏离。随着时间的推移，汇率会下降至两国通胀率之差的水平。

在 20 世纪 80 年代早期，美元外币价格的增长速度快于美国和其他工业化国家之间通货膨胀率之差的增长速度。看起来似乎在 4 年多的时间内，就形成了美元高估的态势。直到 1985 年，汇率才回落至与购买力平价关系一致的水平。图 7.3 展示了美元/日元汇率价格的实际值以及由购买力平价关系推导出的美元/日元的汇率价格。利用购买力平价关系推导出的汇率由日本、美国通货膨胀率的差异度量。标有"购买力平价汇率"的曲线度量的是汇率变动的百分比等于日本和美国通货膨胀率差值时的汇率值。

图 7.3 表现出美元在 20 世纪 80 年代初期被高估，此时实际汇率处于由购买力平价推导出的根据通胀差异度量的汇率价格的上方。直到 1985 年，美元相对于日元贬值，汇率才接近购买力平价推导出的汇率价格。在 20 世纪 90 年代，美元被大大低估，并在 90 年代中期出现了触底反弹。然而到了 90 年代末，美元的价值再次回归到符合

购买力平价的水平。在最近的 10 年中，日元/美元的汇率紧密地围绕购买力平价给出的值上下波动。2011 年，美元再次开始被低估。

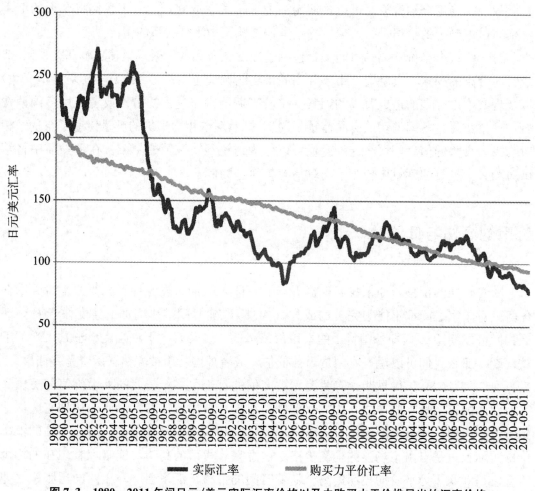

图 7.3 1980—2011 年间日元/美元实际汇率价格以及由购买力平价推导出的汇率价格

既然我们知道在短期内处于温和通货膨胀中的任何国家都不会太好地满足购买力平价关系，那么货币在购买力平价意义下必然被高估或低估。当明显的高估、低估情况持续了一段时间并对宏观经济造成显著的影响时，这一问题就变得很重要了。在 20 世纪 80 年代早期，美国前沿的政治话题是关于美国所处的明显困境，即高估的美元正在损害出口导向型工业。随着美元的升值，对于外国购买者来说，美国商品的价格在逐渐提高。大额贸易赤字使这一问题凸显出来，并成为主要的政治议题之一。在 1985 年，几个主要央行介入外汇市场，导致美元贬值，降低了美元相对于购买力平价关系中隐含的美元价值的高估程度。

常见问题：什么是购买力平价调整后的 GDP?

经济学家们为了对一个经济体的表现情况进行测量，最常使用的是人均 GDP 这一指标。人均 GDP 测量的是一国产值与人口数之比。如果汇率不处在"正确"的水平，比较不同国家的经济表现更加困难。在本章中，我们已经展示了汇率可能暂时被高估或被低估。因此，如果使用当前的汇率价格，我们可能会高估或低估一国的 GDP。为了让经济学家能够比较各国的人均 GDP，宾夕法尼亚大学的一些经济学家建立了宾大世界表（The Penn World Tables）。表中使用购买力平价值而非当前汇率对人均 GDP 进行调整。在下表中可以看到，各国（地区）排名会因使用的是当前汇率还是从购买力平价关系中推导出的汇率而有所变化。例如，在使用经 PPP 调整的人均 GDP 进行排名时，新加坡的排名超过了美国，因为新加坡的物价水平相对较低。与之相反，由于瑞士当地的生活成本较高，瑞士的人均 GDP 排名从第 6 位降至第 13 位。宾大世界表可以在网上免费查到，网址为：pwt. econ. upenn. edu/。

宾大世界表		世界银行表	
国家/地区	人均 GDP（按 PPP 调整）	国家/地区	人均 GDP（按 当前汇率调整）
1. 卡塔尔	141 943	1. 摩纳哥	172 676
2. 卢森堡	93 388	2. 列支敦士登	134 915
3. 阿拉伯联合酋长国	65 864	3. 卢森堡	106 252
4. 文莱	62 340	4. 百慕大	88 747
5. 百慕大	57 897	5. 挪威	78 409
6. 科威特	57 411	6. 瑞士	63 525
7. 挪威	56 499	7. 卡塔尔	61 532
8. 新加坡	51 231	8. 丹麦	55 933
9. 中国澳门	50 653	9. 爱尔兰	49 738
10. 澳大利亚	47 566	10. 荷兰	48 068
11. 美国	45 614	11. 美国	45 745
12. 荷兰	44 583	12. 奥地利	45 555
13. 瑞士	44 375	13. 法罗群岛	45 206
14. 奥地利	41 063	14. 芬兰	44 577
15. 冰岛	40 096	15. 比利时	43 640

不止美元相对于其他发达国家被高估，很多发展中国家也会时不时地抱怨本国货币相对于发达国家货币被高估，这使得发展中国家出现了较大程度的贸易赤字。如果购买力平价仅适用于参与国际贸易的商品，那么我们可以知道发展中国家较低的劳动

生产率是如何造成该国货币被明显高估的。我们假设世界各地生产非贸易品的方式较为接近。如果将非贸易品部门想象为以服务为主，则该说法将更为合理。在这种情况下，生产效率更高的国家工资水平更高，该国服务部门的价格要高于低生产效率、低工资的国家。此时，我们发现用于计算购买力平价的物价指数会随各国生产效率以及工资水平的不同而发生变化。

如果我们假设汇率仅由贸易品的价格决定（这一想法产生的原因在于，如果某一商品并未参与到国际贸易中，那么没有理由认为该商品的价格在全世界范围内相等，因此该商品价格的变化无法影响到汇率价格），则我们可以看到价格指数是如何因服务价格变化而改变，但无法对汇率造成影响。例如，洛杉矶理发价格的提高不会对巴黎的理发价格造成影响。因此，如果洛杉矶的理发价格提高，其他物价保持不变，美国的平均物价会上升。但是美国物价的上升不会对美元/欧元的汇率价格造成任何影响。如果美国汽车价格相对于法国汽车价格提高，那么我们期望美元相对于欧元贬值，因为对法国汽车需求的增加导致了对欧元需求的增加，而对美国汽车需求的减少使得对美元的需求减少。

如果这个世界按照我们所说的方式运行，那么我们可以认为不同国家贸易品的生产效率差异越大，反映在服务价格中的工资差异也就越大，因此随着时间的推移，偏离绝对购买力平价的程度越大。假设发展中国家一开始生产效率的绝对水平较低，而生产效率的增长率较高。如果人均收入差异很好地体现了生产效率的差异，那么我们可以期待随着发展中国家人均收入相对于发达国家提高，发展中国家物价指数的增长速度会快于发达国家物价指数的增长速度。与此同时，发展中国家货币的贬值程度却落后于通胀水平之差，这里使用包含贸易品和非贸易品在内的物价度量各国的通胀水平。故而发展中国家的货币会有逐渐被高估的倾向（发展中国家货币的贬值幅度小于因平均物价水平变化而应有的贬值幅度），而发达国家的货币会被低估（发达国家货币的升值幅度小于因物价水平变化而应有的升值幅度）。

之前的描述是否与现实世界相符呢？你认为较穷国家的劳动密集型服务（家政服务、理发等）会相对比较便宜吗？研究人员已经找到了证据，证实随着人均收入的变化，对购买力平价的背离会系统性地发生。

之前所述情况的底线是什么？国家物价指数并不是一个能够很好地配合外汇调整需求的指标。因此就这一点来说，很多研究都发现绝对购买力平价并不成立也就不足为奇了。在变化的市场条件下，如果汇率是自由变动的，那么认为货币被低估或者被高估的想法就存在一定的误导性。只有当央行或政府干预打断了汇率自由调节至市场出清水平时，我们才可以真正讨论一种货币是升值还是贬值（在很多情况下，人们会在黑市上按照自由市场的价格交易货币）。随着时间的推移，购买力平价变化表现为根据两国物价指数得到的某种货币被低估的现象可能只是因为物价指数这一指标上的限制，而非真正的市场现象。

实际汇率

到现在为止，所有有关汇率的讨论都是就**名义汇率**（nominal exchange rate）而言的。名义汇率是在外汇市场上实际观察到的汇率。然而，经济学家有时使用的是实际汇率的概念，表示某一货币竞争力的变化。实际汇率是另一种用于思考货币被高估或者被低估的方式。实际汇率的度量方式为：

$$E_{real} = E/(P/P^F) \tag{7.4}$$

即经过本国物价水平与外国物价水平之比调整的名义汇率。从图 7.3 中可以看到，在 20 世纪 80 年代初期，美元相对于日元被明显高估，而在 20 世纪 90 年代中期则被明显低估。而从实际汇率变化的角度来看，日元/美元的实际汇率在 20 世纪 80 年代初期上升，因为名义汇率（日元/美元）相对于日本价格水平与美国价格水平的比值提高。而在 20 世纪 90 年代，日元/美元的真实汇率降低，因为名义汇率相对于日本价格水平与美国价格水平的比值降低。

如果绝对购买力平价始终成立，那么实际汇率等于 1。在这种情况下，名义汇率会随时变化以反映日本价格水平与美国价格水平比值的变动情况。由于在真实世界存在背离购买力平价的现象，因此我们也可以观察到实际汇率的上下波动。当实际汇率上升到超过某一特定值时，会产生该汇率被高估的担忧，当实际汇率下跌到超过某一特定值时，又会产生该汇率被低估的担忧。正如前文所述，高估或低估这类词汇必须小心使用，因为它们有时反映的可能是使用物价指数度量货币价值时的缺陷。

小结

1. 购买力平价（PPP）解释了产品价格水平与汇率之间的关系。

2. 如果两种货币之间的汇率等于两国平均物价水平的比值，则绝对购买力平价成立。

3. 如果汇率变动的百分比等于两国通货膨胀率之差，则相对购买力平价成立。

4. 由于高通胀国家整体物价水平的变动远远超过任何相对价格变动，故而在该国购买力平价关系保持得更好。

5. 实证研究表明，短期内汇率偏离购买力平价关系，而在长期中购买力平价成立。

6. 购买力平价背离的原因包括：物价指数中包含非贸易品的价格、差异化的产品、交易成本、政府限制、不同国家物价指数所包括的消费组合不同以及汇率调整速度与产品价格调整速度的差异。

7. 当一种货币升值的速度超过（低于）两国通胀率之差时，根据购买力平价理论，该货币被高估（低估）。

练习

1. 假设某一特定商品篮子的成本在美国为 108 美元,在日本为 14 000 日元:

a. 根据绝对购买力平价理论,日元/美元的汇率应为多少?

b. 如果实际汇率等于 120,那么美元是被高估还是低估了?

2. 假设印度的通货膨胀率为 100%,美国的通货膨胀率为 5%。根据相对购买力平价理论,美元/卢比的汇率会发生何种变化?

3. 如果 A 国非贸易品的价格上升速度快于 B 国,而各国贸易品的价格维持不变,那么 A 国的货币是否会出现被高估或被低估现象?

4. 解释为什么当绝对购买力平价不成立时,相对购买力平价可能成立?

5. 给出四种可能会导致购买力平价背离的原因,并解释这些原因是怎样造成背离的。

6. 什么是实际汇率?如果绝对购买力平价成立,实际汇率等于何值?

延伸阅读

The Economist online, "The Big Mac Index, Currency Comparison to go," July 28, 2011.

Lothian, J. R., Taylor, M. P., 1996. Real Exchange Rate Behavior: The Recent Float from the Perspective of the Past Two Centuries. *J. Polit. Econ.* vol. 104.

Officer, L. H., 1982. *Purchasing Power Parity and Exchange Rates: Theory, Evidence, and Relevance.* Conn.: JAI Press, Greenwich.

Ravn, M. O., 2007. Stephanie Schmitt-Grohe and Martin Uribe, "Pricing to Habits and the Law of One Price," *Am. Econ. Rev.* vol. 97 (2), 232 - 238.

Sarno, L., Taylor, M. P., 2002. *New Developments in Exchange Rate Economics*, Vol. II. Elgar, Cheltenham, U.K., part III.

Taylor, A. M., Taylor, M. P., 2004. The Purchasing Power Parity Debate. *J. Econ. Perspect.* vol. 18 (No. 4), 135 - 158.

附录 7A:相对价格变动对购买力平价的影响

套利活动的存在让我们很容易理解为什么价格水平能够影响汇率。与之相比,相对价格变化对汇率的影响却较为微妙。下面的例子将阐释当整体价格水平没有变化（不存在通货膨胀），而相对价格发生变化时，汇率价格会如何变化。表 7A.1 中总结了相对价格变化导致汇率变动的所有情况。现在，我们假设有法国和日本两个国家。两国的居民都喝葡萄酒和清酒。在第 0 期，葡萄酒和清酒在法国的售价均为 1 欧元，在日本的售价均为 1 日元。假设不存在运输成本等不利因素，一价定律成立，则两国间的汇率 $E = €/¥$ 的取值一定为 1。注意，因为每个国家两种酒的售价相同，所以一开始一瓶葡萄酒对于一瓶清酒的相对价格为 1。为了得到两国的通货膨胀率，我们需要计算每个国家的物价指数，这反映了某一国家在某一特定时期内进行消费的总额。假设在第 0 期，法国居民消费了 9 单位葡萄酒和 1 单位清酒，日本居民消费了 1 单位葡萄酒和 9 单位清酒。由于 1 单位葡萄酒或清酒在各国国内的售价均为 1 单位本国货币，我们可以计算得到法国居民的消费总额为 10 欧元，而日本居民的消费总额为 10 日元。

表 7A.1 相对价格变化对汇率的影响

	法国			
	第 0 期		第 1 期	
	价格（欧元）	消费数量	价格（欧元）	消费数量
葡萄酒	1	9	1.111	8
清酒	1	1	0.741	1.5
消费总额	10		10	
	日本			
	第 0 期		第 1 期	
	价格（日元）	消费数量	价格（日元）	消费数量
葡萄酒	1	1	1.5	0.333
清酒	1	9	1	9.5
消费总额	10		10	

注：欧元/日元汇率在第 0 期为 1，在第 1 期为 0.741。

资料来源：摘自 Bruno Solnik，"International Parity Conditions and Exchange Risk," *Journal of Banking and Finance*，2，October 1978，289.

现在假设葡萄的收成非常不好，故而在下一期，葡萄酒的价格更贵一些。因此，葡萄的歉收会使得葡萄酒相对于清酒的价格升高。第 0 期的相对价格为 1 单位清酒＝1 单位葡萄酒，第 1 期的相对价格变为 1.5 单位清酒＝1 单位葡萄酒。相对价格的改变使得消费者愿意消费更多的清酒，而减少对葡萄酒的购买。假定在第 1 期，法国居民共消费 8 单位葡萄酒和 1.5 单位清酒，而日本居民共消费 0.333 单位葡萄酒和 9.5 单位清酒。我们进一步假定日本和法国的央行推行了无通胀的政策，其中通胀程度由当前的消费总额衡量。在不存在通货膨胀的情况下，第 1 期消费篮子的价值等于第 0 期的价值，在法国为 10 欧元，在日本为 10 日元。故而尽管平均物价水平没有变化，但葡萄酒相对于清酒价格上升，从而消费篮子中商品的价格也必然改变。

此处，计算法国、日本两国葡萄酒及清酒在第 1 期的价格是一个涉及代数知识的简单练习。由于计算过程并非该例的核心知识点，所以学生可以跳过此段内容。由于我们知道在第 1 期，法国居民消费 8 单位葡萄酒和 1.5 单位清酒共花费 10 欧元，而相对价格为 1.5 单位清酒＝1 单位葡萄酒。设 $1.5 P_s = P_w$，并将其代入总消费等式 $8 P_w + 1.5 P_s = 10$，解得法国葡萄酒的价格 P_w 与法国清酒的价格 P_s。换言之，我们将对以下二元方程组进行求解：

$$8 P_w + 1.5 P_s = 10 \tag{7.A1}$$

$$1.5 P_s = P_w \tag{7.A2}$$

将等式（7.A2）代入前一个等式中，我们得到：

$$8 P_w + 1 P_w = 10$$

可推得：

$$P_w = 10/9 = 1.111 \tag{7.A3}$$

根据 $P_w = 1.111$，可求解 P_s 的值：

$$1.5 P_s = 1.111$$

可推得：

$$P_s = 1.111/1.5 = 0.741 \tag{7.A4}$$

现在，我们得到了第 1 期法国葡萄酒和清酒的价格，对于日本的酒价，我们使用同样的方法进行求解：

$$0.333 P_w + 9.5 P_s = 10 \tag{7.A5}$$

$$1.5 P_s = P_w \tag{7.A6}$$

将等式（7.A6）代入等式（7.A5）中，我们得到：

$$0.333 P_w + 6.333 P_s = 10$$

可推得：

$$P_w = 1.5 \tag{7.A7}$$

根据 $P_w = 1.5$，可求解 P_s 的值：

$$1.5 P_s = 1.5$$

可推得：

$$P_s = 1.5/1.5 = 1 \tag{7.A8}$$

根据第 1 期的新价格，我们可以通过一价定律计算新的汇率。由于清酒在法国的售价为 0.741 欧元，在日本的售价为 1 日元，故而汇率欧元/日元＝0.741。

总而言之，这个例子揭示了即使平均物价水平相同，真实世界中发生的经济事件仍会导致汇率的改变。虽然购买力平价一般是针对物价指数而言的，然而我们通过上面的例子发现，一些事件，比如造成相对价格改变的歉收，会导致汇率偏离绝对购买力决定的汇率值，尽管此时价格指数和之前相同。此外，我们还需注意，如果一国消费这种相对价格上升的商品较多，则该国货币价值会因商品的相对价格变化而升值。在我们之前的例子中，葡萄酒的相对价格提高导致了欧元的升值。

第三部分

风险及国际资本流动

第 八 章

汇率风险及预测

在使用不同币种进行交易时，交易额对汇率的变化很敏感，故而国际贸易存在汇率风险。尽管人们可以通过对公司的资产、负债使用外汇计价来规避汇率风险，但这样做收效甚微。

无论是公司的财务主管还是个人投机者，在其选择合适的策略时都会受到未来预期汇率的影响。因而，对未来的汇率进行预测是国际投资者进行决策时很重要的一个环节。

在本章中，我们首先探讨与汇率风险有关的话题。汇率风险来自未来汇率的不确定性，这种不确定性的存在导致对汇率进行预测十分必要。如果未来的汇率是一个确定值，就不存在汇率风险了。

汇率风险的种类

当我们试图衡量汇率变动对公司的影响时，首先需要对汇率风险的概念进行确认。我们可以定义以下三种基本的汇率风险暴露概念。

1. 折算风险暴露，又称为会计风险暴露。指以外币计价的资产和以外币计价的负债之间的差额。

2. 交易风险暴露。指在未来某一日期进行的以外币计价的交易折合成本币时，价值存在不确定性从而带来损失的可能。

3. 经济风险暴露。指公司价值因汇率变化而变化。如果公司价值用未来税后现金流量的现值衡量，那么经济风险就与长期现金流的本币价值对汇率变化的敏感性有关。

对企业来讲，经济风险暴露最为重要。与其担心会计如何报告国际业务的价值（折算风险），公司（以及理智的投资者）更应关注的是长期资金流量的购买力，因为这决定了公司的真正价值。

让我们考虑以下虚构公司的例子以阐释不同类型风险暴露之间的区别。假设我们现在有 XYZ 法国分公司的资产负债表。该公司的母公司位于美国。表 8.1 首先给出了以欧元表示的 XYZ 法国分公司的资产负债表。资产负债表是对一个公司资产（列示在左侧）和债务（列示在右侧）的记录。资产负债表必须处于平衡状态，即资产的价值必须等于负债和所有者权益的价值，因此两栏加总的数值相等。所有者权益是所有者对公司的所有权，所有者权益不断变化以保证资产负债表两侧相等。

表 8.1 中最上面的资产负债表是以欧元计价的，其母公司会将所有外国子公司的财务报表合并，以形成自己的报表。因此，用欧元表示的资产负债表中的各项必须转化为用美元表示，并包含在母公司的资产负债表中。把用某一种货币表示的财务报表用另一种货币表示的过程称为**折算**（translation）。

表 8.1 **XYZ 法国分公司资产负债表，5 月 31 日**

现金	€ 1 000 000	负债	€ 5 000 000
应收账款	3 000 000	所有者权益	6 000 000
工厂及设备	5 000 000		
存货	2 000 000		
	€ 11 000 000		€ 11 000 000

美元折算，5 月 31 日，1 美元＝1 欧元

现金	$ 1 000 000	负债	$ 5 000 000
应收账款	3 000 000	所有者权益	6 000 000
工厂及设备	5 000 000		
存货	2 000 000		
	$ 11 000 000		$ 11 000 000

美元折算，6 月 1 日，0.9 美元＝1 欧元

现金	$ 900 000	负债	$ 4 500 000
应收账款	2 700 000	所有者权益	5 400 000
工厂及设备	4 500 000		
存货	1 800 000		
	$ 9 900 000		$ 9 900 000

假设一开始，汇率为 1 欧元＝1 美元，则需要按照该汇率将以欧元计价的资产负债表转化为以美元计价的资产负债表，列示于表 8.1 中间的位置。于 1981 年出台的美国会计准则要求所有以外币计价的资产和负债需要按照当前汇率折算为美元，这一准则在今天仍然适用。在美国，会计准则是由财务会计准则委员会（FASB）制定的。

1981 年 12 月 7 日，财务会计准则委员会发布了第 52 号财务会计准则，这一准则通常被称为 FAS52。FAS52 的实质在于要求资产负债表科目均按资产负债表制定当日的汇率折算。折算风险的问题在于资产负债表中权益科目对汇率变化的敏感性。权益科目等于资产减去负债，度量的是公司的会计价值或账面价值。随着外国子公司中以外币计价的资产和负债的本币价值的改变，该子公司以本币计算的账面价值也将改变。

表 8.1 上方的两个资产负债表告诉我们在 5 月 31 日时公司的欧元头寸和美元头寸。然而，假设 6 月 1 日时，欧元从 1 美元＝1 欧元贬值为 0.90 美元＝1 欧元。此时，用美元表示的资产负债表会发生变化，重新折算后的资产负债表列示在表 8.1 最下方。此时，该公司所有者权益的账面价值从 600 万美元下降至 540 万美元。由于折算汇率改变，当外国子公司报表中使用的货币相对于美元贬值时，所有者权益会下降。我们必须认识到，这一权益的减少并不一定代表公司有任何实质性的损失，或者公司的价值真正减少。该公司的欧元价值并未改变，只是对于美国母公司来说，该子公司的美元价值因汇率的变化而改变了。

由于资产负债表中外币资产负债的折算本身并不意味着任何与公司有关的经济风险，因此我们需要考虑资产负债表以及折算风险之外的问题。交易风险可以被视为一种经济风险，因为未来交易的盈利能力很容易受到汇率变化的影响，进而对未来现金流以及公司的价值造成较大的影响。假设 XYZ 法国分公司与一家日本公司签订货物运输合约，并允许该日本公司在 30 天后付款。此外，假设合约签订时的汇率为每欧元兑换 100 日元，且合约规定 30 天后的付款金额恰好为 10 万日元。在当前的汇率下，10 万日元相当于 1 000 欧元。但是如果 30 天后汇率有所变化，这 10 万日元的欧元价值也会随之改变。一旦日元意外贬值，那么在 30 天后 XYZ 公司收到的 10 万日元就不值 1 000 欧元了，因此这一交易的盈利就达不到最初计划的水平。这就是交易风险。XYZ 公司已经承诺将在未来进行交易，因此就将自己暴露在汇率风险下。如果合约中规定以欧元付款，则可消除这一交易风险，而此时日本进口商则处于交易风险之下。公司当然可以在远期市场上对冲未来汇率的不确定性，正如我们在第四章中讨论过的那样。日本公司可以在远期市场上买入 30 天后交割的日元，从而消除交易风险。

刚才分析的存在交易风险的例子揭示了汇率的不确定性是如何影响公司未来的盈利能力的。汇率变化可以通过影响公司未来的盈利能力进而影响公司当前的价值。这种公司价值减少的可能性被称为经济风险。管理外汇风险包括第四章中提到的几种操作方法，包括使用远期市场、互换、期权、期货以及国际货币的借贷，这里就不进行回顾了。要记住的一点是，公司应当谨慎地对现金流进行管理，并关注汇率的预期变动。因为承担风险是有利可图的，因此公司不应该试图规避所有的风险。只有当预期的收益超过成本时，公司才会在满足成本约束的情况下最小化风险并消除外汇风险。

尽管远期外汇合约是公司对冲风险的重要手段，除此之外，另一种替代方法也被经常使用。例如，假设一个公司的资产和负债都是以一种弱势货币 X 计价的。货币 X

存在贬值预期，而另一强势货币 Y 存在升值预期。公司的财务总监试图最小化以 X 计价的应收账款的价值，这可能意味着客户在使用 X 货币进行支付时要面对更加严格的信贷条款。公司也有可能推迟对以 X 货币计价的应付账款的支付，因为可以预期在未来能以更便宜的汇率买入 X 货币进行支付。只要可能，公司会对应收账款和应付账款采取以上措施，具体方式是对以 Y 货币计价的货物销售和以 X 货币计价的货物购入开具发货单。尽管在公司开发货单指定所使用的货币时可能会遇到一些制度上的约束，公司也愿意这样做。

之后我们会看到公司的对冲策略不仅仅包括简单地将对货币 X 以及以货币 X 计价的银行存款的持有量降到最低。跨国公司的财务主管每天都要对现金流、应收账款和应付账款进行管理。当公司无法成功地从内部对外币头寸进行对冲时，该公司可以使用远期和期货市场进行对冲。如果该公司有以 Y 货币计价的负债，并且希望规避与该负债有关的外汇风险，该公司可以在远期市场上买入 Y 货币，从而消除该风险。

总体来说，可以通过以下策略对冲或消除外汇风险：

1. 在远期、期货或期权市场上进行交易；
2. 开具以本币计价的发货单；
3. 加速（减速）支付即将升值（贬值）的货币；
4. 加速（减速）回收即将贬值（升值）的货币。

外汇风险溢价

现在，让我们考虑外汇风险对远期汇率决定的影响。正如前文所述，远期汇率可以用于预测未来的即期汇率。我们可能会疑惑远期汇率是否等于未来即期汇率的预期值，又或者远期汇率中包含风险溢价（作为投资者承担风险的保险费），而这一溢价的存在使得远期汇率与未来即期汇率的预期值之间存在一定差异。在这一领域内的实证工作已解决远期汇率是否可以无偏地预测未来的即期汇率这一问题。无偏预测量从平均的角度来看是正确的，因此从长期来看，远期汇率高估未来即期汇率的可能性与低估的可能性相同。无偏性并不意味着远期汇率是一个好的预测指标。请看下面的故事：一位年长的律师总是说："当我年轻时，我输掉了很多本该赢的案子；当我老了后，我又赢了很多本该输掉的案子。所以平均来说，正义得到了伸张。"如果我们关心的是某一具体案子能否胜诉，那么得知在平均水平上可以胜诉后，我们是否会觉得很欣慰呢？与之类似，远期汇率可以说是无偏的，"平均来看"正确地预测未来的即期汇率，而从没有预测到未来即期汇率的实际值。满足无偏性只需远期汇率高估和低估的概率相等即可。

两个国家资产实际收益率的差异与持有该资产所面临的风险及投资者的风险规避

程度有关。现在，让我们对**风险**（risk）和**风险规避**（risk aversion）进行说明。一项资产的风险是指该资产对投资组合的贡献程度。现代金融理论通常将资产组合的风险与该资产收益率的波动性相关联。这是由于对于任何投资来说，投资者关心的是资产未来的价值，一项投资的收益率越容易变化，就越难以确定在未来某一具体时间该投资的真正价值。因此，我们关注的是单个资产对资产组合收益率波动率的贡献程度（资产组合的收益率即为所有投资的收益率）。

风险规避指的是当投资者面对两种有着相同收益率的资产时，偏好投资于风险较低的资产。在投资时，两个投资者可能会对两项资产的风险水平分别达成共识，但为了使得风险规避程度更高的投资者持有风险较大的资产，与风险规避程度较低的投资者相比，该投资者会要求更高的利率。风险规避意味着人们承担风险必须有所回报。信用等级较低的个体必须比信用等级较高的个体支付更高的利率，否则贷款人只愿意放贷给信用等级较高的个体。

常见问题：企业家是风险偏好者吗？

人们普遍认为企业家喜欢承担风险，是商业人士中的"特殊群体"。这似乎与经济学中人们是风险规避者这一看法相矛盾。在《纽约客》（*The New Yorker*）这本杂志里的一篇文章中，Malcolm Gladwell 通过检验一些著名成功企业家的行为[①]对这一话题进行了讨论。在研究诸如 Ted Turner，John Paulson 等企业家的行为后，他得出的结论是：实际上企业家的风险规避程度很大。他们会花费很多时间以确保投资中的风险最小化，或者做大量研究以确保有足够的期望收益。例如，在 21 世纪前十年中期，John Paulson 对美国房地产市场进行了很多调查研究，认为美国的房地产泡沫必然破灭。通过购买**信用违约掉期**（credit default swaps）建立空头头寸，他从房地产的下跌中获取了巨大的利润。实际上，仅 2007 年一年，他就获益 150 亿美元。因此企业家和其他人一样，试图最小化自己的风险暴露，并且仅投资于期望回报远远超过风险的投资项目。

之前已经说过两国资产的实际收益率之差是有关风险和风险规避的函数。一只美国证券与一只英国证券的实际收益率之差为：

$$i_{US} - (E_{t+1}^* - E_t)/E_t - i_{UK} = f(风险规避，风险) \tag{8.1}$$

等式左侧是美国本国的实际收益率 i_{US} 与外国资产的收益率 $(E_{t+1}^* - E_t)/E_t + i_{UK}$ 之差。我们必须记住，外国资产的实际收益率等于外币利率加上汇率的预期变动。其

[①] Gladwell, Malcolm, "The Sure Thing," *The New Yorker*, January 18, 2010, p. 24.

中，E_{t+1}^* 是下一期英镑的预期美元价格。等式（8.1）的右侧表明风险以及风险规避的变化会造成收益率之差的变动。

我们可以将等式（8.1）中的实际收益率之差视为风险溢价。让我们从近似利率平价关系开始进行推导：

$$i_{US} - i_{UK} = (F - E_t)/E_t \tag{8.2}$$

为了将上式的左侧转化为实际收益率之差，我们必须提取出汇率的预期变动（由于这是一个等式，不管等式左侧发生什么变化，等式右侧也要进行相同的变动）：

$$i_{US} - (E_{t+1}^* - E_t)/E_t - i_{UK} = (F - E_t)/E_t - (E_{t+1}^* - E_t)/E_t \tag{8.3}$$

或者

$$i_{US} - (E_{t+1}^* - E_t)/E_t - i_{UK} = (F - E_{t+1}^*)/E_t$$

因此，我们发现实际收益率之差等于远期汇率与预期的未来即期汇率差异的百分比。等式（8.3）的右侧可以被认为是对远期外汇市场风险溢价的度量。因而如果实际收益率之差等于 0，就不存在风险溢价。如果实际收益率之差是正值，那么投资于本币就有正的风险溢价（此处 E_t 中位于分子的货币为美元），因为美元的预期未来即期价格（相对于英镑而言）高于现在的远期汇率价格。换言之，在未来以英镑购买美元的交易者可以利用远期市场获得风险溢价。美元有相对英镑升值的预期，而且升值的幅度大于当前的远期升水。因此，交易者可以利用远期市场以低价买入美元。相反地，如果交易者希望在下一期卖出美元，则需支付风险溢价以在远期市场上得到确定的未来卖出美元的价格。

例如，假设 $E_t = 2.10$ 美元，$E_{t+1}^* = 2.00$ 美元，$F = 2.05$ 美元。则外汇风险溢价为：

$$(F - E_{t+1}^*)/E_t = (2.05 - 2.00)/2.10 = 0.024$$

汇率的预期变动值为：

$$(E_{t+1}^* - E_t)/E_t = (2.00 - 2.10)/2.10 = -0.048$$

英镑的远期贴水为：

$$(F - E_t)/E_t = (2.05 - 2.10)/2.10 = -0.024$$

因此，美元相对于英镑升值的预期变动约为 4.8%，但是如果我们使用远期汇率来预测未来即期汇率，则远期升水意味着美元仅会升值 2.4%。风险溢价造成了两者的不一致，使得远期汇率是未来即期汇率的有偏预测量。具体来说，远期汇率高估了英镑未来的美元价格，因此存在风险溢价。

考虑到美元正的风险溢价，持有英国债券的预期实际收益率将小于美国居民持有美国债券的国内收益。为了延续之前的例子，我们假设英国的利率为 0.124，美国的利率为 0.100，则两国的利差为：

$$i_{US} - i_{UK} = -0.024$$

持有英国债券的期望收益率为

$$i_{UK} + (E_{t+1}^* - E_t)/E_t = 0.124 - 0.048 = 0.076$$

持有美国债券的收益率为 0.10，高于投资于外国债券的期望收益率。考虑到风险溢价的存在，这可能为一均衡解。投资者愿意持有期望收益率低于美国可比投资机会的英国资产是因为投资于美元存在正的风险溢价，因此较高的美元收益率才能吸引投资者投资于风险较大的美元资产。

市场有效性

虽然前一例子中的实际收益率之差不等于 0，但该例中的金融市场仍有可能是**有效市场**（efficient market）。如果一个市场上的价格反映了所有可用的信息，则该市场是有效的。在外汇市场中，有效性意味着即期汇率和远期汇率可以快速调节以适应任何新的信息。例如，美国经济政策出现了有通胀倾向的意外变动（比如货币供给增长的意外增加）将会导致美元立即贬值。如果市场是无效的，则价格并不会因为新信息的出现而迅速变化，那么得知这一消息的投资者可以从外汇交易中持续获得利润，且远远超过了其承担风险应得的利润。

在有效市场中，远期汇率与预期的未来即期汇率之间仅相差风险溢价。否则，如果远期汇率超过未来即期汇率期望值与风险溢价之和，投资者就可以通过现在卖出远期货币，并在未来以较低价格（低于卖出货币时的远期汇率价格）买入货币来实现获利。在现实世界中，尽管可以通过外汇投机活动赚取利润，然而事实上也没有哪种利润是一定可以得到的。由于未来是不可预测的，现实中未来的即期汇率也充满了不确定性。然而，远期汇率会根据经济形势的变化以及未来即期汇率的可能变化（以及与该货币有关的风险变动）进行调整。正是这种有效市场上价格根据新的信息不断进行调整的过程消除了任何确定性的投机利润。在未来发生的意外事件使得外汇投机活动有可能盈利，也有可能亏损。如果一个精明的投资者能够比市场中其他投资者更好地预测到汇率的未来走势，那么他就可以赚取超额利润。有关外汇的预测将在下一节进行讨论。

很多研究都对外汇市场的有效性进行了测试，并得到了与市场有效性有关的不同结论，这也凸显了在社会科学中进行统计分析的难度。这类研究通常研究的是远期汇率中是否包含与预期的未来即期汇率有关的全部信息。研究者测试的是仅凭借远期汇率能否对未来的即期汇率进行良好的预测，或者测试一些额外的数据是否对预测有所帮助。如果更多的额外信息无助于改善远期汇率的预测结果，那么市场可以被称为是有效市场。另一方面，如果投机者可以一直使用某些数据对未来即期汇率进行预测，并能够得到比远期汇率更好的预测结果（包括风险溢价在内），那么投机者就可以在外汇投机活动中获得持续不断的利润，这样就可以得出结论，即市场是无效的。

我们必须认识到这种测试是有缺陷的。统计分析使用的是过去的数据，而投机者必须对未来进行预测。事实上，研究者可能发现一种预测方法在过去的时段内能够比远期汇率更有效地预测即期汇率，但是这种方法对于当前的投机可能并不是很有用，因而不能由此否定市场的有效性。关键之处在于，当过去的实际数据正在生成时，该预测方法还不为人所知。因此，如果一个研究者在2004年声称找到了一种方法，该方法能够比2002年的远期汇率更好地预测2002年观察到的即期汇率，那么这并不意味着2002年的外汇市场必然是无效的。在2002年，投机者并不知道这种在2004年才发现的预测方法，也就不能使用相关信息一直获得比2002年远期汇率更好的预测结果。

外汇预测

由于未来汇率的不确定性，国际金融市场的参与者无法确定一个月或者一年以后的即期汇率，因此投资者需要对未来的汇率进行预测。如果我们能够比市场中的其他投资者更加准确地预测未来的汇率，潜在的利润将会非常庞大。马上就会有人提问：怎样才能做一个好预测？换言之，我们应该如何评价对未来即期汇率的预测？

我们当然可以质疑依据简单的预测误差对预测进行排名的方法。尽管在其他条件都相同的情况下，我们偏好预测误差小的预测方法而非预测误差大的方法，但是在实践中，其他条件并不相同。想要取得成功，一种预测方法应该位于远期汇率"正确的一侧"。"正确的一侧"意思为该预测能够让市场参与者正确地选择是否应该使用远期市场。例如，考虑以下例子：

当前的即期汇率：120日元＝1美元；

当前12个月的远期汇率：115日元＝1美元；

A先生的预测：106日元＝1美元；

B女士的预测：116日元＝1美元；

12个月后的实际即期利率：113日元＝1美元。

一家日本公司将在12个月后收到100万美元，该公司希望对汇率进行预测，以帮助决定是否应该使用远期合约来覆盖美元的应收账款，或者等到12个月后在现货市场上卖出美元。在预测误差方面，A先生的预测值为106日元＝1美元，相对于实际的未来即期汇率113日元来说，误差为−6.2％（＝[106−113]/113）。B女士的预测值为116日元＝1美元，更加接近真实值，误差仅为2.6％（＝[116−113]/113）。在这个例子中，虽然B女士的预测更加靠近最终的汇率，但这并不是一个好预测的重要特征。B女士对未来即期汇率的预测值超过了远期汇率，因此如果按照她的预测，这家日本公司应该等到12个月后在现货市场上卖出美元（或持有美元的多头头寸）。不幸的是，由于未来即期汇率113日元＝1美元低于当前的远期汇率，该公司本来可以按照远期汇率（115 日元＝1 美元）卖出美元，这样该公司卖出 100 万美元仅能收到 1.13 亿日元而非 1.15 亿日元。

按照 A 先生的预测，未来的即期汇率低于远期汇率，该日本公司应该在远期市场上卖出美元（或持有美元的空头头寸）。则公司未来会按照现在的远期汇率 115 日元/美元卖出美元，而不是等到 12 个月后在现货市场上卖出美元，仅得到 1.13 亿日元。签订远期合约与持有未抛补的敞口头寸相比，多产生了 200 万日元的利润。从这一例子中我们得到的重要经验教训是，一个预测的预测值应和真实值处于远期汇率的同一侧，否则再小的预测误差也没用。公司财务主管或者个人投机者希望从预测中知道未来即期汇率相对于远期汇率的变动方向。

如果外汇市场是有效的，价格反映了所有的可用信息，那么我们为什么还要为了得到这些预测结果而付费呢？一些证据表明，在某些特定时间内，有关汇率预测的咨询服务可以比远期汇率更好地预测到未来的汇率。如果这类服务能够不断提供优于远期汇率的预测结果，那么对于市场有效性，我们可以得出怎样的结论？某些咨询服务可以持续提供优于远期汇率的未来汇率预测不一定是市场缺乏有效性的证据。如果远期汇率与预测值的差值代表交易成本，则无法通过预测获得异常收益。此外，如果远期汇率与预测值的差异是风险溢价造成的，则通过预测获得的任何回报都是对承担风险的正常补偿。最后，我们必须认识到这些服务很少是免费的。尽管一些大型银行的经济部门会为公司客户提供免费的预测，但是专业的咨询服务每年都会收取几百到数千美元的咨询费用。如果投机可以获得的潜在利润都反映在服务价格中，我们还是无法通过预测获得异常利润。

汇率的预测通常使用两种模型：技术模型以及基本面模型。**基本面模型**（fundamental model）基于一些被认为是外汇重要决定因素的变量对汇率进行预测。正如我们将在后面学习到的，基于基本面的汇率模型看重的是诸如政府的货币政策和财政政策、国际贸易流动，以及政治上的不确定性等因素。一些基本面变量的预期变化会导致预测的改变。**技术模型**（technical trading model）通过过去的汇率预测未来的变化。技术交易者有时被称为图表分析师，因为他们使用图表来描绘某一汇率随时间变化的轨迹，以推断出变化趋势。金融方面的学者通常对技术分析持有悲观的看法，因为如果仅通过历史就可以预测未来价格的走势，这对于有效市场的定义是很大的挑战。然而近期，一些学者的研究为技术分析提供了支持，这一方法也在外汇市场参与者中得到了广泛的应用。调查显示，将近 90％的外汇经纪商都会或多或少地使用技术分析形成他们对汇率的预期。然而，这一调查也揭示了技术模型被认为在短期预测中特别有用，然而基本面分析在预测长期汇率变化时更加重要。

尽管一位优秀的预测者可以获得相当可观的回报，但还没有证据支持通过采纳专业咨询服务的建议可以获得较大的异常收益。实际上，一旦你发现了一个比其他投机者更好地预测汇率的方法，难道你会把这个方法告诉其他人吗？

小结

1. 外汇风险包括折算风险暴露、交易风险暴露以及经济风险暴露。

2. 通过交易前瞻性的市场工具，开具以本币计价的发货单，加速支付即将升值的货币，以及加速回收即将贬值的货币，可以最小化外汇风险。

3. 外汇风险溢价是远期汇率与未来即期汇率期望值之差。

4. 当风险规避的投资者面对两个预期收益相同的投资机会时，他/她会选择风险较低的投资机会。

5. 投资于本国资产的收益率与外国资产的实际收益率之差取决于资产的风险以及风险规避程度。

6. 实际收益率之差等于远期市场上的风险溢价。

7. 如果实际收益率之差为0，则不存在风险溢价。如果实际收益率之差大于0，则本国货币存在正的风险溢价。

8. 如果本币存在正的风险溢价，投资者愿意持有外国资产，即使外国资产的实际收益率低于本国资产的实际收益率。

9. 有效市场中的价格反映了所有可用信息。如果外汇市场是有效的，则远期汇率与未来即期汇率的期望值之差仅为风险溢价。

10. 对于跨国公司，好的汇率预测并不必须有最小的预测误差，但必须要与实际的未来即期汇率同时高于或低于远期汇率。

练习

1. 区别折算风险暴露、交易风险暴露以及经济风险暴露。给出各自的定义并解释它们之间是如何相互联系的。

2. 在美国，6个月的利率为10%；墨西哥6个月的利率为12%。当前汇率价格（美元/比索）为0.40。

　　a. 6个月远期汇率的期望值是什么？

　　b. 比索是溢价出售还是折价出售？

　　c. 如果6个月后即期汇率的期望值为0.38，风险溢价是多少？

3. 我们所讨论的风险规避是对投资者行为的描述，你能想出任何真实世界中支持风险偏好者存在的依据吗？

4. 有效市场是否完全消除了任何投机以获取利润的机会？如果是，为什么？如果不是，为什么？

5. 你是一家美国公司的财务主管，你的公司将在90天后向一家德国公司支付100万欧元。当前的即期汇率为1欧元兑换1.00美元，90天的远期汇率为1欧元兑换1.11美元。Ali对90天后即期汇率的预测值为1.01美元/欧元，Jahan-

gir 对 90 天后即期汇率的预测值为 1 12 美元/欧元。而 90 天后的实际即期汇率为 1.10 美元/欧元。谁的预测最好？为什么？

6.《金融时报》报道："日元兑美元的汇率价格（日元/美元）每上涨 1 日元，日本丰田公司的营业利润就要缩减 200 亿日元。"该说法中提到的主要是折算风险、交易风险还是经济风险？

延伸阅读

Bacchetta, P., van Wincoop, E., 2009. Infrequent portfolio decisions: a solution to the forward discount puzzle. *Am. Econ. Rev.* vol. 100, 870 - 904.

Bams, D., Walkowiak, K., Wolff, C. C. P., 2004. More evidence on the dollar risk premium in the foreign exchange market. *J. Int. Money. Financ.* vol. 23 (2), 271 - 282.

Bekaert, G., Hodrick, R. J., 1993. On biases in the measurement of foreign exchange risk premiums. *J. Int. Money. Financ.* April.

Boothe, P., Longworth, D., 1986. Foreign exchange market efficiency tests: implications of recent empirical findings. *J. Int. Money. Financ.* June.

Elliott, G., Ito, T., 1999. Heterogeneous expectations and tests of efficiency in the Yen/Dollar forward exchange market. *J. Monet. Econ.*

Engel, C., 1996. The forward discount anomaly and the risk premium: a survey of recent evidence. *J. Empir. Financ.* September.

Lui, Yu-Hon, Mole, D., 1998. The use of fundamental and technical analysis by foreign exchange dealers: Hong Kong evidence. *J. Int. Money. Financ.* June.

Wang, P., Jones, T., 2002. Testing for efficiency and rationality in foreign exchange markets. *J. Int. Money. Financ.* April.

第 九 章

跨国公司财务管理

　　由于跨国公司的应付项目和应收项目涉及使用不同的计价货币，生产的产品运往不同国家，子公司也在不同的政治辖区内经营，故而与只经营国内业务的公司相比，跨国公司要面对一系列不同的问题。跨国公司的财务主管以及其他的财务决策者在国际化的环境中进行经营决策时，要面对国内公司高管从未考虑过的盈利以及亏损的可能性。本章着眼于跨国公司财务管理的特有属性，并着重强调跨国公司中有关控制、现金管理、贸易信贷、公司内部转移以及资本预算的问题。这些是所有公司营运中都要面对的基本问题。

财务控制

　　任何公司都必须定期评估其业务，以便更好地配置资源，增加收入。一个跨国公司的财务管理包括对其海外业务实行控制。母公司或者总部的负责人通过审查外国子公司的财务报告以便改善经营并评估外国经理的表现。

　　典型的控制系统是在对销售、利润、库存或者其他变量制定标准的基础上，检查财务报表和财务报告，评估是否实现预定目标。对于控制系统而言，并无"正确"一说。不同行业，甚至同一行业不同公司的方法都不相同，但不同方法都有共同的目标，即在环境发生变化后为管理者提供对公司营业表现进行监控的手段、新的战略以及目标。然而，与国内公司相比，跨国公司建立有效的监控系统更加困难。例如，外国子公司的利润应由外币计量还是由母公司所在国家的本币计量？对这一问题的回答取决于外国经理是否需要对货币换算的盈利或损失负责。

如果公司高层希望外国经理参与到货币管理以及国际融资的有关问题中，那么可以考虑采用母公司所在国的货币计量利润。另一方面，如果公司高层希望外国经理和其他外国公司的管理人员一样，只关注他们自身的生产经营情况，那么外币才是合适的计量货币。

一些跨国公司偏好分权式的管理结构，每一子公司都有极大的自主权，在符合母公司总则的前提下可以进行很多融资以及生产方面的决策。在这种管理架构下，外国经理可能会被期望从满足母公司股东需求的角度出发经营并思考，故而外国经理进行决策的目的在于提高以母公司本国货币计价的子公司的价值。这类公司的控制机制则是根据外国经理提高这种价值的能力对其进行评估的。

另一些公司偏好更加集中化的管理，大部分决策都是由母公司的财务总监制定的。他们从全局的角度出发在各部门之间调配资金，而非仅考虑某一子公司的最优选择。在一个高度集权的系统中，母公司将对反映公司经营状况的变量，如销售额、劳务成本等设立一些目标，并依据外国经理实现这些目标的能力对其进行评估。母公司管理层的责任在于最大化企业价值，而外国经理基本依照母公司高层的指示行事。我们会发现，适合于一个公司的控制系统在很大程度上取决于母公司的管理风格。

讨论到这里，显而易见，母公司应当根据外国分公司经理能够掌控的事情对其进行评价。这些外国经理往往会被要求按照母公司的政策以及与其他子公司之间的关系行事，但如果该经理仅考虑最大化子公司的利润则根本不会这么做。母公司的行为降低了子公司利润并不能成为对经理进行负面评价的理由。此外，外国经理无法掌控的其他事件发生——税法，汇率管制，或者通货膨胀——都有可能导致分公司利润的减少，但该经理并无过错。上述内容的启示在于母公司应该公平地将问题归咎于导致问题发生的真正原因。在一个变化的世界中，企业的命运起伏不定，因为有些事情完全不在任何经理的掌握范围之内。

现金管理

现金管理包括尽可能高效地运用公司的现金。由于公司每日的业务都存在不确定性，公司必须保持一定的流动性资源。**流动资产**（liquid asset）指易于支出的资产。其中，现金是最具有流动性的资产。然而存放的现金（以及传统的支票账户）无法获得利息，故而公司有很强烈的动机最小化其持有的现金。一些具有极高流动性的短期证券可以作为实际现金余额较好的替代品，而且支付利息。公司财务主管需要关心的是以最小的成本持有正确的流动性水平。

跨国公司的财务主管需要面对的挑战在于管理以不同货币计价的流动性资产。由于外国分公司所处的金融市场规则和金融机构都不相同，使得问题更加复杂。

当一个分公司收到一笔付款，而该分公司又不需要立即使用这笔资金时，位于母公司总部的管理者必须决定如何使用该笔资金。例如一家美国跨国公司的墨西哥分公司收到 5 亿墨西哥比索，那么是应将比索兑换为美元并在美国进行投资还是直接在墨西哥投资，或者兑换为其他货币呢？这一问题的答案取决于公司当前的需求以及墨西哥现行的法规。如果墨西哥存在严格的汇率管制，那么这 5 亿墨西哥比索将不得不留存在墨西哥进行投资，直至未来某一时间，墨西哥的分公司需要使用该资金偿付款项。

即使没有对外汇变动的法律限制，如果 30 天后该分公司需要进行一笔大额支付，那么我们仍有可能在这 30 天之内将这笔资金投资于墨西哥。这一行为成立的假设在于该公司的其他经营领域不需要资金，而且在墨西哥投资的收益与其他国家类似投资机会的收益是可比的（正如同利率平价所暗含的那样）。以比索的形式存在的资金使得我们不必承担现在将比索兑换为另一货币并于 30 天后兑换回比索的交易成本。无论在任何情况下，我们都不会让资金在银行里闲置 30 天。

有时一国的政治、经济环境非常不稳定，以至于我们只在该国保留尽可能少的资产。如果墨西哥政府有极大可能没收或冻结银行存款或其他资产，这一巨大威胁会使得即使墨西哥分公司在 30 天内需要用比索付款，我们也要将该笔资金兑换为其他币种，并承担交易成本，以规避将资金留在墨西哥境内的政治风险。

跨国公司的现金管理涉及集中化的管理模式。一个公司的分公司以及流动性资产可能遍及全球，但它们都由母公司统一管理。通过这种集中协调的方式，公司整体的现金需求降低。这是由于各子公司的现金流模式并不相同所导致的。例如，一个子公司可能收到一笔美元款项，并出现了现金盈余，而另一个子公司则需要美元支付另一笔美元款项。如果母公司总部将其中一个子公司的盈余资金调配给另一个需要进行支付的子公司而非各子公司独立经营，那么这个跨国公司整体会留存更多资金。

现金管理的集中化使得母公司可以在**净额结算**（netting）的过程中抵消各分公司的应收账款和应付账款。净额结算把同一货币的应收账款和应付账款整合在一起，因此仅需买入或者卖出两者之间的差额。例如，假设美国的俄克拉何马仪器公司想要向其位于加拿大的销售子公司卖出总价值为 200 万加元的车载电话，并通过加拿大的制造子公司购买 300 万加元的电脑零件。如果应收账款和应付账款都在同一天到期，那么 200 万加元的应收账款可以作为 300 万加元应付账款的部分资金来源，这样仅需在外汇市场上买入 100 万加元即可。如果在外汇市场购入 300 万加元以支付应付账款，再将 200 万加元在外汇市场上转化为美元，这 500 万加元共产生了两次交易成本，而采用净额结算的方式仅需进行一次 100 万加元的交易。

即使这两家加拿大公司并不是该跨国公司的子公司，母公司的财务经理依然会在整个公司内部通过净额结算的方式，汇总所有子公司不同币种的应收账款和应付账款，之后买入或卖出所有货币所需的净额。有效的净额结算需要公司各部门对交易进行准确、及时的报告。

下面是有关公司内部净额结算的例子。假设一个位于美国的母公司，在加拿大、英国、德国、墨西哥都有分公司。表9.1中列出了该公司于1月15日的一周报告。假设净额结算一周进行一次。每个部门预计的收入和支出都被转换为美元，然后才能进行各部门的汇总。表9.1表明，位于加拿大的子公司共应支付70万美元（第一列之和），应收320万美元（第一行之和），故而该子公司将有250万美元的现金盈余。位于英国的子公司应付130万美元，应收120万美元，该子公司将出现10万美元的现金短缺。位于德国的子公司应付310万美元，应收50万美元，该子公司将出现260万美元的现金短缺。最后，位于墨西哥的子公司应付10万美元，应收30万美元，该子公司将有20万美元的现金盈余。母公司的财务经理需要通过每周的净额结算决定每个子公司支出或收入的净头寸，只有净额在公司内部调动。公司不需要将价值70万美元的加元兑换为欧元或墨西哥比索以清偿加拿大子公司的应付款，并将价值320万美元的英镑、欧元、比索兑换为加元。只有流入加拿大子公司共250万美元的净现金盈余才必须兑换为加元。

表 9.1　　　　　　　　公司内部支付净额（1月15日周报告）　　　　　单位：百万美元

应收	应付				
	加拿大	英国	德国	墨西哥	合计
加拿大	—	1.2	2.0	0.0	3.2
英国	0.0	—	1.1	0.1	1.2
德国	0.5	0.0	—	0.0	0.5
墨西哥	0.2	0.1	0.0	—	0.3
合计	0.7	1.3	3.1	0.1	5.2

目前，我们考虑的都是货币流动发生在同一时间的净额结算。如果收款和付款发生在不同时间又该怎样做呢？假设在上述俄克拉何马仪器公司的例子中，300万加元的应付账款于10月1日到期，而200万加元的应收账款于9月1日到期。在这种情况下，可以通过将货币流动提前或滞后，进行净额结算。销售分公司可以将200万加元的应收账款推迟一个月，或者将300万加元的应付账款提前一个月，于9月1日支付。提前或滞后增强了母公司财务经理处理的灵活性，但这也需要各子公司与母公司之间保持极好的信息沟通。

信用证

一旦公司决定出口货物，该公司需要确保该货物的进口商能够支付货款。由于跨国合同的执行难度较大，故而常常需要通过中介确保合同执行。**信用证**（letter of credit，LOC）是一种由银行开立的根据进口商的要求向出口商支付确定数额的书面文件，包含了确定的付款时间以及付款前有关出口商出示必要单据的条款。信用证可以规定出口商出示提单，作为货物没有损坏的证据。**提单**（bill of lading）是关于货物运输内容的详细清单，可以用来确认货物是否遗失或损坏，提单中可能会规定货物的小幅损毁程度（比如货箱的2%）。在任何情况下，信用证都会在付款之前对出口商保持一定的质量控制。

图9.1展示的是一张简单的信用证。需要注意的是，这是一张不可撤销的信用证。这意味着在征得各方许可之前无法更改协议。大部分信用证都属于这种类型。可撤销的信用证可以由开证申请人——购买商品的进口商更改。由于进口商可以较为自由地更改信用证，我们可能会质疑为什么出口商还愿意接受可撤销的信用证。出口商可能会把信用证的签发理解为对购买者有利的信用报告。出口商会在发货前询问开证银行，以确保信用证没有被改动或者撤销，之后再出示必要单据并尽快收取货款。可撤销的信用证仍然要比仅由进口商提供付款承诺，交易背后并无银行信用支持的情况下运送货物安全。尽管如此，可撤销的信用证主要在没有撤销可能的情况下应用。这种形式的信用证可以节省银行费用，相比之下，银行对于不可撤销的信用证收取的费用更高。因此在没有撤销机会的情况下可能会使用可撤销的信用证。

销售合同中规定了付款方式。由于信用证的用途广泛，因此我们假设合同中规定以信用证的形式付款。于是进口商必须向银行申请开立信用证。进口商要求信用证上规定直至出口商向银行出示必要的单据才可以付款。由于银行在付款时需要承担保证这些单据合乎规程的风险，因此对于这些单据的要求不能违背销售合同。

如果银行认为进口商的信用风险在可以承受的范围之内，就会开立信用证，并送至出口商处。之后，出口商会检查信用证，以确保其符合销售合同。如果不符合，那么必须在货物运输之前对其进行修改。一旦出口商履行了货物运输中的所有义务，就会向银行提交单据证明以供检查。如果单据符合信用证的规定，银行会向出口商付款，款项来自进口商。

如果进口商没有将款项付给银行，银行仍然有义务向出口商付款。这样出口商的需求得到了满足，其余需要解决的是进口商和银行之间的问题。银行可能需要也可能不需要一些标的物作为信用证的担保品。如果银行需要货物作为担保，那么提单就交付给银行。对于无担保的信用证，银行承担买方违约的信用风险。对于有担保的信用证，银行承担货物价值变动以及处置成本的风险。即使进口商的信用风险状况良好，银行也要承担因遗漏了单据的不符合要求之处而导致进口商拒绝付款的风险。

买方和卖方又分别承担怎样的风险呢？出口商面对的风险来自运送的货物不能满足信用证中列出的所有条款。如果货物已经运出而单据存在一定问题，那么进口商可能不会付款。买方则会面对卖方欺诈的风险。货物可能不符合规定，然而卖方以欺诈

```
┌─────────────────────────────────────────────────────────────────┐
│                                                                   │
│                  [Bank letterhead (Name & Address                 │
│                      of Importer's Bank)]                         │
│                                                                   │
│   LETTER OF CREDIT NO.                    ACCOUNT PARTY           │
│   DATE:                                   (Buyer's Name & Address) │
│                                                                   │
│                                           BENEFICIARY             │
│                                           (Seller's Name & Address)│
│   TO: (Seller's Bank & Address)                                   │
│                                                                   │
│   WE HAVE OPENED AN IRREVOCABLE LETTER OF CREDIT IN FAVOR OF: (Seller's Name) │
│   FOR THE AMOUNT OF: $ _____        │
│                          (Dollar amount is written in words here) │
│                                                                   │
│   AVAILABLE WITH US AGAINST THE FOLLOWING DOCUMENTS:              │
│               (Required documents are listed here)                │
│                                                                   │
│                                                                   │
│   TRANSSHIPMENTS:  (Permitted or not)                            │
│                                                                   │
│   PARTIAL SHIPMENTS:  (Permitted or not)                         │
│                                                                   │
│                                                                   │
│   THIS CREDIT IS VALID UNTIL (Date) FOR PRESENTATION OF DOCUMENTS TO US. │
│   DOCUMENTS ARE TO BE PRESENTED WITHIN (Number) DAYS AFTER DATE OF │
│   ISSUANCE OF BILLS OF LADING.                                    │
│   PLEASE ADVISE THE BENEFICIARY OF YOUR CONFIRMATION.             │
│                                                                   │
│                                                                   │
│   THIS CREDIT IS SUBJECT TO THE UNIFORM CUSTOMS AND PRACTICE FOR  │
│   DOCUMENTARY CREDITS. INTERNATIONAL CHAMBER OF COMMERCE          │
│   PUBLICATION NO. 500.                                            │
│   THIS CREDIT IS IRREVOCABLE AND WE HEREBY ENGAGE WITH THE DRAWERS THAT │
│   DRAWINGS IN ACCORD WITH THE TERMS OF THIS CREDIT WILL BE DULY HONORED BY US. │
│                                                                   │
│                                   Yours truly,                   │
│                                                                   │
│                                   (Signature)                    │
│                                                                   │
│                                   International Department        │
│                                                                   │
└─────────────────────────────────────────────────────────────────┘
```

图 9.1　信用证

性的手段准备了声明货物符合规范的单据。对于这种伪造的单据，银行不承担任何责任，因此由买方承担这种风险。

　　银行对开立及修改信用证收取固定的费用。此外，在付款时，还要根据付款金额的百分比收费。这些费用通常是对进口商收取的，除非各方达成了其他协议。

贸易融资实例

　　让我们思考以下例子，该例中包含了一些我们之前讨论过的话题。假设一家名为纽约葡萄酒进口公司的美国公司想要从一家名为巴黎葡萄酒出口公司的法国公司进口葡萄酒。图 9.2 展示了这一交易中包含的所有流程。首先，进口商和出口商必须对这一交易的基本要求达成一致，并在销售合同中对葡萄酒的数量、种类、价格、运输日期以及支付方式进行规定。

根据销售合同，进口商要求纽约第一银行为其开立信用证。纽约第一银行开立信用证，允许巴黎葡萄酒出口公司开立以它为付款人的银行汇票。银行汇票相当于支票，区别在于汇票的到期日为未来支付款项的那一天。巴黎葡萄酒出口商运出葡萄酒，并向其所在地的巴黎第一银行提交银行汇票，以及必要的葡萄酒货运单据。之后，巴黎第一银行将银行汇票、货运单据以及信用证送至纽约第一银行。

当纽约第一银行收到银行汇票时，一张**银行承兑汇票**（bankers' acceptance，BA）产生了。银行承兑汇票是规定银行在未来有支付义务的合约。此时，巴黎葡萄酒出口公司可能会收到该汇票的贴现值，这是因为该汇票是在未来某一日到期的。纽约第一银行将银行承兑汇票贴现，并将这笔款项打入巴黎葡萄酒出口公司在巴黎第一银行的账户上。纽约第一银行再将货运单据交给纽约葡萄酒进口公司，该公司取得葡萄酒的所有权。

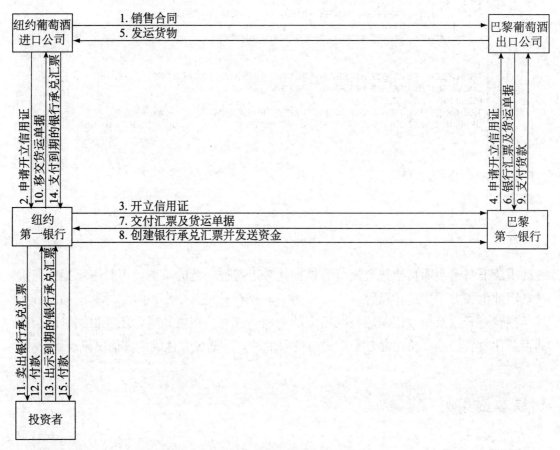

图 9.2　美国进口交易的流程

现在，纽约第一银行在向巴黎第一银行支付贴现款后，仍持有一张银行承兑汇票。纽约第一银行并不持有这张银行承兑汇票直至到期，而是将它卖给投资者。等到汇票到期时，该投资者将会收到由纽约第一银行支付的该银行承兑汇票的面值，而纽约第一银行将会从纽约葡萄酒进口公司处收到与该汇票面值相等的钱款。

公司内部转移

由于跨国公司是由位于不同政治辖区内的分公司组成的，在公司不同部门之间进行资金的转移通常取决于政府的许可。除了转移现金之外，正如前文所述，公司还需在不同子公司之间进行商品和服务的转移。一个子公司将货物从内部转移给另一子公司时索要的价格被称为**转移价格**（transfer price）。转移价格的制定是一个敏感的公司内部问题，因为这决定了公司的总利润将如何在各部门之间分配。政府也会对转移定价感兴趣，因为货物转移时的价格决定了政府的关税以及税收收入。

母公司永远希望最小化税费，通过转移定价，母公司可以通过将利润转移到位于低税收国家的子公司，以降低留存在高税收国家的利润。这可以通过适用税率较高的子公司在进行内部采购时人为地抬高价格，在内部销售时人为地降低价格实现。

政府通常会限制跨国公司利用转移定价最小化税费的能力。美国国内税收法要求各分公司之间应**公平定价**（arm's-length pricing）——收取的价格应为与卖方无关的买方愿意支付的价格。当关税按照交易额收取时，跨国公司就有动机人为地为两个分公司之间的货物交易设定较低的价格。海关官员可能会认为某次货运是"低报价"的，并重新选择一个能更加真实地反映该批货物市场价值的数额。

转移定价也可用于"粉饰门面"——使得某一分公司的盈利能力明显提高。这样做可能是为了通过提高盈利能力来提高该子公司的信用等级，故而该子公司就可以更优惠的条款获得贷款。在公司的内部交易中，对该子公司出售产品的价格人为设定得越高，该公司的利润越高。公司使用转移定价的方式将利润从一个子公司转移到另一子公司时带来了财务控制方面的问题。公司能够依据子公司对整个公司收入的贡献对子公司进行正确的评估，这一点对于跨国公司来说非常重要，任何人为的利润扭曲都应考虑在内，以便有效分配公司的资源。

表 9.2 给出了 Waikiki 衬衫公司有关转移定价的例子。Waikiki 衬衫公司在一个低税收的国家 L 境内生产衬衫，并将这些衬衫运往位于高税收国家 H 境内的分销中心。L 国的税率为 20%，H 国的税率为 40%。由于两国税率不同，Waikiki 公司可以将在高税收的 H 国经营的分销业务的利润转移至税率相对较低的 L 国，以提高该公司的全球利润。表 9.2 的上半部分给出了当公司把衬衫从产地转移到分销中心的价格为公平定价时的结果。生产于 L 国的衬衫按 5 美元的价格销售给位于 H 国的分销中心。由于

每件衬衫的生产成本为 1 美元，那么 L 国境内的税前利润为每件衬衫 4 美元。因为 L 国税率为 20%，故而每件衬衫需缴纳税金 0.80 美元，税后利润为 3.20 美元。分销中心购入衬衫时的价格为 5 美元，售价为 20 美元，每件衬衫的税前利润为 15 美元。H 国的税率为 40%，故而对于每一件衬衫，公司需交税 6 美元，税后利润为 9 美元。将 L 国和 H 国的税后利润相加，可知公司的全球利润为每件衬衫 12.2 美元。

表 9.2   **转移定价实例**

Waikiki 衬衫公司在低税收国家 L（税率为 20%）生产衬衫，并将衬衫运至位于高税收国家 H（税率为 40%）境内的分销中心

	生产国 L	分销国 H
公平定价		
销售价格	$5	$20
成本	$1	$5
税前利润	$4	$15
税金	$0.80 (0.2×$4)	$6 (0.4×$15)
税后利润	$3.20	$9
全球利润=$12.20		
价格扭曲		
销售价格	$10	$20
成本	$1	$10
税前利润	$9	$10
税金	$1.80 (0.2×$9)	$4 (0.4×$10)
税后利润	$7.20	$6
全球利润=$13.20		

　　现在假设公司使用扭曲的转移定价以降低全球课税，提高利润。故而该公司将在低税收国 L 生产的衬衫卖到高税收国 H 的分销中心时，对衬衫的定价高于公平价格，即衬衫真正的市场价值。表 9.2 的下半部分对此进行了说明。现在假设生产的衬衫按 10 美元的价格销往分销中心。由于每件衬衫的生产成本仍然为 1 美元，那么税前利润为每件衬衫 9 美元。20% 的税率意味着每件衬衫需缴纳税金 1.80 美元，税后利润为每件衬衫 7.20 美元。现在，分销中心购入衬衫时的价格为 10 美元，售价为 20 美元，每件衬衫的税前利润为 10 美元。在 40% 的税率下，每件衬衫需纳税 4 美元，税后利润为 6 美元。将位于 L 国和 H 国业务的税后利润相加，可知公司的全球利润为每件衬衫 13.20 美元。

　　该公司可以通过转移定价扭曲从 L 国运往 H 国的衬衫的价值，从而达到每件衬衫的利润增加 1 美元的目的。如此，公司可以通过将利润从高税收国家转移到低税收国家，进而提高公司的整体利润。当然，如果 H 国的税务当局能够确定衬衫的真正公平价值，则不会允许该公司如此抬高衬衫的转移价值（这样会导致 H 国的税收收入下降）。由于该原因，税务当局会频繁地要求跨国公司证明它们在内部转移时所使用的价格是合理的。

资本预算

资本预算（capital budgeting）指的是对潜在的投资选择进行评估，并承诺为最佳投资项目提供资金。在未来一年以上的时间内提供现金流的长期资金承诺被称为**资本支出**（capital expenditures）。资本支出是为了获得**固定资产**（capital assets），如机器、厂房或者整个公司。由于这种长期的承诺通常涉及大量资金支出，故而在决定购买哪种固定资产之前需要进行仔细的规划。对资本支出制定的计划通常被总结在资本预算中。

与只考虑本国投资机会的公司相比，跨国公司在考虑外国投资机会时要面对更加复杂的问题。外国的投资项目包含了外汇风险、政治风险，还要考虑外国的税收政策。在比较不同国家的项目时则需要考虑以上所有因素在不同国家之间是如何变化的。

在进行资本预算时有几种可以相互替代的方法。对于跨国公司来说，调整净现值法是一个比较有用的方法。我们在这里使用**现值**（present value）是因为今天得到的一美元的价值要大于在未来，比如一年后得到这一美元的价值。所以，我们必须将未来的现金进行折现，以反映在一段时间后得到的现金在今天的价值会下降这一事实。本章的附录部分为不熟悉这一概念的读者回顾了有关现值计算的内容。

对于跨国公司而言，调整现值法是一个较为合适的进行资本预算选择的工具。**调整现值法**（adjusted present value，*APV*）计算的是由投资带来的基本现金流（经营现金流）的预计现值加上所有与该投资有关的财务效应的总现值，即：

$$APV = -I + \sum_{t=1}^{T} \frac{CF_t}{(1+d)^t} + \sum_{t=1}^{T} \frac{FIN_t}{(1+df)^t} \tag{9.1}$$

其中，$-I$ 为初始投资或现金支出，$\sum$ 是求和运算符，t 表示现金流发生的时间或年份（t 的取值范围为第 1 年至第 T 年，第 T 年为最后一年），CF_t 代表在第 t 年内由于该项目运营而带来的基本现金流入的估算值，d 为这些现金流的折现率，FIN_t 指的是第 t 年内任何额外的财务效应（有关这一点的内容会在接下来的部分进行解释），df 是适用于这些财务效应的折现率。

CF_t 应当在税后的基础上进行估计。在估算中可能出现的问题包括现金流入是指实施该投资项目的子公司实现的现金流入还是仅指汇回母公司的现金流入。对现金流进行适当的组合可以减少母公司和子公司的税费。

FIN_t 应涵盖以下几种可能的财务效应：由资本支出产生的折旧费用，政府或官方机构对子公司的财政补贴或信贷条款优惠，为了激励资本开支产生的递延所得税或减免的税费，或者可以规避对汇款实施的外汇管制。

等式（9.1）中的现金流都被折现到当前。折现时使用的合适的折现率应该反映现金流的不确定性。CF_t 也是不确定的，而且会在项目完成期内出现波动。此外，名义经营现金流会随着通货膨胀的变化而改变。折现率 d 等于无风险利率加上反映该项目系统性风险的风险溢价。FIN_t 中涉及的财务方面的名义数据可能并不随时间而变化，因此，可以选择当前的市场利率作为折现率 df。

下面来看一个使用 APV 法进行资本预算决策的例子。假设 Midas 黄金采掘公司现在可以进入某一发展中国家开展业务。该小国有一些老旧的金矿，如果使用传统的挖掘技术，这些金矿无法产生任何盈利，但如果使用该公司的新型黄金回收技术则有盈利的可能。Midas 估计建立该项海外业务的成本约为 1 000 万美元。该项目预计持续两年，在此期间，黄金挖掘带来的经营性现金流量为每年 750 万美元。此外，这一新业务使得 Midas 可以每年汇回之前因发展中国家实行资本管制而必须留在发展中国家境内的资金 100 万美元。如果 Midas 使用 10% 作为经营现金流的折现率，6% 作为受管制资金的折现率，那么该项目的 APV 为（以百万美元为单位）：

$$APV = -10 + \frac{7.5}{1.10} + \frac{7.5}{1.10^2} + \frac{1}{1.06} + \frac{1}{1.06^2}$$

$$= -10 + 14.85 = 4.85$$

故而，该黄金回收项目的调整现值 485 万美元。公司可以将其他正在考虑中的项目的 APV 与该项目的 APV 进行比较，以得到最佳的资本开支方案。

资本预算是一门不精确的科学，其对于未来现金流的预测有时会被看作艺术而非科学。对于可能的投资选择，公司常会进行情景分析以测试不同假设条件下预算决策的敏感性。对于在局势动荡的国家开展的投资项目，必须考虑该国的政治风险水平，并对其进行假设，这是众多重要假设条件之一。因为政府征收或者管制可能会造成损失，现金流必须对这种潜在的威胁进行调整。

小结

1. 跨国公司必须进行财务控制以便对业务进行监控。

2. 公司的管理风格决定了在母公司和子公司之间采用分散化的或是集中的财务管理模式。

3. 跨国公司的现金管理包括尽可能高效的管理公司以本币和外币计价的流动资产。

4. 在集中的现金管理模式下，母公司可以冲抵应收账款和应付账款，因此

公司的总现金需求量较低。

5. 净额结算是对同一货币计价的应收账款和应付账款的合并，最终只需买入或卖出与差额等量的同种货币。

6. 信用证（LOC）是由银行签订的合约，保证银行会将进口商所欠的款项支付给出口商。

7. 信用证规定只有当出口商向银行出示了必需的单据后银行才会付款。一旦出口商履行了所有义务，银行会将从

进口商处获得的钱款支付给出口商。进口商不能付款不会影响出口商的收款。

8. 提单是对承运人收据以及货物运输的记录。

9. 银行承兑汇票是由公司签发，银行承兑的汇票，在到期日可进行支付。

10. 转让价格是一子公司向另一子公司进行内部商品转让的价格。

11. 跨国公司可以利用转让价格将位于高税收国家子公司的利润转移到位于低税收国家的子公司，以达到税费的最小化。

12. 公司通过资本预算进行长期投资决策。资本预算要计算以下内容：每个投资项目未来每一期的现金流量，考虑货币时间价值后现金流量的现值，一个项目的现金流入等于初始现金投资时所需的时间，以及对风险的评估等。

13. 调整现值法是对投资项目初始投资成本、未来现金流量现值以及所有与该投资相关的财务效应现值的加总。

练习

1. 假设日本公司 Sanpo 将于 6 月 3 日收到 150 万美元，这笔钱来自位于美国的销售子公司。此外，一家美国银行将于 6 月 3 日向 Sanpo 收取 230 万美元以偿还该公司之前的贷款。请解释该例中 Sanpo 应如何进行净额结算，使用净额结算有怎样的优点？

2. 如果问题 1 被修改为 Sanpo 公司于 6 月 13 日支付 230 万美元，但仍于 6 月 3 日收到 150 万美元，那么 Sanpo 应如何进行净额结算？

3. 针对以下情况，举例说明转移价格是如何应用的：

a. 将利润转移至位于爱尔兰的低税收的分公司。

b. 降低将电脑零件从中国台湾的子公司运至巴西的子公司收取的关税。

c. 增加即将申请贷款的法国子公司的利润。

4. 什么是公平定价？

5. 假设一家美国的跨国公司对新工厂进行投资，预计支出为 1.5 亿美元。该项目位于某一局势不稳定的发展中国家境内，该国政府将在两年后没收所有外国资产。在这两年期间，经营现金流量为每年 1 亿美元。此外，由于这项新投资，公司可以汇回之前不允许离开该国境内的资本，每年可以汇回 1 000 万美元。如果经营现金流的折现率为 10%，避免外汇管制的折现率为 8%，那么该项目的调整现值为多少？

6. 什么是信用证？信用证的当事人会承担哪些风险？

延伸阅读

Ahn, J., Amiti, M., Weinstein, D., 2011. Trade finance and the great trade collapse. *Am. Econ. Rev.* vol. 101 (3), 298-302.

Assef, S., Mitra, S., 1999. Making the most of transfer pricing. *Insur. Exec.* Summer.

Dembeck, J. L., Stout, D. E., 1996. Transfer pricing in a global economy. *Small. Bus. Contr.* Winter.

Gudmundsson, A. K., 2009. Lost in transfer pricing: the pitfalls of eu transfer pricing documentation. *Int. Transf. Pricing. J.* vol.16 (1), 2-28.

Holland, J., 1990. Capital budgeting for international business: a framework for analysis. *Manage. Financ.* 16.

Lessard, D. R., 1985. Evaluating foreign projects: An adjusted present value approach. In: Donald, R. Lessard (Ed), *Int. Financ. Manage.* Wiley, New York.

Mitchell, P., 1997. Alternative financing techniques in trade with Sub-Saharan Africa. *Bus. Am.* Jan./Feb.

Venedikian, H. M., Warfield, G. A., 1996. *Export-Import. Financ.* Wiley, New York.

附录9A：现值

你愿意今天付多少钱以换取一年后1 000美元的收入？对于这一问题，不同人有不同的答案，但我们都希望今天的支出少于1 000美元。具体少多少要取决于**折现率**（discount rate），折现率与利率或收益率类似，用于计算一年后收到的1 000美元的现值。

假设我对我的投资要求10%的年收益率，那么计算现值的一种方法是计算今日需要投入多少本金才能在保证10%收益率的前提下，一年后得到本金与利息共1 000美元。为了计算本金的数值，我们将终值（FV）除以1加上10%的折现率（d），或者使用现值公式，得到：

$$PV = \frac{FV}{1+d} = \frac{1\ 000\ 美元}{1.10} = 909.09\ 美元 \tag{9A.1}$$

因此我会支付909.09美元以换取一年后得到1 000美元的权利。另一种表述方法是，一年后收到1 000美元的现值为909.09美元。

如果在未来第n年得到一笔收入，则其现值公式被修改为：

$$PV = \frac{FV}{(1+d)^n} \qquad (9A.2)$$

在之前的例子中，1 000 美元是在一年后收到的，所以 n 取值为 1。如果 1 000 美元是在两年后收到的，则我们可以通过现值公式计算得到：

$$
\begin{aligned}
PV &= \frac{1\ 000\ \text{美元}}{(1+0.10)^2} \\
&= \frac{1\ 000\ \text{美元}}{1.10 \times 1.10} \\
&= \frac{1\ 000\ \text{美元}}{1.21} \\
&= 826.45\ \text{美元} \qquad (9A.3)
\end{aligned}
$$

两年之后得到 1 000 美元的现值为 826.45 美元。对于任一确定的终值，得到的时间越晚，其现值越低；折现率越高，现值越低。

如果一笔资本支出会在未来几年之内产生持续的现金流入，我们可分别计算每一年现金流的现值，对其加总，得到该笔开支带来的所有现金流入的现值之和。之后，通过减去初始投资额或现金流出的数值，我们即可计算出整个项目的现值。设 $\sum$ 为求和运算符，t 表示时间（如年），则一个初始投资为 I 美元，在未来 T 年内每年都有现金流入 CF_t 的项目现值为：

$$PV = -I + \sum_{t=1}^{T} \frac{CF_t}{(1+d)^t} \qquad (9A.4)$$

如果我们可以估算出税后现金流（CF_t），以及现在的资本支出（I），我们可以通过选择合适的折现率（d），利用公式（9A.4）计算该项目的现值。

第 十 章

国际证券投资

　　20 世纪 60 年代初，国际投资被看作是由于不同国家利率之间存在差异所导致的。如果一个国家的利率高于另一个国家，那么资本就会在两个国家之间流动，直至两国的汇率相同。这种旧理论存在很明显的问题：利差只能解释单方的资本流动，即资本从利率低的国家流向利率高的国家，而在现实中，资本在国家之间的流动大多数都是双向的。现代资本市场理论则为解释国际投资提供了新的理论基础。

　　本章中，我们将用现代金融中的一些基本观点解释国际投资的动机。

资产组合多样化

　　毫无疑问，不同国家资产的投资收益差异促进了国际投资，但是由于投资于不同资产的风险不同，世界各地的利率也不会相等。此外，因为资本会流向分散在不同国家的新投资机会，我们预期国际资本流动存在一定的随机成分。考虑到在世界范围内进行资金转移所需的时间较短，因此在经过风险调整后，投资于不同资产的期望收益应相同。如果期望收益不同，则国际资本流动最终会使其相同。

　　然而，即使各国利率相同，促进国际资本流动的因素仍旧存在。这一动因源于对持有资产组合多样化的要求。这种追求资产组合多样化的动机导致资本在国家之间的双向流动。对于一项投资，投资者关注的不仅是投资的收益，也关注该项投资的风险水平。一个拥有 10 万美元的投资者并不太可能将所有的钱都投资于同一资产，该投资者为了降低投资风险，会选择其他投资目标并持有多样化的资产组合。现代金融文献强调将收益率的波动作为对风险的度量。资产的价值越容易变化，就越难以确定该资产未来的价值。

通过资产的分散以及挑选不同的资产（包括不同国家的资产）构造投资组合，我们可以降低组合收益的波动。让我们举个简单的例子来看一下资产多样化的效果。假设投资者仅有两个投资选择：资产 A、资产 B。投资者会持有同时包含资产 A 和资产 B 的投资组合，其中投资于资产 A 的比例用 a 表示，投资于资产 B 的比例用 b 表示。a 和 b 都介于 0 和 1 之间，且满足 $a+b=1$。如果投资者仅持有资产 A，则 $a=1$，$b=0$，如果投资者仅持有资产 B，则 $a=0$，$b=1$。而在大多数情况下，投资者会同时持有资产 A 和资产 B 以达到分散投资，即资产组合多样化的目的。

投资组合的收益率（R_p）可以表达为每个资产收益率（R_A 和 R_B）的加权平均值：

$$R_p = aR_A + bR_B \tag{10.1}$$

投资组合的未来期望收益率也取决于每个资产未来的期望收益率：

$$R_p^* = aR_A^* + bR_B^* \tag{10.2}$$

其中 R_p^*，R_A^* 和 R_B^* 分别为投资组合以及每个资产的期望收益率。我们之前已经阐述过投资组合的风险与收益率的波动有关。我们把变量偏离均值的程度称为**方差**（variance），一个投资组合的方差与投资组合中不同资产的比例、每个资产的方差以及各个资产之间的协方差有关。对于只包含 A、B 两种资产的投资组合，如下表达式成立：

$$\mathrm{var}(R_p) = a^2\,\mathrm{var}(R_A) + b^2\,\mathrm{var}(R_B) + 2ab\,\mathrm{cov}(R_A, R_B) \tag{10.3}$$

其中 var 代表方差，cov 代表协方差。**协方差**（covariance）度量的是两种资产同时变动的程度。如果一种资产的收益率高于该资产收益率的均值，另一种资产的收益率低于其均值，则协方差为负。根据等式（10.3）可知，负的协方差可以在很大程度上降低投资组合的方差，即风险。

下面一个例子将更加清楚地展示资产多样化在降低风险方面的作用。表 10.1 给出了一系列可能的投资机会。如果我们仅持有资产 A，我们的期望收益率为 10%，方差为 0.006 05；如果我们仅持有资产 B，我们的期望收益率为 8%，方差为 0.005 45。故而资产 A 的期望收益率高于资产 B，然而资产 A 收益率的波动性也比资产 B 的波动性高。通过持有 50% 的资产 A 和 50% 的资产 B 的投资组合，我们的期望收益率为 $R_p=0.5\times10\%+0.5\times8\%=9\%$，利用等式（10.3），我们可以计算组合的方差为：

$$\mathrm{var}\,(R_p) = 0.25\times0.006\,05 + 0.25\times0.005\,45 + 2\times0.25\times(-0.004\,825\,2)$$
$$= 0.000\,462\,5$$

表 10.1	两种资产的期望收益率	
概率	R_A（%）	R_B（%）
0.25	−2	16
0.25	9	9
0.25	19	−4
0.25	14	11

注：$R_A^*=10\%$；$R_B^*=8\%$；$\text{var}(R_A)=0.006\,05$；$\text{var}(R_B)=0.005\,45$；$\text{cov}(R_A,R_B)=-0.004\,825$。

我们无须关注这个例子所包含的统计学理论，但我们应注意到资产多样化带来了投资组合方差的大幅度下降。通过将一半资产投资于 A，另一半资产投资于 B，投资组合的期望收益介于仅持有资产 A 以及仅持有资产 B 之间，然而收益率的方差却远小于 R_A 或 R_B 方差的二分之一。这一风险的降低源于资产组合的多样化，这使得投资者愿意持有不同国家的不同资产。

随着资产的增加，投资者更愿意增加对已有资产的投资，以维持既定的资产组合多样化程度。这意味着随着财富的增加，投资者继续保持对这些最优化资产组合的投资，使得资本在国家间流动。因此即使所有国家的利率都一样，我们仍然可以观察到伴随着财富增长的国际资本双向流动。

由于**系统性风险**（systematic risk）的存在，资产组合多样化并不能完全消除投资者所面临的风险。其中，系统性风险指所有投资机会都面临的风险。例如，国内不同产业都有不同的时间周期。当一个产业增长时，另一个产业可能正在经历持续的低迷；而在一段时间之后，情况可能发生反转，曾经繁荣的行业可能停滞不前。这样的变化与上面例子中 A、B 的关系相似。A 与 B 的协方差为负意味着当其中一个资产的表现较好时，另一个资产的表现较差，反之亦然。虽然 A、B 的协方差为负，同时包含 A、B 的资产组合方差依旧为正。能够通过分散投资（即投资组合多样化）而消除的风险被称为**非系统性风险**（nonsystematic risk），这种风险是某一公司或行业特有的风险。充分分散的投资组合依然会面临系统性风险，这种风险可能源于一个国家的经济周期从繁荣到衰退阶段之间的不断循环，导致经济体中所有公司都受到同样事件的影响。

通过在全球范围内扩展我们的投资选择，我们可以从国际化的分散投资中获益，通过构造投资组合消除非系统性风险。此外，由于每个国家处于经济周期的不同阶段，当一个国家经历快速增长时，另一个国家可能正处于经济衰退的阶段。通过投资于不同的国家，我们可以消除由于国家经济周期导致的周期性波动。因此，当我们投资的选择增加，既可以投资于本国，又可以投资于外国时，一些在只存在国内投资机会情况下的系统性风险会转化为非系统性风险。所以，我们可以说，投资者不仅愿意将自己的投资分散到各个国家，他们也同时意识到这一举动将带来额外的好处。

有人可能会思考国际化分散投资的好处是否能通过投资于本国的跨国公司来实现。如果我们认为一些国际因素可以在很大程度上影响在很多国家同时开展业务的跨国公司，那么我们认为跨国公司的股票类似于国际投资组合。由于跨国公司在很多国家都有业务，我们可以假设跨国公司股票价格的运行规律更像一个国际化的投资组合而非另一只国内股票。实证表明，国内跨国公司并不能很好地替代国际分散投资。一个美国跨国公司投资组合收益率的波动性略低于完全由国内公司股票组成的投资组合收益率的波动性，而一个投资于不同国家证券市场的投资组合则能在更大的程度上降低投资组合收益率的方差。

投资组合不完全分散的原因

很多研究已证实投资者可以从国际化分散投资中获益。然而，近期的研究指出投资者似乎在极大程度上偏好投资于本国资产，而对外国资产的投资要少于预期。Tesar和 Werner（1995）检验了几个重要工业国在 1970—1990 年间投资于外国的资金头寸，发现国际投资占国内股票、债券市场总值的比例如下：美国约为 3%，加拿大为 4%，德国为 10%，日本为 11%，英国为 32%。根据国外投资带来的收益计算各国最优的投资组合比例，国际投资的占比应远大于实际的比值。

近期的研究发现国际投资有所增加，但远不及最优的国际投资比例。例如，Ferreira 和 Miguel（2011）揭示了 1997—2009 年期间美国外国债券的占比略高于 4%，加拿大为 5%，德国为 25%，日本为 21%，英国为 47%。大体来说，欧洲货币联盟国家国际化投资的程度较高，其中爱尔兰的国际化投资程度最高，为 91%。然而，欧洲货币联盟整体的对外投资比例仅为 12%，这说明大部分欧洲货币联盟国家的"外国"投资都是投资于欧盟内的其他国家。

常见问题：美国养老金计划的国际多样化程度如何？

美国养老金计划正在提供越来越多的国际多样化投资机会。例如，全美最大的养老金公司之一，**美国教师退休基金会**（TIAA-CREF）于 1992 年开始进行国际化投资。TIAA-CREF 是专门供美国教师和教授使用的退休基金。截至 2011 年 9 月，全球基金的投资额为 120 亿美元，相比之下，股票标准账户上的总金额为 900 亿美元。

在过去的 10 年中，全球基金的平均年化收益率为 4.01%，而美国股票型基金的平均年化收益率为 4.47%。然而，全球基金的风险稍低，其标准化单位价值的方差为 0.038 2，而美国股票投资组合的方差为 0.038 4。全球基金与美国股票型基金在收益率与风险两方面惊人地相似。然而，再对二者进行仔细的检查，发现它们之间的区别并不像其名字之间的区别那样明显。美国股票投资组合持有 69.6% 的美国股票，其余为国际股票。与之相比，全球基金持有 47.5% 的美国股票，远低于理论认为国际投资组合应有的多样化程度。即使在全球基金中，对本国资产的投资偏好似乎也很明显。

为什么投资者看起来更喜欢投资于本国的证券呢？可能的原因有：税收、交易成本或其他标准国际投资模型中遗漏的因素。接下来，让我们依次对这些原因进行解释：

1. 税收。如果本国偏好是税收造成的，那么外国证券的税收水平应高到足以抵消投资于这些证券能够得到的高收益（或低风险）。然而，向外国政府支付的税款通常可以抵扣国内税收。即便投资于外国证券导致了税收净支出增加，这一增加值也不太可能高到使外国投资降低到我们在现实中观察到的程度。

2. 交易成本。与买卖外国证券有关的成本包括显性的货币成本，即费用、佣金以及买卖价差，和隐性成本，如保护投资者的政策差异、语言差异以及获取有关外国投资机会信息的成本。对本国资产的熟悉程度较高以及在国内交易较低的显性成本可能会导致投资的本国偏好。

3. 其他因素。一个可能的原因是从国际分散化投资中的获益被高估了。如果国家倾向于专业化生产某种商品或服务，然后通过与其他国家贸易以交换其他商品或服务，在这种情况下，该国收入的波动很可能小于国内产出的波动。这是由于产出的波动仅限于某些特定行业，而产出的波动会导致相对价格的变化，有助于平滑收入的波动。例如，菲律宾专业生产菠萝，然而天气状况不佳造成菠萝减产，由于菠萝的供给减少，菠萝的价格相对提高。这一相对价格的变化在一定程度上缓解了由于产量下降对收入带来的负面影响。因此，相对价格的变化起到了天然对冲产出波动的作用。故而，分散化投资在降低收入波动性方面的作用实际上并没有那么大。

本国投资偏好这一问题到目前为止还未得到充分的解释，这可能是因为对这一问题的回答很难与投资的金融模型相联系。在投资组合中，对外国证券低得让人吃惊的投资比例可能反映了投资者决定持有并未分散投资的非多样化的投资组合。想要更好地理解这一问题还需要进一步的研究。

在此之前，尽管我们考虑的投资者风险仅集中于投资组合收益率的波动性，我们应该意识到，在国际投资中还存在着潜在的政治风险，比如一国政府可能会没收国内的外国资产。在下一章，我们将对这种风险进行分析，并给出近期投资于各国的政治风险的排名。

国际投资机会

正如国内金融市场一样，股票、债券以及共同基金都可以进行国际投资。美国则拥有最大的市场。Ferreira 和 Miguel（2011）指出，美国占据了全球债券市场的41.3%，而位于第二位的日本仅占 14.2%，其次是德国，为 6.7%。不同国家的市场规模存在一定差异，这可能会（有时的确会）给在规模较小的市场中寻求快速交易机会的投资者带来一定问题。

动荡时期经常会出现这种问题，1987年10月股票市场的崩盘就是一个较好的例子。在10月中旬，世界各地股票市场的价格急剧下跌。由于投资者进行平仓，共同基金需要筹集现金以应对客户的赎回要求，故而价格的下跌导致了大量卖出股票的指令。在美国交易的股票交易量相对较大——意味着此时市场上有足够的潜在买者和卖者以及大量正在交易的股票，因此在该市场上随时都可以进行股票交易。然而在其他证券市场中潜在的买者和卖者与美国证券市场相比少很多，股票交易量也相对较小。

在1987年股票市场崩溃期间，纽约证券交易所能够成交6亿股，而中国香港、新加坡、意大利、西班牙、法国和德国的市场则不具有流动性。事实上，在股市疯狂交易的顶峰时刻，香港股票市场休市了一周。你能想象得到一位美国的投资组合经理想在香港市场上卖出股票而市场却停止交易时的沮丧吗？

如果投资者想要购买外国证券，有时并不需要将资金转移到国外。在美国市场上，很多外国股票都以**美国存托凭证**（American depositary receipts，ADR）的形式进行交易。美国存托凭证是持有外国股票份额的可转让凭证。由于美国存托凭证为美国的投资者提供了便捷的国际多样化投资途径，并且使得非美国公司可以在美国筹集资金，因此，美国存托凭证变得越来越流行。即使这些非美国公司的股票是在美国市场上交易的，投资者仍然会承担汇率风险，这是因为美国存托凭证的美元价格反映的是外国股票的美元价值。此外，外国政府的政策也会影响美国存托凭证的价值。例如，1987年4月，英国政府对所有转换为美国存托凭证的英国股票实行5%的税收政策，这一措施导致这些美国存托凭证的交易量大幅减少，直至英国政府取消这一税收。

希望以美国存托凭证形式上市的公司可以选择它们上市的具体形式。ADR包含以下几种类型：

一级ADR：

- 不需要提交符合美国会计准则的财务报表。
- 在场外市场进行交易，不能在如纳斯达克、纽约证券交易所等证券交易所交易。
- 来自国外市场上已发行的股份，不能在美国市场上筹集新的资金。

二级ADR：

- 必须提交符合美国会计准则的财务报表。
- 在有组织的交易所如纳斯达克、纽约证券交易所交易。
- 来自国外市场上已发行的股份，不能在美国市场上筹集新的资金。

三级ADR：

- 必须提交符合美国会计准则的财务报表。
- 在有组织的交易所如纳斯达克、纽约证券交易所交易。
- 可以发行新的股份以筹集新的资金。

规则144A下的ADR：

- 不需要提交符合美国会计准则的财务报表。

- 既不在交易所，也不在场外市场交易；仅在合格的机构交易者之间进行私募交易。
- 可以发行新的股份以筹集新的资金。

除了 ADR 之外还有**全球存托凭证**（global depositary receipts，GDR）。全球存托凭证可以在一个以上的市场中进行交易。比如，一个公司可能有可以在美国、伦敦、东京进行交易的全球存托凭证。

为什么这些非美国的公司想要在美国上市其股票呢？在美国上市可以带来以下好处：更广泛的投资者基础，可以在全球最大的金融市场上筹集资本，比本国市场更低的交易成本。此外，公司一般会发现随着该公司在美国上市，其在本国证券市场上的股票价格会有所提高。这可能是由于股票的流动性增加，使得买卖股票时的交易对手增多，故而股票交易容易以更高的价格成交。除此之外，当一个国家的会计准则较为宽松时，该国公司能够在美国上市并提交符合美国会计准则的财务报表无形中向投资者发出信息，证实该公司的质量。另外，非美国公司可以在美国交易所上市，并通过 ADR 来接管美国的公司。例如，当戴姆勒-奔驰收购克莱斯勒汽车公司时，戴姆勒就是通过 ADR 来交换克莱斯勒公司的股票的。

股票市场全球化

几十年前，不同国家的股票市场是分离开的，国内的投资者无法购买国外的股票，而国外的投资者也不被允许购买国内的股票。随着经济全球化的进程，各国股票市场的限制逐渐放松，并逐步对外开放。表 10.2 给出了一些国家和地区股票市场首次对外开放的日期。

表 10.2   **证券市场首次开放时间**

阿根廷	1989 年 11 月
巴西	1988 年 3 月
智利	1987 年 5 月
哥伦比亚	1991 年 12 月
希腊	1987 年 12 月
印度	1986 年 6 月
印度尼西亚	1989 年 9 月
约旦	1995 年 12 月
韩国	1987 年 6 月
马来西亚	1987 年 5 月
墨西哥	1989 年 5 月
尼日利亚	1995 年 8 月
巴基斯坦	1991 年 2 月

菲律宾	1986 年 5 月
葡萄牙	1986 年 6 月
中国台湾	1986 年 5 月
泰国	1988 年 1 月
土耳其	1989 年 8 月
委内瑞拉	1990 年 1 月
津巴布韦	1993 年 6 月

资料来源：Peter Blair Henry,"Stock Market Liberalization, Economic Reform, and Emerging Market Equity Prices," *Journal of Finance*, 55, 529-564, April 2000; and Geert Beckaert and Campbell R. Harvey, "Foreign Speculators and Emerging Equity Markets," *Journal of Finance*, 55, 565-613, April 2000.

当一个国家的股票市场从封闭变得开放，从不允许外国投资者购买本国股票也不允许本国投资者购买外国股票的阶段过渡到取消限制、允许外国投资者购买本国股票同时允许本国投资者购买外国股票时，会有什么现象发生呢？

为了回答这一问题，让我们首先假设资产组合的风险由该组合收益率的方差表示，就像我们在本章前半部分探讨的那样。投资者承担的风险需要一定的风险溢价对投资者进行补偿。我们用 R_f 代表无风险资产（例如美国政府债券）的收益率，则对某一小国 C 的投资，其风险溢价为投资于 C 的收益率与无风险收益率之差，即：风险溢价 $= R_C - R_f$。这一风险溢价的大小取决于市场组合收益率的方差以及风险价格。

在一国股票市场封闭的条件下，收益率的方差仅为国内股票市场收益率的方差，故而金融市场开放前的风险溢价为：

$$\text{封闭股票市场条件下的风险溢价} = P\text{var}[R_C] \tag{10.4}$$

其中 P 为风险价格。因此，当金融市场未开放时，对 C 国国内进行投资的风险溢价取决于 C 国股票收益率的方差与风险价格的乘积。风险价格 P 的大小由投资者的风险厌恶程度决定。如果各国所有投资者的风险厌恶程度相同，则 P 为一常数。在封闭市场条件下，如果投资于一个国家收益率的方差是另一个国家的两倍，则该国的风险溢价也是另一国的两倍。这一风险溢价正是为了使投资者愿意持有股票而对投资者承担的风险进行的补偿。

在全球化开放的股票市场上，对于 C 国的居民来说，其资产组合收益率的方差来自本国和外国股票的波动。通过使用本章之前介绍的计算资产组合方差的公式，我们可以得到：

$$\text{var}[R_p] = w^2\text{var}[R_w] + c^2\text{var}[R_c] + 2w_c\text{cov}[R_w, R_c] \tag{10.5}$$

其中，w 为投资于其他国家的股票占总资产的比例，c 为投资于 C 国本国的股票占整个投资组合的比例；R_w、R_c 分别为投资于其他国家以及投资于 C 国股票的收益。等式（10.5）表明，投资组合的方差是由投资于不同国家股票市场的投资额、不同国家股票市场上投资收益率的方差，以及不同国家股票收益率之间的协方差决定的。

当 C 国的股票市场不对外开放时，w 取值为 0，c 取值为 1，投资回报的收益率则恰好为等式（10.4）中代入的 C 国股票收益率的方差。在 C 国政府决定开放本国的股票市场后，投资于 C 国股票的风险溢价取决于 C 国股票对全球化资产组合整体收益率方差的贡献，即为 C 国股票收益率与投资于其他国家股票收益率之间的协方差：

$$\text{开放市场条件下的风险溢价} = P\text{cov}(R_w, R_c) \tag{10.6}$$

那么对于 C 国的投资者来说，开放股票市场对风险溢价有何影响？为了回答这个问题，我们需要比较等式（10.4）与（10.6）。如果股票市场的全球化降低了投资于 C 国股票的风险溢价，则不等式 $\text{var}(R_c) > \text{cov}(R_w, R_c)$ 成立。值得注意的是，方差的平方根被定义为**标准差**（standard deviation，SD）。因此，$\text{SD}(R_c)$ 等于 $\text{sqrt}(\text{var}(R_c))$。标准差是对于变量偏离其均值程度的另一种度量方法，而两个变量的协方差恰恰等于两个变量各自的标准差与两个变量之间相关系数的乘积，即 $\text{cov}(R_w, R_c) = \rho\text{SD}(R_w)\text{SD}(R_c)$，其中 ρ 被称为相关系数。相关系数的值介于 -1 到 1 之间，它表明了两个变量在同一时刻是怎样变化的。如果 $\rho = 1$，则两个变量完全正相关，即两个变量相对于各自的均值同方向变动。如果 $\rho = -1$，则两个变量完全负相关，两个变量相对于各自的均值反方向变动，即当一个变量高于其均值时，另一个变量低于其均值。如果 $\rho = 0$，则两个变量是独立的，没有任何关系。

现在，我们可以得到全球化金融市场降低投资于一国股票市场风险溢价的条件了。再次比较等式（10.4）与（10.6），可知成立条件为 $\text{var}(R_c) > \text{cov}(R_w, R_c)$，该不等式也可表达为：

$$\text{var}(R_c) > \rho\text{SD}(R_w)\text{SD}(R_c) \tag{10.7}$$

如果不等式两边同时除以 $\text{SD}(R_w)\text{SD}(R_c)$，则有以下不等式成立[①]：

$$\text{SD}(R_c)/\text{SD}(R_w) > \rho \tag{10.8}$$

即如果投资于 C 国股票市场收益率的标准差与投资于其他国家股票市场收益率的标准差的比值大于两者的相关系数，则投资于 C 国的风险溢价随着 C 国股票市场的开放降低。由于标准差永远为正，因此只要相关系数为负数，上述条件一定成立。即如果 C 国的股价上升时其他国家的股价下降，那么投资于 C 国的风险溢价一定会随着 C 国股票市场的开放而降低。总的来说，只要 ρ 相对较小，而 $\text{SD}(R_c)$ 相对于 $\text{SD}(R_w)$ 较大即可。而事实往往也是这样的。一个封闭的小国家股价与其他国家股价之间的相关性较低，而其股价的波动性也会高于其他国家。所以我们认为当一国政府开放金融市场后，该国的风险溢价会下降。

在这里，我们指出金融市场全球化的好处在于：国内金融资产较低的风险溢价使得本国企业可以降低**资本成本**（cost of capital）。资本成本是企业为了融资而给予投资者的投资回报。当风险溢价降低时，国内企业在发行新股时就可以向投资者支付较少的红利，即现金流出变少。这使得企业可以以更低的成本融资，扩大投资支出并进行扩张。

---

① 注意到 $\text{var}(R_c) = (\text{SD}(R_c))^2$，因此 $\text{var}(R_c)/(\text{SD}(R_w)\text{SD}(R_c)) = \text{SD}(R_c)/\text{SD}(R_w)$。

小结

1. 资产组合多样化解释了国家之间资本的双向流动，即使不同国家的利率相同，双向资本流动也是存在的。

2. 一个投资组合收益的波动程度由方差衡量，即其偏离均值的程度。方差越小，投资组合的收益率越确定。

3. 通过投资于不同的资产，投资者可以降低资产组合收益率的波动性。

4. 分散投资可以消除单个资产的非系统性风险，而对于所有资产来说，系统性风险依旧存在。

5. 投资组合多样化的本国偏好表明尽管投资于别国资产可以降低投资组合收益的波动性，投资者还是愿意持有大量的本国资产。

6. 对于偏好本国投资这一现象的可能解释包括：（ⅰ）投资于本国和外国资产的税率不同，（ⅱ）持有外国资产需要更高的交易成本和信息成本，（ⅲ）高估了国际多样化投资带来的收益。

7. 美国拥有全世界最大的证券市场。因此，很多外国公司都以美国存托凭证的形式在美国证券市场上市。

8. 美国存托凭证（ADR）是在美国发行的代表外国公司股份所有权的可转让凭证。

9. 在19世纪80年代金融自由化之前，很多国家的证券市场都是分割开的，不允许外国投资者买卖本国股票，也不许本国投资者投资于外国股票。

10. 金融自由化之后，很多金融市场成为全球化市场。全球化的金融市场会减少本国资产的风险溢价，条件是本国资产收益率的标准差与世界其他地方资产收益率的标准差的比值大于本国资产和外国资产的相关系数。

练习

1. 解释为什么利差可以导致资本流动，而且国家之间存在双向的资本流动？

2. 系统性风险和非系统性风险的区别是什么？请分别举例解释这两种风险。

3. 解释为什么资产组合多样化可以降低风险。

4. 解释为什么美国资产组合的国际多样化程度不高。

5. 假设有资产A和资产B这两种资产可供选择。一个资产组合包含这两种资产，且比例相同。假设这两种资产的有关数据如下：

	收益率	方差	协方差
资产A	20％	0.10	−0.01
资产B	16％	0.02	

a. 资产A与资产B之间的协方差为负说明了什么？

b. 作为一个风险规避的投资者，你会选择投资于资产 A、资产 B，还是该投资组合？请解释。

6. 什么是美国存托凭证？美国存托凭证和国内股票有何区别？

延伸阅读

Carrieri, F., Errunza, V., Hogan, K., 2007. Characterizing world market integration through time. *J. Financ. Quant. Anal.* 42, 915 - 940.

Didier, T., Rigobon, R., S. L. Schmukler, S. L., 2010. Unexploited gains from international diversification: patterns of portfolio holdings around the world. NBER working paper No. 16629.

Foerster, S. R., Karolyi, G. A., 1999. The effects of market segmentation and investor recognition on asset prices: evidence from foreign stocks listing in the United States. *J. Financ.* June.

Hasan, I., Simaan, Y., 2000. A rational explanation for home country bias. *J. Int. Money. Financ.* June.

International Monetary Fund, Developing countries get more private investment, less aid. *Financ. Dev.* 1997.

Kasa, K., 1994. Measuring the gains from international portfolio diversification. FRBSF Wkly. Lett. 94 - 14.

Kho, Bong-Chan, Stulz, R. M., Warnock, F., 2009. Financial globalization, governance, and the evolution of the home bias. *J. Account. Res.* vol. 47 (2), 597 - 635.

Kim, Y., 2000. Causes of capital flows in developing countries. *J. Int. Money. Financ.* April.

Stulz, R. M., 1999. Globalization, corporate finance, and the cost of capital. *J. Appl. Corp. Financ.* vol. 12 (3), 8 - 25.

Tesar, L. L., Werner, I. M., 1995. Home bias and high turnover. *J. Int. Money. Financ.* (4), 467 - 492.

第十一章

外商直接投资和国际贷款

在许多方面，国际贷款与国内贷款相似。无论是城镇间借贷还是国际借贷，贷款人关心的是违约风险和预期回报。在本章中，我们将通过了解外商投资和国际借贷，进一步讨论资本流动。此外，本章将讨论借款国可能会遇到的问题。

外商直接投资

在上一章，我们分析了国际投资的一种形式——投资组合，如购买以外币发行的股票或债券。然而，还有另一种类型的国际投资活动，我们称之为外商直接投资。外商直接投资是为国内企业设立外商经营单位而进行的投资。在美国的国际收支中，外商直接投资区别于投资组合的方式在于持股比率。当外国实体公司拥有国内一家公司10%及以上的权益时，该资金流就被认定为直接投资，无论该资本是用于购买现有公司新的厂房及设备，或是购买其所有权。外商直接投资支出的增长与跨国公司的增长一致。虽然在生产要素国际流动的国际贸易讨论中适当强调了外商直接投资，但学生应该能够区别投资组合与直接投资。

在风险和回报的概念上，我们很容易了解投资组合的动机。从一般意义上讲，关心公司的回报、考虑投资的风险是所有公司确定投资决策动机时应该考虑的问题，包括直接投资。然而，一些理论已经提供了外商直接投资的具体动机。外商直接投资理论通常根据自由市场条件中的某些不完善之处解释直接投资的动机。如果市场是完全自由市场，国内公司能够购买外国债券，转移资本到国外，而不需要设立外国经营单位。外商直接投资的一种理论认为：私人公司不会努力实现公司利润最大化，即不会最大化股东利益；取而代之的是，它们会努力实现企业规模增长最大化。这是一个工业寡头垄断方式的概念，即企业不通过利润最大化生存。在这种情况下，外商直接投资是更优选择，因为国内企业不能依赖于外商管理的公司实现最佳利益。

支持外商直接投资的其他理论则主要基于本国公司比外国公司具有更大的技术、知识或信息优势。这些优势使得本国企业可以通过在其他国家直接设立子公司从事经营赚取更高的回报。如果本国企业仅仅是间接投资于其他国家，而不参与直接管理，获取的利润可能不如直接投资所获得的利润高。

直接投资已成为发展中国家和发达国家一个日益重要的资金来源。图 11.1 说明了近期流入发达国家和发展中国家的外商直接投资变化。在 1990—2010 年期间，除 2000 年和 2008 年的经济衰退外，流入发展中国家的外商直接投资额呈现稳定向上的趋势。在 2010 年，流入发展中国家的外商直接投资资金量非常接近发达国家。

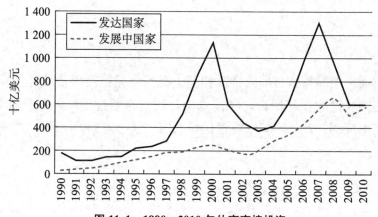

图 11.1　1990—2010 年外商直接投资

图 11.1 也显示出外商直接投资在发达国家呈上升趋势。此外，有两个较高的投资时期：一个是 20 世纪 90 年代中期到末期，欧洲和美国的外商直接投资量急剧增加，这被称为"伟大的 IT 投资热潮"；另一个大约发生在 2003—2007 年，与住房投机活动增加密切相关。欧洲和美国是外商直接投资的偏好地区。到 2009 年，投资热潮已经消失，外商直接投资回归正常趋势。

发展中国家的外商直接投资在政治上往往不受欢迎，这种趋势同样在发达国家越来越明显，因为它与外资掌控国内资源因素密切相关。民族主义情绪结合对剥削的恐惧，往往导致对外商直接投资存在诸多法律限制。虽然很多人担心外商直接投资，但它非常有利于国家发展。外商直接投资对经济发展的拉动作用远远超过银行贷款，因为它的主要资金投向了实际生产方面。而主权政府的银行贷款经常投向消费而不是投资方向。此外，外商直接投资可能涉及国内没有的新技术和生产技术。如果外国公司对直接投资支出做出一个错误的决定，从而发生持续亏损，国家不必偿还贷款。与此相反，如果国内政府利用银行贷款效率低下，则该国需要偿还外国银行的债务。

资本外逃

在关于投资组合的讨论中，我们强调预期风险和回报是外商投资的决定因素。当一国从事经营的风险急剧上升或预期回报下降时，我们时常可以观察到投资资金大量流出，使该国经历大规模的资本账户赤字。这种资金净流出经常被称为**资本外逃**（capital flight）。政治或金融危机、资本管制加强、提高税率或对国内货币贬值的恐惧往往引起资本回报与资本风险的变动，从而引起资本外逃。

银行家们认为20世纪80年代的发展中国家债务危机暴露了一些问题，一些贷款并没有被投入到债务国，而是被个人挪用或者存放到发达国家。除了涉嫌挪用资金，富裕的个人和公司常常将资本转移出债务国，与此同时，这些债务国从发达国家银行申请更多的资金支持。

据估计，在1977—1987年期间，阿根廷资本外逃的规模达到200亿美元。这200亿美元几乎是阿根廷460亿美元债务的一半，大量的资本外逃主要发生在1984年。这些数据粗略地测算出阿根廷每借入1美元，就有大约50美分作为外逃资金逃离阿根廷。类似的情形也在其他国家发生过。资金流出的一个重要方面是国内用于债务的资源越来越少，要求借入的资金越来越多。此外，资本外逃造成国际储备的损失和国内货币更大的贬值压力。

资本外逃的讨论说明经济和政治的稳定对鼓励国内投资的重要性。公司和个人总是追逐低风险和高回报的投资。稳定增长的发展中国家面临的资本外逃较少，能够吸引外商资本，并有助于扩大经济生产能力。

资本流入问题

20世纪90年代初的特点是大量资本流入到发展中国家。对新兴金融市场国家的兴趣刺激了这些国家的直接投资和组合投资。资金流入受到欢迎，因为它们以发展为目标帮助贫困国家筹资建设国内基础设施，而且为投资者的国际投资多样化提供了更多的机会。然而，一些经历过特别大的资本流入的国家产生了一些问题，这些问题降低了资本流动的积极作用。

短期内大量的资本流入会导致受援国的货币升值。这种升值会降低该国出口产业的竞争力，并导致出口下降，出口行业的失业率上升。在第三章中，我们学习了资本账户盈余大幅上升伴随着经常性账户赤字的大幅上升。资本流入也与该国货币供给量的快速增加紧密相连，从而导致通货膨胀。为了解决与资本流入有关的潜在问题，一些国家采用政策以限制资金流入的影响。

财政紧缩是一种削减政府支出或者提高税收的政策，可以使资本流动的扩张效应部分地被紧缩性财政政策所抵消。智利、马来西亚和泰国遵循着这样的政策。许多国家都使用过汇率政策措施。一般来说，这些涉及一些汇率弹性较小的国家的货币升值。虽然货币升值会损害出口行业，但升值会极大地减弱资本流动对本国货币供给的影响，因此央行不用采取扩张性货币政策以应对资本流动。一些国家还允许更大的汇率弹性，将其作为国内货币供给与资本流动隔离的一种方法。一些国家施加资本控制来限制资本的流入。这些措施包括税收和对资本流动的数量进行配额限制，对银行借入外币要求更高的准备金，或采取一些措施限制外汇交易。

总体而言，20 世纪 90 年代的经验让我们意识到资本流入既是福音，也是诅咒。许多对资本流入进行风险管控的尝试开始出现。而且，正是由于不同的国家尝试采取不同的措施从而产生不同的效应，对这些不同的经验进行研究可以帮助我们找到最佳的政府管控措施。

国际借贷和危机

国际贷款经常发生恐怖事件，如发生区域性金融危机给贷款人造成巨大的经济损失。在 20 世纪 80 年代，拉美债务危机使得许多国家无法支付它们累积的国际债务。在 1994—1995 年，墨西哥金融危机使得墨西哥比索急剧贬值，墨西哥从国际货币基金组织（IMF）和美国获得大量贷款，才得以避免拖欠国际债务。最近发生于 1997—1998 年的亚洲金融危机，使得泰铢在 1997 年 7 月贬值，紧接着金融恐慌蔓延到马来西亚、印度尼西亚、菲律宾以及韩国（影响程度相对较小）。

这些危机给国际投资者带来大量的损失，并使得国际银行减少了对发展中国家的贷款投入。表 11.1 展示了美国银行给每个危机区的贷款承诺。该表显示，从美国银行的角度来看，1982 年拉丁美洲债务危机比最近的危机更可怕。1980 年债务国欠国际银行非常多的资金，以致一旦违约会使得世界上最大的银行破产。所以当时采取的方式是债务重组，而不是违约。债务重组推迟了偿还利息和本金的时间，因此银行主张将债务国所欠债务转为未来的贷款，而不是立即实施违约。这样一来，银行就不必立刻核销损失，核销大量贷款会使很多银行受到威胁——因为贷款规模大于银行资本。比如，墨西哥在 1982 年对美国银行的债务等于美国银行资本的 37%。银行根本负担不起核销如此庞大的坏账损失。通过债务重组，银行避免了这种后果。

相对于 1982 年国际银行大量借款给拉丁美洲所带来的问题，1997 年的亚洲金融危机带给美国银行业的大多是可控债务。虽然许多国际投资者在亚洲金融危机中遭受了损失，但危机并没有像20世纪80年代的危机一样威胁全球银行体系的稳定性。然而，为了从最近的金融危机中复苏，债务国需要国际援助。这种复苏涉及政府、银行和国际货币基金组织发放新的贷款。在本章后面，我们将详细讨论国际货币基金组织的作用。首先，我们要思考是什么原因引发金融危机。

表 11.1 美国银行贷给金融危机国家的贷款占美国银行资本的比例

1982 年拉丁美洲	
阿根廷	12%
巴西	26%
智利	9%
墨西哥	37%
1994 年墨西哥	11%
1997 年亚洲	
印度尼西亚	2%
韩国	3%
泰国	1%

资料来源：Steve Kamin，"The Asian Financial Crisis in Historical Perspective: A Review of Selected Statistics," Working Paper，Board of Governors of the Federal Reserve System，1998.

导致亚洲金融危机的因素仍存在争议。然而，可以有把握地说，某些因素是必不可少的，包括外部冲击、国内宏观经济政策和国内金融体系的不完善。接下来我们依次分析这些因素：

1. 外部冲击。经过多年的快速增长，东亚经济体在20世纪90年代中期面临着一系列外部冲击，这些外部冲击将可能导致危机的产生。中国的人民币和日本的日元贬值，使亚洲其他实施固定汇率制度的经济体相对中国和日本的竞争力降低。因为在东亚，电子制造业是一个重要的出口产业，另一个造成出口和国家收入下降的因素是半导体价格大幅下滑。由于出口和收入下降，贷款的偿还变得更加困难，财产价值开始下降。由于许多银行将不动产作为贷款抵押物，财产价值的下降导致大量不良贷款产生，因此银行系统面临着大量违约。

2. 国内宏观经济政策。大多数危机国家的一个明显的宏观经济政策因素是采用了固定汇率制度。固定汇率鼓励国际资本流入到这些国家，而且由于缺乏汇率波动，许多以外国货币计价的债务没有办法进行对冲。一旦货币面临贬值压力，各国只能通过央行干预维持固定汇率，即用美元购进本国货币。因为每个国家的美元储备是有限的，国家也只能通过提高利率来增加以本国货币计价的投资的吸引力。最后，一些国家采取资本管制，限制外国投机者掌握本国货币，从而限制对本国货币的投机活动。例如，如果投资者想投机泰铢，他们将借入泰铢并且将其兑换成美元，因为他们认为泰铢相对美元将会贬值。通过资本管制限制外国投资者借入泰铢的渠道，泰铢的沽售压力将会降低。然而，最终贬值的压力是如此之大，以致国内居民开始投机本国货币，固定汇率制度只好被放弃。这种情况使得国内金融市场产生巨大成本。由于之前实施固定汇率，大部分以外币计价的国际债务无法对冲，所以本国债务负担随着贬值压力的增加而增加。为了偿还债务，国家只能向其他国家政府和国际货币基金组织请求援助。

3. 国内金融体系不完善。经历过亚洲金融危机的国家的一个特征是银行系统贷款缺乏审慎的业务决策原则。当申请贷款时，政治和社会关系往往比预期回报和抵押品更重要。其结果是，许多不良贷款被延期。在 20 世纪 90 年代早期到中期的经济繁荣时期，经济的快速增长掩盖了这样的损失。然而，一旦增速开始放缓，不良贷款对影响银行体系财务状况的负面影响开始显现。一个相关的问题是当遇到严重的财务困难时，银行和其他放贷方总是希望政府救助。这种隐形的政府贷款担保产生了道德风险问题。当放贷方不用承担错误决定带来的全部成本时，道德风险就存在了。如果保证承担风险的机构或个人不承担风险或损失，将造成政府过度地承担风险。因此，如果银行认为政府将为一些政府背景的企业和机构承担贷款损失时，银行更有可能延期这类贷款。

为了避免危机的再次发生和预测那些无法避免的危机，大量资源被投入到对金融危机特点和起因的研究中。然而，预测是经济研究中一个十分困难的问题，我们往往能确定的是预测失败是常见的。但是，我们发现许多变量与过去发生的危机相关，这些变量可以作为未来潜在危机的预警指标。这些变量包括：

1. 固定汇率。最近金融危机波及的国家，包括 1993—1994 年的墨西哥、1997 年的东南亚国家和 2002 年的阿根廷，在危机发生前都使用固定汇率。一般而言，宏观经济政策与固定汇率的目标是不一致的。当最终发生货币大幅贬值时，国内居民持有大量以外币计价的未对冲贷款会蒙受巨大的损失。

2. 国际储备下降。维持固定汇率或许没有问题。检验汇率是否不再平衡的一种方法就是检测这个国家的国际储备（主要由央行和国库持有的外币）。如果国际储备随着时间的推移稳步下降，这就是固定汇率政策将难以维持并且货币有可能贬值的一个很好的指标。

3. 缺乏透明度。在许多遭受危机的国家，其政府和商业活动的公开披露都缺乏透明度。为了做出正确的投资决策，投资者需要了解公司的财务状况。如果会计规则允许公司隐藏损害投资者的财务活动，那么当公司的投资风险上升时，投资者就不能够充分判断其风险。在这种情况下，金融危机对于这些人来说将是一个意外（局内人除外）。同样，如果政府不及时充分披露其国际储备状况，当出现贬值时，投资者可能毫无准备。政府和企业活动缺乏良好的信息披露是未来潜在问题的一个警告信号。

上述警告信号的名单提供了各种变量指示，当评价在国外投资风险时，国际投资者必须考虑这些信号。一旦发现自身患有严重国际债务问题，一国必须寻求额外融资。由于国际银行不愿意对这些还款前景渺茫的国家承诺投入新的资金，因此国际货币基金组织成为一个重要资金来源。

国际借贷和大衰退

最近的金融危机与过去的危机有一些相似之处，但在某些方面也有所不同。最近的金融危机开始于 2007 年底，因为全球都受到较大影响而被称为"大衰退"。经济学家们仍在争论危机的根源，但我们能够得到一些总体意见。"大衰退"是由信贷过度扩张和投资风险的透明度缺乏引起的。这与亚洲金融危机类似。然而，"大衰退"的传导效应与亚洲金融危机不同。美国房地产危机从一个高度互联的全球金融市场传播到整个国际金融世界。具体来说，在 20 世纪初期，银行业务证券化的快速增长导致了意想不到的系统性风险。系统性风险将对整个经济产生严重影响。

美国的房地产危机开始发生在 5 个州，即亚利桑那州、加利福尼亚州、佛罗里达州、内华达州和弗吉尼亚州。这 5 个州的房地产市场崩溃造成世界各地的金融市场暂时崩溃。几个州的房地产市场怎么能造成如此大的影响？答案在于抵押贷款已经国际化。图 11.2 显示了美国两大城市的住房价格。这两个城市的住房价格就是 5 个州的典型代表，经历了住房市场的崩溃。图 11.2 显示了住房价格从 2001 年至 2006 年快速增长，然后在 2007 年快速回落。需要注意的是，在 2004—2006 年这两个城市的住房价格显示出急速上升。

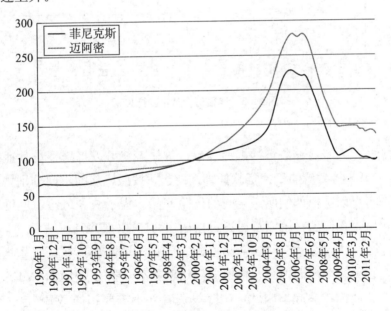

图 11.2　美国部分城市房地产价格

资料来源：2012 年 2 月标准普尔 Shiller-Case 房地产价格指数。

美国房地产价格的大幅下跌让房地产投机者和一些抵押贷款投资者出乎意料。抵押贷款拖欠率上升到前所未有的水平，如图 11.3 所示。止赎和卖空随着房地产价格下跌而大幅增加，导致银行及其他金融投资者的抵押贷款损失。然而，这类损失不是只局限于美国国内的金融市场。同时，世界各地的金融市场也受到美国抵押贷款问题的影响。

造成全球经济严重损失的原因是美国抵押贷款的高度证券化。在美国住房交易过程中，贷款发放人使用原始贷款人的资金发放抵押贷款。原始贷款人很少持有贷款，取而代之的是，捆绑抵押贷款来实现**抵押贷款证券化**（mortgage backed security, MBS）。这种做法使贷款发放人继续放贷，从而提高了抵押贷款资金的可利用性。贷款发放人收取一定的费用，但并没有终结无法还款的风险。事实上，贷款发放人并不是抵押贷款的最终持有人，这导致他们在甄别住房贷款申请人的经济能力时缺乏足够的仔细和认真。

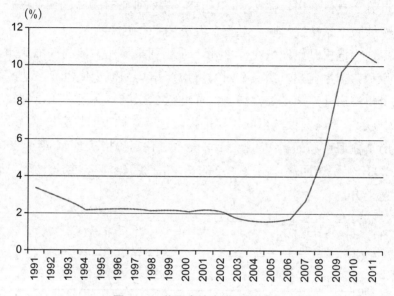

图 11.3 美国房地产贷款拖欠率

资料来源：抵押贷款银行协会及作者的计算，2011 年 1 月。

一旦原始贷款人有足够数量的抵押贷款，贷款人就可以将抵押贷款捆绑实现抵押贷款证券化。MBS 将大量的抵押贷款捆绑在一起，按照风险的不同分别售出。在这种方式中，投资者可以选择他们愿意接受的风险产品。为了减少风险，也可以购买产品以对冲信用风险，我们已在第四章讨论过信用违约掉期（CDS）。

MBS 让世界各地的投资者更容易地投资于美国房地产市场。因为贷款的监控成本，外国银行在美国境内提供个人抵押贷款几乎是不可能的。然而，MBS 把具有特定风险的抵押贷款捆绑在一起。因此，国际投资者并不需要担心 MBS 包含什么。这使得对 MBS 的国际投资有着特别的吸引力。此外，国际投资者可以使用信用违约掉期市场对冲 MBS，从而得到保护。因此，发放给风险较高（次贷或者非优惠贷款）个人的贷款随着 MBS 市场的出现而增加。据 DiMartino 和 Luca（2007），非优惠贷款额从 2001 年新抵押贷款的 9％增加到 2006 年的 40％。

MBS 和 CDS 市场在 2004—2007 年快速增长。CDS 市场在 2004 年为 6.4 万亿美元，而 2007 年增长到 57.9 万亿美元。但是，这种保护措施存在缺陷，即交易对手风险无法对冲。交易对手风险是对冲产品中的一家公司违约的风险。因此，公司应该建立完善的对冲机制以对冲 MBS 的违约风险。所以，一家公司可以建立起一个完善的机制对冲 MBS 的违约风险。但是一旦 CDS 的卖方公司违约，那么你的投资风险将无法得到对冲。一旦你的投资组合没有被对冲，你违约的可能性将会增加。因此，一个企业违约对全球金融机构和个人都具有传播效应。一般情况下，这种系统性风险通过金融市场是无法预料的。

2008 年 3 月，美国一家投资银行——贝尔斯登投资银行第一个出现问题，该投资银行濒临破产。贝尔斯登银行通过抵押贷款支持证券和信用违约掉期与国内和国际金融市场存在紧密联系。为了防止可能的系统性风险，美联储和财政部决定进行干预。然而，当雷曼兄弟在 2008 年 10 月碰到同样的问题时，政府没有干预而任其破产。在雷曼兄弟破产时，其有接近 100 万份 CDS 合约，涉及世界各地成百上千家公司。因此，随着风险对冲成本的快速上升，整个世界都感受到了雷曼兄弟违约的连锁反应，许多银行和金融公司接近破产边缘。在美国，Countrywide（美国最大的抵押贷款机构）破产，房利美（Fannie Mae）和房地美（Freddie Mac）（美国抵押贷款的最大支持者）由政府接管。此外，世界上最大的保险公司，美国国际集团（AIG），在 2008 年 10 月由于 CDS 问题几乎破产。在世界其他地区，一些主要的金融公司违约或由政府接管。例如，在英国，北岩银行和布拉德福德宾利银行被英国政府接管，而 2008 年 10 月冰岛整个银行体系的违约让这个国家陷入主权违约。

世界各地众多公司破产的原因是许多金融机构的杠杆水平过高。金融机构需要一定的资本去支持它们发放的贷款。它们拥有的资本越多，杠杆水平越低。假设你有 1 美元，并把它以 10% 的利率借给 Sam。现在，你将收到贷款到期时支付的 10 美分利息。在这个例子中，杠杆水平为 1，因为你的资本（你投资到公司的现金）等于你的资产（贷款）。现在，假定你想借出另外 10 美元给 Joe。你现在没有钱，所以你要向 Roger 以 5% 的利率借入钱，然后以 10% 的利率借给 Joe。你现在有 1 美元权益加上 10 美元的负债（Roger），共计 11 美元的资产。你现在的杠杆水平是 11：1。需要注意的是，杠杆水平越高，你得到的利润越高，除非有人违约。如果 Joe 对他的贷款违约，那么你没有任何资本来支付你的贷款，因此不得不破产。杠杆水平越高，你面临的不良贷款所带来的破产风险越高。

传统的银行必须持有流动资本以支持它们的资产投资组合。资产风险越高，要求持有的资本量越高。为了防止银行破产，位于瑞士的国际结算银行建立了银行资本化的国际规则。最新的准则被称为《巴塞尔协议Ⅲ》。此外，除了《巴塞尔协议Ⅲ》，美联储为美国银行设置了更多的准则。相比之下，对投资银行和对冲基金的要求则较少。因此，它们可能比传统的银行有更高的杠杆水平。在经济大衰退的开始，许多投资银行的杠杆比率是 30∶1，这意味着 30 美元的资产只有 1 美元资本。即使是很小的资产价值减少也能使其资本消耗殆尽，使金融机构破产。

在 2008 年秋天金融机构大量违约发生之后，金融市场变得更加谨慎。金融公司风险偏好的下降导致对冲风险的成本急剧增加。这影响着高债务公司、市、州和国家。例如，希腊发现其资金成本大幅增加。当大衰退来临时，随着税收的下降和社会福利计划的成本增加，希腊政府需要借到更多的钱。然而，对于这样一个负债累累的国家的贷款请求，国际金融市场要求更高的利率。2010 年 5 月，希腊别无选择，只能请求国际货币基金组织的帮助。在接下来的部分，我们将分析国际货币基金组织的角色如何由布雷顿森林体系的监督人转换为最后借款人。

国际货币基金组织的贷款条件

国际货币基金组织一直是那些面临还款难题的债务国获得贷款的重要来源。国际货币基金组织不只是简单地帮助商业银行和政府的债权人"摆脱困境"。国际货币基金组织要求借款国调整经济政策，以减少国际收支赤字，增加偿还债务的可能性。IMF 的这种要求被称为 IMF 的条件。

贷款计划的实施过程包括国际货币基金组织代表团访问借款国。代表团由经济学家组成，寻找该国经济问题的原因并提供解决方案。通过与借款国协商，确定贷款的附加条件。该条件通常涉及宏观经济变量的目标，如货币供给量的增长或政府赤字。贷款按时间发放，如果上述条件没有得到满足，贷款的发放就可能停止。

现在，可以理解对于债权人来说 IMF 条件的重要性。从贷款人的角度来看，对主权政府的贷款就像私营实体贷款一样，同样涉及风险管理。尽管国家不能破产，但它们会发生大变革或政治剧变，从而拒绝支付旧政府的债务。即使没有如此激烈的政治变革，不利经济条件的存在可能会使得国家无力或不愿意还本付息。国际贷款增加了一个新层面的风险，因为既没有一个国际法庭来强化合同的执行，也没有来自借款国的贷款抵押品。国际货币基金组织担任监督员，如果该国同意贷款条件，它可为债务人提供新贷款。如果外国债权方政府或商业银行提出要求修改债务方的国内政策，这可能会触怒债务国的主权政府，但国际货币基金组织是一个有全球 180 多个国家参与的国际组织，访问债务国的国际货币基金组织代表团将由许多不同国别的人员组成，他们的意见是没有政治倾向的，所以债务国更容易接受。不过，由于受先进工业国家利益支配，国际货币基金组织有时仍然遭到诟病。

IMF 实行投票表决政策，投票权的大小由一国的配额决定。配额是一个国家对 IMF 的财政贡献，它赋予成员国一定权利。每个国家获得 250 张选票，加上每 100 000 特别提款权配额一个额外投票（至少有 75% 的配额由国内货币出资，少于 25% 的配额由储备货币或特别提款权支付）。美国拥有最多票数，因为美国的配额占基金总额近20％。其次是日本和德国，分别约占基金总额的6％。随后是英国和法国，分别约占基金总额的5％。这五个发达国家的贡献超过IMF配额的40％，并根据配额大小控制着投票权。

国际货币基金组织经常遭到诟病，因为它施加的条件往往限制借款国的经济增长、降低生活水平。典型的附加条件包括减少政府开支、提高税收，以及限制货币增长。例如，2010年5月，希腊与国际货币基金组织签订了一个300亿欧元的贷款协议。另外，欧盟同意提供资金，使得融资总额达到1 100亿欧元。但该协议的核心是，希腊将削减财政预算赤字，其财政赤字由2009年占GDP的15.4％下降到2014年的3％以下。要做到这一点，希腊当局承诺减少政府开支并增加税收。请注意，在这种情况下，货币增长不是需要关注的问题，因为希腊属于欧元区，不能调整货币增长。

根据国际货币基金组织和希腊当局原来的说法，紧缩方案将导致短期产出收缩。但结构性改革和财政约束将提高竞争力并使长期经济获得复苏。这些政策可能被解读为IMF所施加的紧缩政策，但这种紧缩的目的是为了使借款国政府的私人生产部门在经济中发挥更大的作用。国际货币基金组织的看法是，面临还款困难，债务国的调整方案是不可避免的。需要调整的是那些能促进经济长期增长的因素。虽然政府规模缩小、政府补贴减少可能造成短期调整成本，但是在长期经济运行过程中，我们所需的调整是能够刺激经济增长、保证债务偿还的调整。

腐败的影响

政府官员的腐败行为大大降低了经济增长的速度。通过金钱贿赂以及送礼得到政府的服务以及一些好处在各国间相当普遍。研究显示国家的腐败程度与它的投资、增长之间存在着明显的负相关关系。

研究表明当政策造成的实际产出与自由市场产生的经济产出出现扭曲时，腐败行为猖獗。例如，当一国政府要求买卖外国货币必须经过政府批准时，旺盛的外汇交易黑市将会出现，美元的黑市汇率使得一美元所兑换的本国货币远高于政府规定的"官方汇率"。这种扭曲给政府官员提供了谋取私利的机会，因为他们可以使用"官方汇率"。

一般来说，一个国家的市场竞争力越大，腐败的可能性就越小。所以，旨在减少腐败的政策通常涉及减少公共官员对福利的发放或对他人施加成本的权利。这可能包括增加政府行为的透明度和加大引入政府就业竞争择优机制。由于国家腐败问题的政治敏感性，国际货币基金组织最近才在其咨询和贷款业务中开始纳入这一问题。当国际货币基金组织或世界银行的贷款被债务国的腐败政客们侵吞时，这些主要提供资金的工业化国家自然更加关注贷款质量问题，并向国际组织施压从而在贷款条件中明确写入反腐败措施。在 20 世纪 90 年代后期，当严重的腐败在当地经济中根深蒂固时，国际货币基金组织和世界银行都开始明确地将反腐败政策作为债务国贷款实施过程中的一部分内容。

国家风险分析

国际金融活动涉及在国内交易活动中不存在的风险。没有国际法院强制执行合同，银行不能收回债务国的抵押品，因为往往也没有抵押品被抵押。主权国家的问题贷款已获得公共的关注，但重要的是我们需要认识到，由于资本管制或外汇政策的存在，私营企业贷款也可能成为不良贷款。鉴于此，如果外汇管制限制资金转移，即使是国外营运子公司也无法将资金转移到其母公司。

商业银行和跨国公司对国际交易风险的评估能力至关重要。国家风险分析已成为国际商业活动的重要组成部分。国家风险分析是指对一个国家的总体政治和金融形势的评估，这些方面可能影响该国偿还其债务的能力。为了确定特定国家的相关风险程度，我们考虑定性因素和定量因素的影响。定性因素包括国家的政治稳定性。某些关键特征可能显示该国政治的不确定性：

1. 不同语言、种族和宗教群体之间分裂，威胁着国家的稳定。
2. 极端民族主义和厌恶外国人，可能会导致对本地利益的偏好和外企国有化。
3. 不利的社会条件，包括贫富分化。
4. 社会矛盾，包括频繁的示威、暴力和游击战争。
5. 激进团体的力量和组织。

除了定性或政治因素外，我们还需要考虑评价一个国家偿还债务能力的财务因素。国家风险分析研究这些因素，如：

1. 外债。具体来说，这对外国人来说是其国内生产总值或外汇收入的一部分。如果一个国家的债务较庞大，那么该国未来可能存在债务偿还的问题。

2. 国际储备。如果一国出口收入下降，国际储备则显示一个国家满足其短期国际贸易需求的能力。通常用国际储备除以进口的比率来对国家进行排名。

3. 出口。出口往往从出口创汇以及产品出口多样化的角度进行分析。主要依赖于一个或两个产品赚取外汇的国家比出口产品多元化的国家更容易受到出口收入大幅波动的影响。

4. 经济增长。通过衡量实际国内生产总值或实际的人均国内生产总值，经济增长可以作为评价国家总体经济条件的一个指标。

虽然没有一种评估国家风险的方法是万无一失的，但以一些结构化的方法为基础对国家进行评估和比较，国际贷款人可以对是否向某个特定国家增加信贷的问题进行土观评估。

意识到投资者非常需要国家风险的可靠信息，贝莱德投资研究所（BlackRock Investment Institute）在 2011 年推出了国家风险的新排名。这个排名以国家债务违约、货币贬值或通货紧缩趋势的可能性为基础。外国投资者不仅关心一个国家拖欠的债务，而且关心由于货币的高通胀或贬值带来的外币急剧亏损。

这个指标由四个部分组成：

- 财政空间，40% 的权重，衡量可能导致债务不可持续性的几个宏观经济指标。
- 外部财经地位，20% 的权重，衡量一个国家对外部冲击的敏感性。
- 还款意愿，30% 的权重，衡量一个国家的机构如何处理债务偿还问题。
- 金融系统健全度，10% 的权重，衡量私人银行部门带给国家的财政风险。

图 11.4 显示了 2011 年 6 月国家风险排名情况。

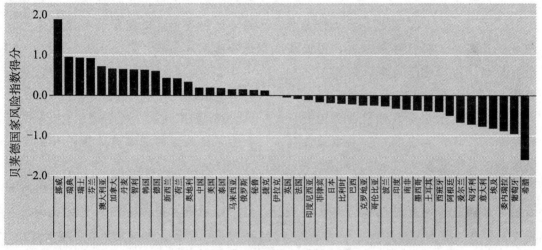

图 11.4　贝莱德国家风险指数

资料来源：BlackRock Investment Institute, "Introducing the BlackRock Sovereign Risk Index: A More Comprehensive View of Credit Quality," June 2011.

斯堪的纳维亚国家在该指标上的排名都非常高。挪威领先，瑞典、芬兰和丹麦也排在前十名。挪威债务绝对水平低，制度约束强，且内外部金融冲击较小。另一个极端是希腊和葡萄牙，它们已经存在严重的债务问题。在垫底的 10 个国家中，大部分是正在努力解决其艰难的高债务问题的欧洲国家。美国大约处于 44 个排名国家的中间位置。

小结

1. 外商直接投资是获得国外一家公司 10% 或以上股票的资本投资。

2. 外商直接投资的动机主要是因为不完全竞争的市场条件和外资企业的优

势专长。

3. 在 20 世纪 90 年代后期和 2003—2007 年，在欧洲和美国出现了两次外商直接投资急剧增加的热潮。第一次投资潮是"IT 投资热潮"，第二次是"住房市场的繁荣"。

4. 资本外逃是资金的突然流出。它通常是由于政治上的不稳定、金融危机或担心货币贬值而引起的。

5. 资本流入的快速增加会损害经济。它可以导致流入国的货币升值并且降低出口产业的竞争力。

6. 在 20 世纪 80 年代，拉美债务危机威胁着许多大银行和债权人，因此债务被重组，推迟偿还时间，而不是立刻违约。

7. 1997 年亚洲金融危机的原因是外部的冲击、疲软的宏观经济基本面及国内金融体系不完善。

8. 固定汇率制度、外汇储备下降及政府活动缺乏透明度可以作为潜在的金融危机警告指标。

9. 2008—2009 年美国的大衰退蔓延到全球金融市场，因为外国投资者大量投资于由美国抵押贷款支持的抵押贷款证券（MBS）。

10. 由于 MBS 的风险可以通过信用违约掉期市场对冲，很多投资者认为他们的投资受到了保护，从而纷纷采用高杠杆。这种做法导致了几大投资银行巨头的破产。

11. 当一个国家从国际货币基金组织寻求财政援助，以克服其问题时，政府必须接受一套经协商的宏观经济政策改变和结构性改革，我们称之为国际货币基金组织条件，以确保债务国有能力偿还贷款。

12. 国际货币基金组织已经将反腐败的条款纳入其贷款过程。

13. 国家风险分析是对可能会影响国家的还款能力的国家整体政治和财务状况的评估。

14. 国家风险分析基于变量结构模型，如外债占国内生产总值的比例、持有的国际储备、出口量和经济增长速度。

练习

1. 在其他条件都相同的情况下，为什么债务国喜欢从银行借钱而不喜欢从国际货币基金组织借钱？商业银行和国际货币基金组织贷款的"其他条件"永远都一样吗？

2. 选择三个发展中国家，并为它们创建国家风险指数。根据国际货币基金组织公布的金融统计数据，通过你能观察的因素（如出口、GDP 增长、国际储备等）对它们进行排序。基于你的评价，哪个国家的信用风险最好？请问你的排名如何与最新的贝莱德投资调查结果进行比较？

3. 下列每个因素对 20 世纪 90 年代后期的亚洲金融危机造成何种影响：外部冲击、国内宏观经济政策、国内金融体系的不完善?

4. 解释固定汇率如何导致金融危机。

5. 想象你自己为获得一家大型国际银行的职位参加面试。面试官提到,最近银行面临一些外国政府贷款的问题。面试官问你,当评价一项涉及外国政府机构的贷款建议时,你认为银行应该考虑什么因素。你对此有何回应?

6. 解释什么是高杠杆投资。它是如何影响到金融危机的?

延伸阅读

Bird, G., Hussain, M., Joyce, J. P., 2004. Many Happy Returns? Recidivism and the IMF. *J. Int. Money Finance*.

BlackRock Investment Institute, "Introducing the BlackRock Sovereign Risk Index: A More Comprehensive View of Credit Quality," June 2011.

Bullard, J., Neely, C. J., Wheelock, D. C., 2009. Systemic Risk and the Financial Crisis: A Primer. *Fed. Reserve Bank of St. Louis Rev.* September/October, 403 - 418, Part 1.

Brealey, R. A., Kaplanis, E., 2004. The Impact of IMF Programs on Asset Values. *J. Int. Money Financ.*

DiMartino, D., Duca, J. V., 2007. The Rise and Fall of Subprime Mortgages. *Fed. Reserve Bank of Dallas Econ. Lett.* 2 (11).

Schadler, S., A. Bennett, M. Carkovic, L. Dicks-Mireaux, M. Mecagni, J. H. J. Morsink, and M. A. Savastano, IMF Conditionality: Experience under Stand-By and Extended Arrangements, International Monetary Fund Occasional Paper 128, September 1995.

Somerville, R. A., Taffler, R. J., 1995. Banker Judgment versus Formal Forecasting Models: The Case of Country Risk Assessment. *J. Bank. Financ.*

Stulz, R. M., 2010. Credit Default Swaps and the Credit Crisis. *J. Econ. Perspect.* Vol. 24 (No. 1), 73 - 92.

第四部分
汇率和国际收支模型

第十二章

国际贸易余额的决定因素

前面的章节讨论了汇率以及国际收支余额等内容。现在我们熟悉了这两个重要的国际金融术语的定义和用途,但是还没有考虑在某个时点到底哪些因素决定了它们。为什么一些国家会产生贸易盈余,而其他国家则会出现贸易赤字?值得注意的是,金融机构、中央银行和政府投入大量的人力物力来预测汇率及国际贸易和收支。本章要介绍的各种理论对经济学家、投资者及政治家们解决这些问题所采取的途径有重要影响。下一章将讨论汇率的决定因素。

国际贸易余额的弹性分析法

经济行为涉及如何用有限的资源来满足人们无止境的需求。从预算约束中我们可以得到一个启示:消费者和企业会依据价格变动选择替代商品来尽可能使预算满足自己的需求。例如,意大利制造的皮鞋和美国制造的皮鞋是良好的替代品,若美国皮鞋相对于意大利皮鞋价格上涨,顾客会购买价格较低的意大利皮鞋以替代价格较高的美国皮鞋。相对价格是决定消费模式的关键概念——即一种商品相对于另外一种商品的价格。随着某产品的相对需求和供给发生变动,相对价格也发生变动。相对供给变动通常由于偏好改变、生产技术提高、政府税收及补贴或其他多种可能的因素导致。如果这些变动涉及国内商品价格相对于国外商品价格的变动,那么国际贸易格局将会发生变化。贸易余额的弹性分析法就是考虑国内和国外商品的相对价格变化如何对国家贸易余额产生影响。

汇率变动会影响以本国货币衡量的国外商品的价格。假设最初一双皮鞋在美国的售价是 50 美元,而在意大利的售价为 50 欧元。当汇率是 1 欧元=1 美元时,两个国家的皮鞋价格相同。当欧元贬值到 1.2 欧元=1 美元时,意大利国内生产商的皮鞋价格保持不变,仍为 50 欧元;但在美国的售价仅为 41.67 美元。在贬值后,1 欧元=0.833 3 美元,从而 50 欧元=41.67 美元,即对美国顾客来说意大利皮鞋的价格下降了。相反,标价为 50 美元的美国皮鞋对意大利顾客来说,价格从 50 欧元上升为 60 欧元。欧元贬值导致的相对价格变化会增加美国对意大利商品的需求而减少意大利对美国商品的需求。这种相对价格变化导致的相对需求量的变化取决于需求的弹性。

在一开始学习经济学课程时,同学们曾经学过"弹性"代表价格变化引起的数量变化。而国际贸易余额的弹性分析法提供了一种分析方法——贬值对国际贸易余额的影响依赖于外汇及外国商品的供给和需求弹性。

当需求或供给是有弹性的时,这意味着需求数量和供给数量对价格的变动较为敏感。需求或供给的非弹性说明数量变化对价格的变动不敏感。我们可以用弹性相关系数更加精确地描述这一分析。例如,用 ε_d 代表需求弹性系数,则 ε_d 可以表示为:

$$\varepsilon_d = \%\Delta Q / \%\Delta P \tag{12.1}$$

上式说明需求弹性系数等于需求数量变动百分比除以价格变动百分比。如果价格增加 5% 而需求量的下降大于 5%,那么 ε_d 大于 1(绝对值),我们称该需求是有弹性的。如果价格增加 5% 而需求量的下降小于 5%,那么我们称需求是非弹性的,且 ε_d 小于 1。

正如计算需求弹性系数一样,我们也可以计算供给弹性系数,ε_s,即供给量变动百分比除以价格变动百分比。如果 $\varepsilon_s > 1$,则供给量对价格变化相对敏感,我们称供给是有弹性的。而当 $\varepsilon_s < 1$ 时,供给量对价格变化不敏感,则我们称供给是非弹性的。

随着价格变化,弹性将会决定总收入(销售价格乘以销售数量)的变动。例如,需求有弹性意味着数量变动超过了价格变动,在这种情况下,总收入将会和价格变动方向相反。假设对墨西哥黑丝绒绘画的需求是有弹性的。如果比索的价格上升 10%,则需求量的下降将会超过 10%,所以价格变动的结果会引起销售收入下降。相反,如果对哥伦比亚咖啡的需求是非弹性的,那么价格增加 10% 会导致需求量的下降少于 10%。更高的咖啡价格将会弥补销售量的损失,所以咖啡的总销售收入将会上升。显然,当国际市场价格变动时,需求弹性对决定出口和进口的收入起到至关重要的作用。

现在,让我们以外汇市场的供给和需求为例。图 12.1 是英镑的供给和需求图。需求曲线 D 表示对英镑的需求,是对英国出口的需求引起的。斜率为负意味着英镑的价格越高,对英镑的需求量越少。以 S 表示的供给曲线是外汇市场的英镑供给曲线。斜

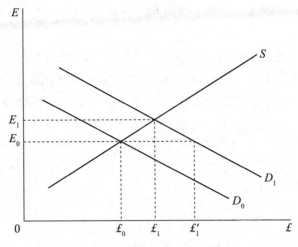

图 12.1　外汇市场的供给与需求

率为正意味着英镑的外汇价格与英镑供给量之间呈正相关关系。需求曲线和供给曲线的交点为市场均衡点，此时英镑供给等于英镑需求。假设最初均衡点为 E_0 和 $£_0$，即 $£_0$ 是在汇率为 E_0（英镑的美元价格）时英镑的交易量。现在假设英镑的需求量提高（例如对英国出口产品的需求增加）。需求的这一变动将会产生以下影响：

1. 在自由浮动的汇率制度下，英镑会升值，所以汇率会上升至 E_1，而英镑的交易量将会是 $£_1$。

2. 中央银行可以通过消耗储备提供 $£_1' - £_0$ 这么多的英镑来钉住原来的汇率 E_0。

3. 可以通过对英镑供给和需求数量的控制或配额来影响供给和需求。

4. 可以对外国贸易采取贸易配额和关税的方法来维持原先的英镑供给和需求。

弹性分析法认识到汇率变动对交易货币均衡数量的影响取决于供给曲线和需求曲线的弹性。但是我们需要记住，弹性分析法只是一种国际贸易余额分析理论，且仅是在无资本流动情况下的国际收支余额分析理论。

在图 12.1 中，假设美国中央银行（美联储）决定采取固定汇率制，固定汇率为 E_0。在这种情况下，美国中央银行不得不从外汇储备中向市场提供英镑来交换美元。现在，汇率仍然维持在 E_0，因为中央银行提供了多余的 $£_1' - £_0$ 的英镑以满足市场需求。如果需求的增加是永久性变化，那么美联储将会使美元贬值，提高英镑的美元价值。当然，这意味着英国的产品在美国将会更加昂贵，而美国的产品在英国将会更加便宜。这一变化会改善美国的贸易余额吗？这取决于需求和供给的弹性。当美国顾客的进口产品需求量对价格变化不敏感时，进口产品价格的上升将会导致对进口产品总成本的增加。同样，当英国顾客对美国出口的产品需求不敏感时，即使美国产品的价格下降，需求量也不会增加多少。在这种情况下，美国的贸易赤字及对英镑的超额需求都会随着美元的贬值相应增加。这种效应被称为 **J 曲线效应**（J-curve effect）。J曲线效应指的是货币贬值引起的贸易余额变化模式。如果我们长期观察贸易余额的变化会发现，由于非需求弹性，贸易余额前期下降后期上升，从而引起图 12.2 所示的贸易余额时间变化模式。

我们注意到图中的贸易余额最初为负，并且在长时间内不断下降。在 t_0 时刻货币出现贬值。随着贬值的发生，贸易余额在一段时间内不断下降直到最后出现向上的拐点。短期的需求无弹性导致了最初的贸易余额下降。随着时间的推移，弹性增加从而导致贸易余额上升。这种在前期贸易余额下降而后期贸易余额上升的普遍模式就像字母 J。

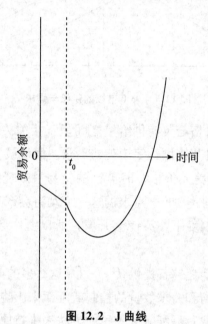

图 12.2　J 曲线

弹性和 J 曲线效应

贬值通常被认为是提高一国贸易盈余的一种工具。但是 J 曲线效应表明货币贬值使得进口商品价格上升，出口商品价格降低，存在一个短暂的贸易余额下降期。我们现在考虑为什么短期内弹性较低，来分析 J 曲线效应产生的潜在原因。随着贬值出现，我们可以识别出两个不同的时期。贬值之后，已经完成的合约需要立即进行价值重估，这一时期被称为**货币合约期**（currency contract period），一旦合约失效，对于贸易商来说仍然有可能会出现有限的响应。我们把合约到期后的一个短暂时期称为**传导效应期**（pass through analysis），在传导效应期，贸易商限制了数量变化来响应新的价格体系，但随着时间的推移，这种响应变得更加彻底。我们将分别讨论这两个短期响应。

货币合约期

紧随贬值，早于汇率变化的已谈判的合同到期，这个时期叫做货币合约期。图 12.3 显示了事件的时间顺序。

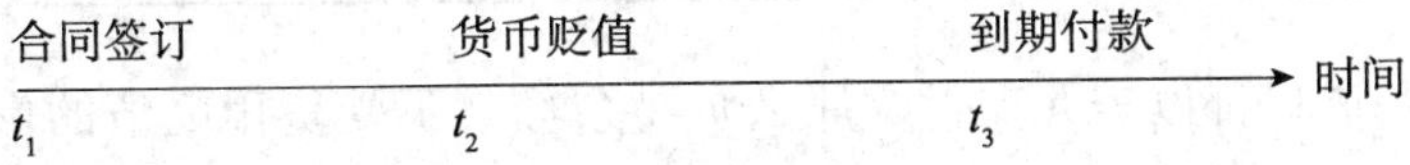

合同签订   货币贬值   到期付款

t_1 t_2 t_3 时间

图 12.3　货币合约期

合同在时间 t_1 签订。合同成立后，在时间 t_2 货币贬值。合同规定在 t_3 进行付款。现有合同在贸易余额方面的影响取决于合同指定的货币。例如，我们假设美国将美元贬值。在贬值前，汇率是 1 美元/外国货币（为了简化问题，我们假设只有一种外币），后来汇率升至 1.25 美元/外国货币，如果一个美国出口商以美元为付款单位签订合约出售一个价值 1 美元的商品给一个外国公司，出口商将盈利 1 美元。然而，如果出口合同是依据外币签订的（以 FC 代表外币），然后这个出口商预期获得 1FC，等同 1 美元；然而，美元贬值导致 1.25 美元相当于 1FC，因此这个美国出口商从美元贬值中获得了意想不到的收获。另一方面，假设一个美国进口商签署了一项从外国公司购买商品的合同。假如合同以美元付款价值 1 美元，那么美元贬值对合同商没有影响。如果合同是以外币付款（FC 为单元），则进口商欠 1FC，那么进口商将必须支付 1.25 美元来兑换 1FC 给出口商。在这种情况下，进口商因为美元贬值面临损失。

简单概括如下：卖方希望合同中规定的支付货币升值，买方希望合同中规定的支付货币贬值。表 12.1 概括了货币合约期内对贸易余额的可能影响。

表 12.1 将影响分成四个单元。单元 I 代表美国出口商根据外币签订合同，而进口商以美元为计价单位签订合同的情形。在这种情形下，因为外国买主必须用外币支付，而由于美元贬值使得外币升值，从而使得出口商品的美元价值增加。因为进口商必须用美元支付，美元的贬值将对美国进口商的美元价值不产生影响。结果是贸易余额增加。

单元 II 表示当用外币支付美国出口和进口时的余额影响情况。由于美元贬值增加外币价值，出口和进口的美元价值都将上升。美国贸易余额的净影响取决于出口相对于进口的量。如果出口超过进口，则存在初始贸易盈余，出口价值的增长超过进口价值的增长，贸易余额将增加。相反，如果初始为赤字，进口超过出口，则进口的增长会超过出口的增长，贸易余额会减少。

表 12.1	在紧随贬值的货币合约期内美国贸易余额影响	
美国出口合约支付货币	美国进口合约支付货币	
	美元	外币
外币	Ⅰ. 出口增加进口不变,贸易余额增加	Ⅱ. 出口增加进口增加,最初为盈余时,贸易余额增加;最初为赤字时,贸易余额减少
美元	Ⅲ. 出口不变进口不变,贸易余额不变	Ⅳ. 出口不变进口增加,贸易余额减少

如果出口和进口都以美元支付,那么贸易余额就不受货币贬值的影响,如单元Ⅲ所示。但是如果出口是以美元支付,进口是以外币支付,则出口的美元价值不会受到美元贬值的影响,而进口的价值则会增加,贸易余额减少,如单元Ⅳ所示。值得注意的是,只有在单元Ⅳ的情形下,在紧随贬值的货币合约期内,贸易余额下降。在单元Ⅱ的情形中也会发生贸易余额下降,尽管只是早期的贸易赤字。表 12.1 的关键特征是,进口以外币计价是在货币合约期内 J 曲线出现美国贸易余额的突然暴跌的一个必要条件。

传导效应分析

货币合约期是指紧随着货币贬值的时期,在贬值前已协商好的合同在此时期即将到期。在这个时期,假设商品价格不是随着货币价格快速调整。当然,最终随着新的贸易合同的签订,商品价格趋向新的余额。传导效应分析就是考虑价格短期调整的能力。这种调整预计将会提高贬值国家进口货物的价格,降低这个国家出口到世界各地的价格。如果商品价格不以这种方式进行调整,那么消费模式不会改变,货币贬值的理想贸易余额不会出现。

通常情况下,货币贬值是为了达到贸易均衡而对持续增长的贸易赤字做出的反应。随着货币贬值国的进口价格上升,进口需求减少。与此同时,较低的国内出口商品价格增加了对出口商品的需求。较高的国内出口需求与较低的国外进口需求相结合带来了贸易余额改善。然而在一个短时期内,如果进出口对新价格反应太慢,则贸易余额不会发生明显变化,新价格有助于 J 曲线效应。例如,如果进口需求无弹性,购买者对进口商品的价格上升没有太大反应,因此在货币贬值后进口数量可能仍呈现上升而不是下降。这种行为不是没有道理的,因为人们需要时间来寻找好的替代商品以替代价格较高的进口商品。但最终,这样的替换将发生。然而,在短期内购买者可能继续买进大量的进口商品,以致货币贬值后价格升高导致进口额的增加,而不是降低。如果外国对国内出口商品的需求无弹性,同样的解释也可发生在市场的另一面。在这种情况下,尽管国内出口商品价格下跌,外国买方将不在短期内买进更多的商品。

表 12.2 总结了美元贬值后传导期的几种可能效应。最坏的情况出现在单元Ⅳ。由

于美国进口商品和出口商品的需求都是非弹性的，此时将会山现完全的传导效应。

表 12.2 贬值后传导期内的贸易余额变化

美国出口	美国进口	
	供给缺乏弹性	需求缺乏弹性
供给缺乏弹性	Ⅰ．出口增加进口不变，贸易余额增加	Ⅱ．出口增加进口增加，最初为盈余时，贸易余额增加；最初为赤字时，贸易余额减少
需求缺乏弹性	Ⅲ．出口不变进口不变，贸易余额不变	Ⅳ．出口不变进口增加，贸易余额减少

表 12.2 总结的美元贬值影响表明非弹性需求或供给使进出口数量固定不变。为了说明传导效应，图 12.4 中展示了基本的供给和需求。图 12.4（a）显示了当进口商品需求弹性为零时的情况。谁需要进口商品？美国买家，所以在图 12.4（a）中有关价格是进口商品的美元价格。注意美国对进口商品的需求固定在 Q_0。这意味着在短期内，无论价格如何变动，美国进口商将购买 Q_0。货币贬值后，供给曲线向左移动，说明因为美元价值降低，外国出口商现在要对它们出口到美国的商品收取较高的美元。新供给曲线向左移动的距离表示在任意给定数量下卖方希望收取更多的费用。由于需求曲线是一条垂直线，固定在 Q_0，卖方能够将商品的加价全部转嫁给进口商，因此进口商将以比以前更高的价格购买 Q_0 商品，进口的美元总价值将增加。这是表 12.2 中单元Ⅳ的情形，因为完全的传导效应过程，美国贸易余额降低。

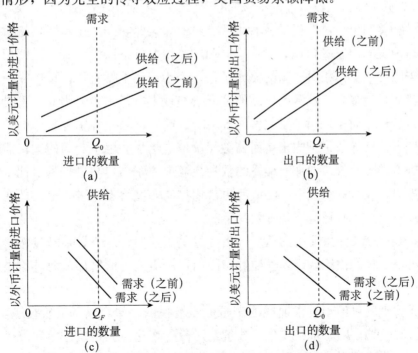

图 12.4 **(a)** 美国进口需求完全无弹性 **(b)** 美国出口需求完全无弹性

(c) 美国进口供给完全无弹性 **(d)** 美国出口供给完全无弹性

图 12.4（b）显示了在单元Ⅳ的情况下为什么出口一直保持不变。在这种情形下，外国人对美国出口的需求是完全无弹性的。因为外国买家购买美国的出口商品，其价格是图 12.4（b）中的外币价格。无论短期内价格如何变动，外国买家想购买 Q_F 的美国出口量。请注意，现在有关价格对外国买家来说是外币价格。美元贬值后，供给曲线右移，反映美国出口商愿意以更少的外币出口商品，因为外币现在更有价值。然而，由于需求曲线完全无弹性，将出现一个完全的传导效应，通过全额贬值来降低外币价格。换句话说，如果美元贬值使外币价值增加 10%，则美国出口的外币价格降低 10%，美国出口的美元价值保持不变。

需要注意的是，表 12.2 的单元Ⅲ结合了前面讨论的对美国出口商品的需求无弹性和对美国进口商品的供给无弹性两种情况。图 12.4（c）显示了供给缺乏弹性的效果。由于进口到美国的商品是由外国卖家供给，相应的价格是外币价格，如图 12.4（c）所示。在这种情况下，外国卖方将出售 Q_F 商品给美国，无论价格为多少。货币贬值后，美国对以外币结算的进口商品需求向左移动，表明买家对特定数量的进口商品愿意支付的外币相比之前减少。由于供给曲线是完全无弹性的，进口的外币价格根据美元贬值程度而下降，因此，没有传导效应过程。换句话说，传导效应完全被以外币计量的进口价格的下降所抵消。美元贬值后，我们预计进口到美国的贸易价格变得更加昂贵；然而按照图 12.4（c）的完全无弹性进口供给曲线，美元的进口价格不变，从而进口的美元价值也不变。

表 12.2 中单元Ⅱ把美国进口需求的非弹性——正如先前在图 12.4（a）中讨论和说明的——和美国出口供给的非弹性联系起来。图 12.4（d）显示了供给效应。由于美国出口是由美国卖家提供的，图 12.4（d）的相关价格以美元计价。贬值后，外国人愿意为美国出口支付相对较高的美元价格，因为美元更便宜了。按照完全无弹性供给曲线，美元贬值多少，美国出口品的美元价格就上升了多少。因此，不是贬值降低美国的出口价格，而是外国买家支付的价格和以前一样（因为国外货币的价格不变）。但较高的美元价格导致了美国出口商品美元价值的增加。由于美国的进口需求缺乏弹性也导致进口的美元价值增加，最终的贸易余额取决于出口与进口的对比，如果最初出口超过进口，在这种情况下，贬值后出口增加的幅度将大于进口增加的幅度。如果最初进口超过出口，则贬值将降低贸易余额。

最后，我们来关注单元Ⅰ的情形，当数量是固定的时，贸易余额显然在传导效应期增加。美国出口的供给缺乏弹性导致美国出口的美元价值增加，而进口供给缺乏弹性导致进口的价值不变。

完全无弹性的供给和需求曲线的例子可以给我们一些启示。虽然在现实世界中，我们不能说在短期内随着价格变化，数量绝对没有变化，但是该传导效应分析法的重要贡献在于它指出了当数量变化相当小时，在短期内商品价格的改变影响贸易余额的程度。如果更合理地预期生产者的供给量不如买家的需求量改变大，则表 12.2 单元Ⅰ

很可能就是现实情况。在这种情况下，美国进口和出口的供给都缺乏弹性，所以美国的贸易余额将在传导效应期得到改善。

马歇尔-勒纳条件

其实表 12.2 显示的美元贬值对贸易余额的影响尚有些疑问，这些疑问在于进口需求和出口需求完全无弹性（单元Ⅳ）时的情形。在这种情况下，贸易余额不能得到改善。正如我们刚才指出弹性为零的情形是一个极端假设，那么改善贸易余额需要进口需求和出口需求的最低弹性是多少？马歇尔和勒纳计算出了这个数值，这就是众所周知的**马歇尔-勒纳条件**（Marshall-Lerner condition）。马歇尔-勒纳条件表示进口需求弹性和出口需求弹性总和的绝对值必须大于 1。

不需数学证据，我们能直觉地通过图 12.4 的分析发现这一点。以图 12.4（a）为例，进口需求是完全无弹性的。这种情况意味着国内居民没有找到进口产品的替代品，并且无论价格如何波动都将继续进口相同数量的该产品。在这一假设下，进口价格完全按照贬值的变化率而上升，而进口的总价值总是增加。但是，如果进口需求是有弹性的，则会出现进口量的变动。图 12.5 显示当美元贬值时，进口量将从 Q_0 减少到 Q_1。换句话说，当进口价格上升时，国内居民将找到替代的国内产品并消费更少的进口商品。因此，总进口有两个区域。矩形 G 是总进口价值增加区，而 L 区是总进口价值减少区。这些区域之和将决定进口价值的总变化。同样，出口弹性需求也将对进口产生一个积极的作用。

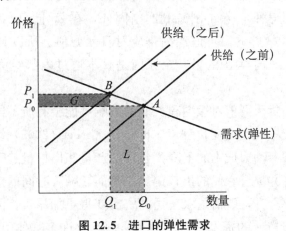

图 12.5　进口的弹性需求

因此，马歇尔-勒纳条件很容易解释 J 曲线效应。如果短期内进口需求和出口需求的弹性总和小于 1，那么贸易余额将恶化。然而，如果在较长的运行期，弹性增加，以致弹性总和在 1 以上，那么贸易余额将改善。长期弹性很可能高于短期弹性，因为从长远来看消费者会找到替代品。因此，短期弹性与长期弹性相结合可以导致贸易余额相对贬值的 J 曲线形状。

贬值的证据

前面的讨论已经展示了货币贬值在货币合约期和传导效应期对贸易余额可能的短期影响。有什么证据能表明过去的货币贬值对贸易余额有实际效果？不幸的是，现有的证据表明贬值的效果似乎在不同的国家和时间表现不同，因此可能没有很强的普遍性。

有些学者认为贬值在短期内可以改善贸易账户，而其他人不同意这种说法。不同意的原因在于不同的研究人员使用不同的样本期和统计方法。一些研究人员把重点放在了不同国家的生产商以何种方式调整出口的利润空间来部分抵消汇率变动的影响上。这似乎是一个解释不同国家传导效果差异的重要因素。例如，如果日元兑美元升值，日元升值将趋向于使美国进口商以较高的美元价格进口日本出口商品。日本出口商可以通过减少他们的产品利润空间和降低日元价格以对抗日元升值的效果从而限制价格升高的传导过程。这种市场定价行为已经被日本和德国出口商普遍采用，但美国出口商则较少采用。例如，Joseph Gagnon 和 Michael Knetter（1995）分析了汽车贸易，并估算了美元对日元贬值 10％将导致日本汽车公司降低其价格，使得美国进口商的美元价格仅上升 2.2％。但没有类似的证据显示美国汽车企业以降低出口汽车价格的方式来响应美元的升值。Thomas Klitgaard（1996）发现，日本出口商趋向于以日元每升值 10％即降低 4％的出口商品利润率（相对于国内销售的利润率）来降低他们的利润空间。他还表明，除了削减利润空间外，在 20 世纪 90 年代日本出口商通过生产对价格升值不敏感的高价值产品来应对日元升值。所以日本贸易状况对汇率变化的敏感性要相对小于美国的另一个原因是日本通过内部经济调整对传导效应有一定消除作用。

一些证据表明，货币贬值对短期和长期的影响可能会有所不同，而这种区别取决于劳动力成本相对资本成本的变化程度。Kristin Forbes（2002）发现，在紧随贬值的短期内，随着贬值国劳动力成本的下降，公司的产量和出口量趋于上升，企业充分利用这个优势扩大生产并提升它们的出口销量。然而，随着时间的推移，如果与国家相关的风险上升或利率上升，贬值国家公司的资本变得更加昂贵。因此，贬值的净效应取决于一个国家出口产业的资本和劳动力。通过对比许多其他国家，我们可以发现，在资本与劳动力之比较低的国家，货币贬值极有可能导致出口扩大和经济的快速增长。但是在资本与劳动力之比较高的国家，贬值即使对出口扩张和经济增长有影响，这种影响也极小。

贸易余额的吸收分析法

弹性分析法表明，一个国家可能通过货币贬值来改善贸易余额。一旦汇率通过传导对进口和出口价格产生影响，进口量将下降，出口量将增加，从而刺激国内商品生产、服务和收入。然而，这种情况似乎并不总是发生。如果一个国家在货币贬值前已达到充分就业水平，那么它已经达到了它的最大生产力，所以不会有产量的增加。在这种情况下，贬值后会发生什么？我们现在转向贸易余额的吸收分析法来回答这个问题。

贸易余额的吸收分析法强调国内商品的消费如何相对国内产量而改变。换句话说，贸易余额被视为经济产出和国内需求或吸收之间的差异。正如经济学导论类课程普遍探讨的一样，我们可以写出总产出 Y 等于总支出，或者

$$Y = C + I + G + (X - M) \tag{12.2}$$

其中 C 是消费，I 是投资，G 是政府支出，X 是出口，M 是进口。我们可以定义吸收 A 等于 $C + I + G$，净出口等于 $(X - M)$。因此，我们得到：

$$Y = A + X - M$$

或

$$Y - A = X - M \tag{12.3}$$

吸收，A，代表国内消费总量。因此，如果国内生产总量 Y 超过吸收（在国内消耗的量），那么国家将出口其多余产品，产生贸易顺差。相反，如果吸收超过国内生产，则 $Y - A$ 将是负值，因此由方程 (12.3)，我们注意到，$X - M$ 也将是负值，一般我们可以解释为国内需求超过国内生产的部分可以通过进口得到满足。

吸收法其实可以从两种情况进行分析，即充分就业情况和未充分就业情况。在充分就业状态下，所有资源正在被使用，使得净出口增加的唯一途径是吸收下降。另一方面，随着失业，Y 不位于其最大值，从而 Y 可以由于出口（X）的增加而增加，此时并不改变国内的吸收（A）。

吸收法通常与货币贬值对贸易余额的影响有关。如果开始时资源没有得到充分利用，我们知道，国内产出 Y 可能会增加，所以贬值倾向于增加净出口（如果满足上一节中所讨论的弹性条件），并带来产出的增加（假定吸收不变）。如果开始时 Y 为充分就业水平，将不可能生产更多的商品和服务。如果贬值，那么净出口将趋于增加，其结果是完全的通胀。当外国消费者想要购买更多的本国产品，而现有的本国产品没有增加时，商品和服务的价格将会上升。

在上一章中，我们讨论了国际货币基金组织因为施加条件限制经济增长和降低借款国生活水平而一直遭到诟病。这些条件通常包括减少政府支出，增加税收，并限制

货币增长。请注意，这些类型的政策正是吸收法建议的。要增加还贷的可能性，国家需要减少 A。这些政策可能被解释为国际货币基金组织所施加的紧缩政策，但它们的目的是减少 A，使国家更可能偿还国际贷款。

当然，我们必须认识到，吸收法和弹性分析法一样，提供了一种贸易余额理论。吸收法只有在没有资本流动的世界中才可以被看作是一种国际收支理论。

小结

1. 本章讨论为什么国内货币贬值不一定改善贸易状况，尤其是在短期内。

2. 需求（供给）弹性描述了需求（供给）数量对价格变化的反应程度。

3. 贸易余额弹性分析法解释了进口商品的需求和供给弹性对贸易余额不同程度的影响。

4. 国内货币贬值使国外商品相对国内商品价格上涨，因为进口价格上升，进口商的总支出根据进口需求弹性上升或下降。

5. J 曲线描述货币贬值后贸易余额的变化模式，如开始时贸易余额下降，随后上升。

6. J 曲线效应可能是货币合约期和价格传导期的共同结果。

7. 由于一些国际外汇合约在货币贬值前签订并在货币贬值后付款，当出口合同以国内货币支付，进口合同以外币支付时，贬值使贸易状况恶化。

8. 如果价格能够完全转嫁，从而导致更高的进口价格和更低的出口价格。货币贬值将恶化贸易状况。

9. 马歇尔-勒纳条件指出，如果进口需求弹性和出口需求弹性绝对值之和大于 1，则货币贬值可以改善贸易状况。

10. 根据经验，货币贬值是否可以在短期内改善贸易账户没有共识。

11. 国内吸收是消费者、公司和政府花费在国内生产商品的总和。

12. 根据吸收法，货币贬值对贸易状况的影响不仅取决于经济是否处于充分就业条件，还取决于贬值期国内吸收的变化。在充分就业水平上，如果国内吸收保持不变，则货币贬值将不影响贸易状况。

练习

1. 假设美国正在考虑通过美元对外币贬值来改善贸易状况，什么类型的货币合约对贸易状况有负效果？

2. 假设美国正在考虑通过美元对外币贬值来改善贸易状况，什么类型的价格转嫁将对贸易状况产生积极效果？

3. 假设美国正在考虑通过美元对外币贬值来改善贸易状况，如果美国正处在充分就业产出水平下，使用吸收法解释美国如何通过货币贬值改善它的贸易状况。

4. 举出一个国家减少吸收的政策的例子。

5. J曲线是什么？请解释。

6. 如何利用马歇尔-勒纳条件来解释J曲线效应？

延伸阅读

Allen, M., "Exchange rates and trade balance adjustment in emerging market economies," Policy Development and Review Department, International Monetary Fund, working paper, October 2006.

Baek, J., Koo, W. W., Mulik, K., 2009. Exchange rate dynamics and the bilateral trade balance: the case of U. S. agriculture. *Agr. Resour. Econ. Rev.* 38 (2), 213 - 228.

Devereaux, M. B., 2000. How Does a Devaluation affect the current account? *J. Int. Money and Finance* vol. 19 (no. 6), 833 - 851.

Devereux, M. B., Engel, C., Storgaard, P. E., 2004. Endogenous exchange rate pass-through when nominal prices are set in advance. *J. Int. Econ.* vol. 63 (no. 2), 263 - 291.

Forbes, K., 2002. Cheap labor meets costly capital: the impact of devaluations on commodity firms. *J. Dev. Econ.* 69, 335 - 365.

Gagnon, J. E., Knetter, M. M., 1995. Markup adjustment and exchange rate fluctuations: evidence from panel data on automobile exports. *J. Int. Money and Finance*. April.

Gopinath, G., Itskhoki, O., Rigobon, R., 2010. Currency choice and exchange rate pass-through. *Am. Econ. Rev.* 100 (1), 304 - 336.

Klitgaard, T., 1996. Coping with the rising yen: Japan's recent export experience. *Cur. Issues in Econ. Financ.* January, Federal Reserve Bank of New York.

Klitgaard, T., 1999. Exchange rates and profit margins: the case of Japanese exporters. FRBNY *Econ. Policy Rev.* April.

Koray, F., McMillin, W. D., 1999. Monetary shocks, the exchange rate, and the trade balance. *J. Int. Money and Finance*. December.

Rose, A., 1991. The role of exchange rates in a popular model of international trade: does the "Marshall-Lerner Condition" hold? *J. Int. Econ.* 3 - 4, 301 - 316.

Rose, A., 1996. Are all devaluations alike? *Wkly. Lett.* February 9, Federal Reserve Bank of San Francisco.

第十三章

IS-LM-BP 模型

开放经济国家相比封闭经济国家面临着许多不同的问题。经济学基础对宏观经济均衡和政策的介绍往往以封闭经济体为基础。而有关应对高失业率或通胀的政策探讨同样是基于封闭经济国家。显然，这已不再是一个日益一体化的世界可以接受的方法。

在开放型经济中，理想的经济目标是要实现内部和外部平衡。内部平衡是指国内经济稳定增长并保持低失业率。外部平衡指的是理想的贸易平衡或理想的国际资本流动。经济学理论强调的是内部平衡。仅仅集中于内部目标，如通货膨胀、失业和经济增长，可用简单的经济模型进行分析。对追求内部和外部平衡共同目标的分析需要更详细的经济学观点。而两者的结合使得问题的分析非常复杂，现代决策者面临着更多的显示问题。这不再是一个不断调整政策旨在改变国内失业或通货膨胀的问题。现在，我们还必须考虑贸易余额、资本流动和汇率的影响。

内部和外部的宏观经济平衡

宏观经济政策的主要工具是财政政策（政府支出和税收）和货币政策（央行控制的货币供给量）。通过使用这些工具来实现宏观经济的平衡。我们假设宏观经济平衡要求在经济的三大方面取得平衡：

商品市场平衡：提供的商品和服务的数量等于需求量，以 *IS* 曲线表示。

货币市场平衡：货币供给量等于需求量，以 *LM* 曲线表示。

国际收支基本平衡：经常账户赤字等于资本账户盈余，从而官方结算定义的收支余额等于零，以 *BP* 曲线表示。

我们将用总结每个市场的平衡图来分析宏观经济平衡。图 13.1 为 *IS-LM-BP* 图。该图显示了国内利率的各种组合（i）以及在三个市场中达到平衡的国内收入（Y）。

IS 曲线

首先，让我们分析 *IS* 曲线，它代表 i 和 Y 的组合，当其他因素如价格水平不变时，每一个点上的 i 与 Y 的组合均可以使产品市场达到均衡。Y 代表总产出，与经济学中的总收入概念一样。当商品与服务的供给量与需求量相等时，均衡即形成。根据经济学基本原理，当在经济中出现"漏出等于注入"时，我们通常认为此时宏观经济达到均衡。更准确地说，国内储蓄（S）、税收（T）和进口（IM），就是所谓的"漏出"，因为居民并没有把这些项目用于本期产品和服务消费。而投资支出（I）、政府支出（G）和出口（X）就是所谓的"注入"，它们弥补了居民收入的"漏出"。投资支出是指企业在新工厂和设备上的支出。

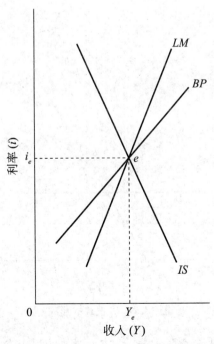

图 13.1 商品市场（*IS*）、货币市场（*LM*）和国际收支（*BP*）的共同均衡

当出现以下条件时，均衡将发生：

$$S+T+IM=I+G+X \qquad (13.1)$$

当漏出与注入相等时，则从生产商品和服务中所获得的收入将等于总支出，或需要的产出总量。图 13.1 中的 IS 曲线描绘了 i 和 Y 各种均衡组合的公式（13.1）。现在我们考虑为什么 IS 曲线向下倾斜。

我们假设 S 和 IM 都是收入的函数，税收由政府独立设置。国内收入越高，国内居民储蓄也就越多。此外，较高的收入也使国内居民增加对进口产品的消费。在图 13.2 的下半部分，$S+T+IM$ 曲线向上倾斜。这说明，国内收入越高，储蓄加税收加进口也就越大。假设投资是国内利率的函数，不随目前国内收入变化而变化。同样，假定出口由国外收入确定（它们是外国的进口），不随国内收入变化而变化。最后，政府支出与国内收入无关。由于 I，G 和 X 均独立于国内收入，在图 13.2 的下半部分，$I+G+X$ 线是一条水平线。

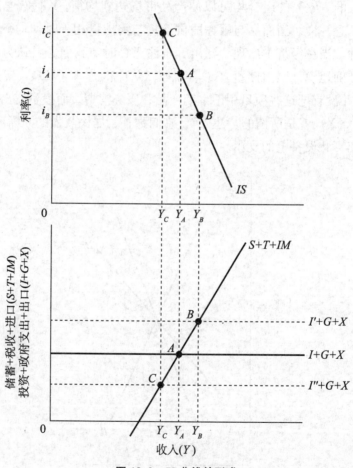

图 13.2　IS 曲线的形成

方程（13.1）表明，在收入水平满足 $S+T+IM=I+G+X$ 时，均衡将产生。在图 13.2 下半部分，A 点代表均衡收入水平为 Y_A 时的一个均衡点。而在图 13.2 上半部分，Y_A 与 IS 曲线上的 A 点一致。这一点与利率 i_A 相联系。

要理解为什么 IS 曲线向下倾斜，我们需要考虑利率变化的影响。假设利率下降，在低利率水平下，投资项目变得更有盈利潜力（当借入的资金成本下降时，公司不会要求过高的投资回报），正如图 13.2 中 $I+G+X$ 向 $I'+G+X$ 移动所显示的，投资将上升。在更高的投资支出水平下，均衡收入增加到 Y_B。IS 曲线上的 B 点描绘了在较低的均衡利率 i_B 和更高的均衡收入 Y_B 条件下这种新的商品市场均衡。

最后，我们考虑当利率上升时会发生什么情况。因为借入资金成本上升，项目的盈利潜力将下降，使得投资支出下降。在较低的投资支出水平下，图 13.2 中的 $I+G+X$ 曲线向下移动到 $I''+G+X$。新的均衡点 C 与 Y_C 点的收入水平相一致。在图 13.2 上半部分的 IS 图中，我们可以发现 C 点与均衡收入水平 Y_C 及均衡汇率 i_C 一致。IS 曲线上的其他点是在商品市场上实现均衡的收入和利率组合。

我们必须记住，IS 曲线是在保持国内价格水平不变的情况下绘制的。国内物价水平的变化将改变国内商品相对于外国商品的价格。如果国内价格水平随着给定利率下降，则投资、政府支出、税收和储蓄不变。然而，国内商品现在相对外国商品更加便宜，将导致出口增加和进口下降。$I+G+X$ 曲线上升和 $S+T+IM$ 曲线下降都将增加收入。因为收入在特定利率水平下增加，IS 曲线向右移动。国内物价水平上升将引起 IS 曲线左移。

LM 曲线

图 13.1 中的 LM 曲线显示在货币供求相等条件下 i 和 Y 的替代组合。图 13.3 为 LM 曲线的导出过程。左图显示了标记为 M^d 的货币需求曲线和标记为 M^s 的货币供给曲线，横轴为货币数量，纵轴为利率。请注意，M^s 曲线是垂直的。这是因为央行可以选择它希望的货币供给量，所以货币供给量与利率无关。货币供给量是 M_0。货币需求显示，在给定的财富数额下，有多少人愿意持有货币形式，而不是计息资产。货币需求曲线向下倾斜，表明利率越高，货币需求量越低。

由于利息是持有货币的机会成本，所以利率和货币需求数量之间呈反向关系。由于持有货币无法赚取利息，随着利率上升，人们将更多的钱存入银行，从而减少货币持有。

最初的货币市场均衡发生在 A 点，此时均衡利率为 i_A。最初的货币需求曲线，M^d，是在给定收入水平条件下确定的。如果收入增加，那么人们对货币的需求也将增加，如图所示从 M^d 移到 $M^{d'}$。因为在较高的收入水平下，人们希望持有更多的货币来支持更多的交易支出，因而货币需求量增加。

现在让我们考虑为什么 LM 曲线的斜率为正。假设图 13.3 中最初的均衡在 A 点达到，此时利率为 i_A，收入为 Y_A。如果收入从 Y_A 增加到 Y_B，则货币需求从 M^d 增加到

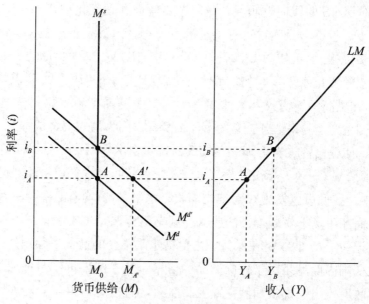

图 13.3 LM 曲线的形成

M^d。如果利率保持在 i_A，那么将有一部分多余的货币需求。这显示在图 13.3 左侧，其货币需求量是 $M_{A'}$。随着收入增加，货币需求为 $M^{d'}$。在 i_A 点，货币需求曲线上的 A' 点与较高的货币需求量 $M_{A'}$ 相对应。由于货币的供给量在 M_0 保持不变，多余的货币需求 $M_{A'} - M_0$ 将会产生。货币均衡高于货币量将导致利率上升，直到在 B 点建立一个新的均衡。这个新的均衡与较高的利率 i_B 和较高的收入 Y_B 联系在一起。点 A 和点 B 在图 13.3 右侧的 LM 曲线上显示。LM 曲线上的其他点是利率和收入的均衡组合。

LM 曲线是在给定的货币供给量的情形下得到的。如果货币供给增加，那么货币需求将不得不增加以恢复均衡。这需要一个更高的 Y 或更低的 i，或两者同时，以便 LM 曲线向右移动。同样，货币供给量的减少将提高 i 或降低 Y，LM 曲线将向左移动。

BP 曲线

图 13.1 描绘的曲线是 BP 曲线。BP 曲线给出了国际收支均衡下的 i 和 Y 组合。BP 曲线是在给定的国内价格水平、汇率和净外债条件下推出的。当经常账户余额等于资本账户赤字时，均衡产生。回想一下第三章，如果有经常账户赤字，那么它必须通过资本账户盈余进行支付。

图 13.4 展示了 BP 曲线的推导过程。图 13.4 下半部分中显示的 CS 曲线代表经常账户余额，CD 曲线代表资本账户赤字。实际上，经常账户余额可能为负，这表明赤

字。同样，资本账户赤字也可能为负，表示盈余。CS 曲线是向下倾斜的，因为随着收入的提高，国内进口增加，经常账户盈余下降。我们假定资本账户为利率的函数，因此，它与收入独立，并为水平线。

当经常账户盈余等于资本账户赤字时，均衡产生，从而使官方结算收支为零。最初，在收入水平为 Y_A 和利率为 i_A 的 A 点达到均衡。如果利率上升，那么国内金融资产对外国买家更具有吸引力，资本账户赤字下降到 CD'。在先前的收入水平 Y_A 下，经常账户盈余将超过资本账户赤字，所以收入必须增加到 Y_B 点以达到新的均衡点 B。在图 13.4，BP 曲线上的 A 和 B 点说明随着 i 增加，为保持均衡，Y 必须增加。只有向上倾斜的 BP 曲线能提供与均衡一致的 i 和 Y 的组合。

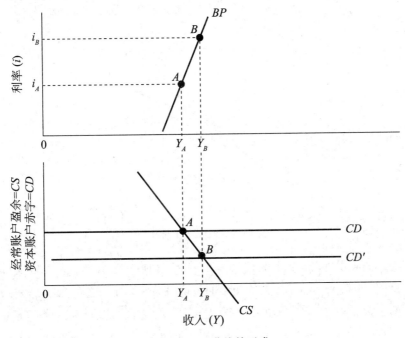

图 13.4　BP 曲线的形成

均衡

经济的均衡要求三个市场——商品市场、货币市场、国际收支均处于均衡。即当 IS、LM 和 BP 曲线在利率和收入的共同均衡水平下相交时，经济达到均衡。在图 13.1 中，e 点是在均衡利率 i_e 和均衡收入 Y_e 下的均衡点。除非其中任何一条曲线发生移动，IS-LM-BP 将同时达到均衡——即生产的所有产品被出售，货币需求等于货币供给，经常账户盈余等于资本账户赤字从而国际结算账户余额为零。

BP 曲线的移动

在 *BP* 曲线的推导中，我们假设在国内经济中高利率将吸引外国投资者并且减少资本账户赤字。如果资本在任何收入水平下都是完全自由流动的，那么国内利率相对国外利率的任何偏离都将导致投资者只持有高回报资产。因此，在资本完全自由流动的情况下，*BP* 曲线变成完全的水平线。如果外资并不能完全流动，那么 *BP* 曲线将向上倾斜。如果资本流动性受到诸多限制，那么 *BP* 曲线将变成近似的垂直线。图 13.5 显示了一条完美的水平 *BP* 曲线和一条向上倾斜的 *BP* 曲线。

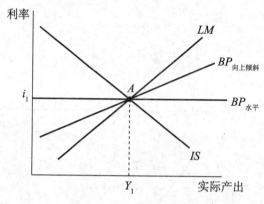

图 13.5 *BP* 曲线的斜率

同样重要的是，我们需要认识到，无论是向上倾斜或水平，*BP* 曲线都是能够移动的。例如，国外对于替代品看法的改变使 *BP* 曲线移动。这个变动是曲线截距的变化，因此，整个过程改变了。例如，在图 13.6 中，人们可以看到一个国家资产的风险程度上升如何导致 *BP* 曲线向上移动。因此，即使资本可以完全流动，不同国家间的利率也不相等，例如，印度尼西亚的风险溢价为正，从而使得投资者需要更多的溢价来投资于印度尼西亚的贸易赤字。然而，只要支付了特定的风险溢价，投资者就愿意为贸易赤字提供资金。

固定汇率下的货币政策

由于固定汇率的存在，国内央行不能实施独立的货币政策。如果国内和国外的资产是完全替代的，那么它们必须为投资者带来相同的回报。显然，在这种情况下，央行没有足够的空间在固定汇率下执行独立的货币政策。

图 13.7 说明了这种情况。当资产完全可替代时，国内利率 i 等于国外利率 i_F，

BP 曲线是一条水平线。任何高于 i_F 的国内利率将导致大量（无限）的资本流入，而国内利率低于 i_F 将导致大量资本外流。只有在国内利率为 i_F 的条件下国际收支才能达到平衡。

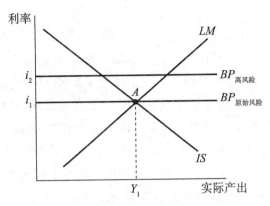

图 13.6　*BP* 曲线的移动

　　假设中央银行增加货币供给，LM 曲线从 LM 移动到 LM'。现在 IS-LM 均衡从 e 移动到 e'。当 e' 使得货币市场和商品市场处于均衡状态时，将会有大量的资本流出和官方结算赤字。这将迫使本国货币在外汇市场上贬值。为了维持固定汇率，央行必须干预并卖出外汇来购买本国货币。外汇市场的干预将减少国内货币供给量，并使 LM 曲线回到初始的 e 点。在资本完全流动的条件下，这些都将在瞬间发生，所以我们始终没有观察到 e 点的移动。任何降低货币供给量并使 LM 曲线向左移动的措施都将对利率和干预活动产生相反的效果，所以经济最终回到原点。

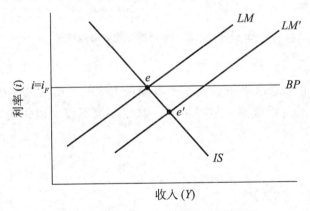

图 13.7　固定汇率下的扩张性货币政策

　　如果资本流动是不完全的，那么央行将会有一些改变货币供给量的机会。尽管如此，当国外利率不变时，为了维持固定汇率，任何政策最终都会要求完全相反的政策以抵消其对汇率的影响。但从本质上讲，这个抵消过程是随着时间推移而出现的，而不是瞬间发生的。

固定汇率下的财政政策

政府支出或税收方面的变化将使 IS 曲线移动。我们假设政府需要扩张性的财政政策。图 13.8 显示了这个政策的效果。在固定汇率、资本完全替代和完全资本流动条件下，BP 曲线在 $i = i_F$ 处呈水平状态。增加政府支出使 IS 曲线向右移动到 IS′。国内均衡从 e 点移动到 e′ 点，这意味着更高的利率和更高的收入。由于 e′ 点位于 BP 曲线上方，官方结算的国际收支平衡出现盈余，因为资本账户赤字的减少与较高的国内利率相关。为了阻止本国货币升值，央行必须增加货币供给量，并用本国货币购买外汇。货币供给量的增加使 LM 曲线向右移动。当货币供给量足够大时，图 13.8 中的 LM 曲线移到 LM′ 曲线，在 e″ 点处恢复平衡。在 e″ 点，利率回到 $i = i_F$，然而收入增加。

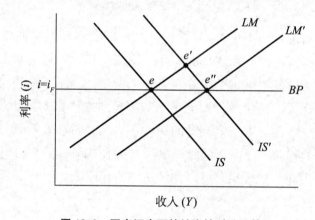

图 13.8　固定汇率下的扩张性财政政策

这一结果与上一节讨论的货币性扩张政策有显著的不同。在固定汇率和资本完全流动的条件下，货币政策在改变收入水平方面是无效的。这是因为在固定汇率条件下，政府无法实施独立的货币政策。与此相反，财政政策不仅可以影响收入，并且可以用来刺激国内经济。

浮动汇率下的货币政策

我们现在考虑浮动汇率和资本完全流动的情况。本节的分析与上两节讨论的固定汇率的明显不同之处在于浮动汇率条件下，央行不必干预外汇市场以维持特定的汇率。由于没有干预，经常账户盈余等于资本账户赤字，使得官方结算余额为零。另外，由于央行不会为了维持固定汇率而进行干预，货币当局可以根据需要改变货币供给量。浮动汇率制度的一个优点就是货币政策的独立性。

资产完全替代和资本完全流动的假设使得利率如前面的分析一样，即 $i = i_F$。同样，BP 曲线在 $i = i_F$ 处为一条水平线。只是现在国际收支平衡将意味着官方结算余额为零。汇率变化将引起 IS 曲线的移动。由于国内和国外商品价格固定，国内货币贬值将使得国内商品相对便宜，同时刺激国内出口。由于净出口占总支出的一部分，IS 曲线将向右移动。国内货币升值将降低国内净出口，并且导致 IS 曲线左移。

图 13.9 说明了扩张性货币政策的影响。货币供给量的增加使 LM 曲线向右移动到 LM'。虽然在 e' 点现有的利率和收入在货币市场和商品市场将达到均衡，但由于国内利率低于 i_F，资本账户将会出现较大的赤字（官方结算也会出现赤字）。由于现在的汇率制度是可浮动的，通过调整汇率直到均衡水平可以避免官方结算赤字。具体而言，官方结算赤字的压力引起本国货币贬值。这种贬值与 IS 曲线右移相关，因为国内出口将会增加。当 IS 曲线移动到 IS' 时，在 e'' 点获得新的均衡。在 e'' 点，收入增加，而且此时国内利率与国外利率相等。

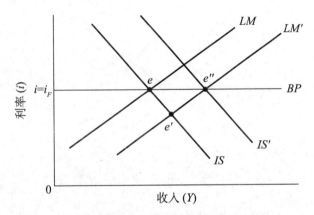

图 13.9　浮动汇率下的扩张性货币政策

如果货币发生紧缩而不是扩张，情况则相反。暂时的高利率会降低资本账户赤字，导致国内货币面临升值压力。随着国内净出口减少，IS 曲线向左移动直到在低收入水平下建立新的均衡点，并且利率恢复到原来的 i_F 水平。

与固定汇率相反，货币政策能改变浮动汇率条件下的收入水平。由于可以调整汇率以达到国际收支均衡水平，中央银行可以选择独立于其他国家的货币政策。这种浮动汇率和资本完全流动通常被称为开放经济的**蒙代尔-弗莱明模型**〔罗伯特·蒙代尔（1999 年诺贝尔经济学奖得主）和马库斯·弗莱明同为研究这个模型的两个早期研究人员〕。

浮动汇率下的财政政策

减税或政府开支增加引起的扩张性财政政策将使得 IS 曲线向右移动。此前已经表明了在固定汇率下，这样的政策将导致更高的国内收入水平。在弹性汇率条件下，我们将看到不同的情形。

在图 13.10 中，扩张性财政政策使 IS 曲线向右移动到 IS'。这种移动将导致在 e' 点出现中间平衡。在 e' 点，虽然商品市场和货币市场将处于均衡状态，但因为较高利率引起的较低资本账户赤字将会造成官方结算盈余，由于汇率可以自由调整以消除收支盈余，IS 曲线和 LM 曲线的交点不能保持在 BP 曲线上方。

官方结算盈余导致国内货币升值。货币升值将减少国内的出口，增加进口。由于净出口下降，IS 曲线左移。当 IS 曲线通过点 e 返回到初始均衡位置时，所有市场恢复均衡。请注意，最终的均衡发生在 i 和 Y 的初始水平。在浮动汇率下，财政政策对于改变收入水平是无效的。扩张性财政政策对收入没有影响则说明出现了完全的**挤出**（crowding out）过程。因为扩张性财政政策引起的货币升值降低了净出口水平，正好抵消了财政政策对收入的影响，因而出现了挤出效应。

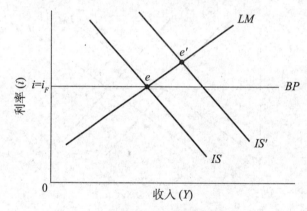

图 13.10　浮动汇率下的扩张性财政政策

使用 IS-LM-BP 分析方法分析亚洲金融危机

如图 13.11 所示，亚洲金融危机是一个有趣的实例，它说明了如何用 IS-LM-BP 框架解释真实事件。在 1997 年初，外国投资者开始担心泰国的资产风险高于其他国家。因此，泰国资产和其他国家的资产已不再是完全的替代品。相反，外国投资者需要一个更高的风险溢价来持有泰国资产。这使得 BP 曲线从 BP_1 移动到 BP_2。原来的起点 A 不再是一个可以维持的平衡，因为在不同的利率水平下资本流动发生变化。为了维持固定汇率，泰国银行不得不买入泰铢并且卖出美元的外汇储备，导致泰国货币供给量的减少。这使得 LM 曲线从 LM_1 移动到 LM_2。这种货币紧缩政策造成国内利率大幅上升，从而挤出国内私人投资。泰国陷入严重的经济衰退。

在艰难地维持固定汇率一段时间后，泰国政府和泰国央行不得不决定允许汇率浮

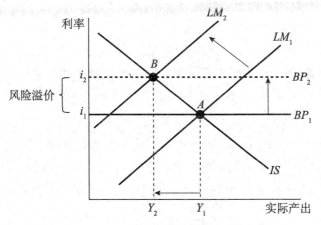

图 13.11　固定汇率下的亚洲金融危机

动。在图 13.12 中，货币政策不受影响，例如 LM 曲线。然而，一旦允许泰铢自由浮动，贬值立刻发生，货币贬值导致国内竞争的增加，如图 13.12 所示，IS 曲线从 IS_1 向外移动到 IS_2。

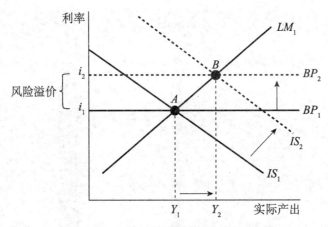

图 13.12　一旦汇率浮动下的亚洲金融危机

贬值使得泰国经济开始恢复。然而，投机者的信心快速上升，他们继续影响着邻国，造成危机在东南亚地区蔓延。

常见问题：谁造成了亚洲金融危机？

索罗斯，对冲基金投资者，往往被指责为亚洲金融危机的制造者。虽然他承认在 1997 年对泰铢进行投机，但是他辩称，通过向当局传达泰铢被高估的信号，投机帮助泰国政府。索罗斯认为，如果泰国央行早些时候允许泰铢自由浮动，那么亚洲金融危机是有可能避免的。

在 1997 年初，以索罗斯为首的量子基金用 7 亿美元对赌泰铢。另一家以朱利安·罗伯逊为首的老虎基金，在同一时间用 30 亿美元对赌泰铢。而泰国央行并没有允许泰铢自由浮动，而是在接下来的 6 个月内花费 300 亿美元来维持汇率固定。泰国央行的行动导致了投机者的损失，但使得投机者们更坚定地继续对赌泰铢。对冲资金知道在这种情况下泰国央行不可能长时间维持汇率稳定，它们重新下了赌注。仅仅一天，在 1997 年 5 月 14 日，投机者们已经押注 100 亿美元对赌泰铢。日本银行决定将资产从泰国移走更加重了泰国的问题。日本银行是泰国最大的投资者之一，但已经受到其国内债务违约的损失。因此，它们很快从泰国撤出其资产。

由于来自投机者的压力，加上内部的政治压力，最终 1997 年 7 月 2 日泰铢被迫自由浮动。下图显示了 1997 年泰铢的崩溃。泰铢围绕大约 25 泰铢兑 1 美元的汇率进行轻微波动直到央行在 1997 年宣布泰铢浮动。消息公布后，泰铢大幅贬值至略高于 50 泰铢兑 1 美元，而后小幅回升至约 40 泰铢兑 1 美元。

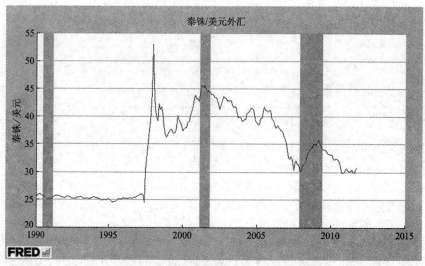

泰铢/美元外汇

一美元可以兑换的泰铢（1990—2011 年）

资料来源：Board of Government of the Federal Reserve System.

单日贬值近 20% 时，那些长期坚持投机泰铢的投机者获得丰厚的报酬。

那么，为什么不早点让泰铢浮动呢？固定汇率鼓励银行和企业不承担汇率风险。因此，银行拥有美元短期贷款和对泰铢的长期投资。泰铢的贬值将给泰国银行造成困难，支付债务的成本将超过其长期投资回报。对许多发展中国家来说，这是一个典型范例，即许多发展中国家鼓励借用发达国家丰富的资本进行本地投资。因此，泰国的银行持有大量的美元贷款和泰铢付款。美元贬值后，大部分银行和金融公司破产，在 1997 年底有超过 50 家银行和金融机构被泰国政府接管。

国际政策协调

从 20 世纪 70 年代初开始，主要发达国家普遍实行浮动汇率。在本章分析过的 *IS-LM-BP* 模型已经表明，财政和货币政策可以对浮动汇率产生较大影响。经济学家一直在争论如何协调各国政策，因为汇率波动对世界贸易具有潜在的破坏性影响。

存在于发达国家的高度资本流动性暗示，导致国内利率与给定外币利率不同的国家财政政策，将因外汇变化对净出口的影响而被撤销，如图 13.10 所示。例如，许多经济学家认为，20 世纪 80 年代初美元价格急剧上升是由于美国政府随后的扩张性财政政策所造成。怎样将这样的利率波动风险降到最低？如果所有国家协调其国内政策并同时刺激本国经济，世界利率会上升。因此，对于特定国家（如上例中的美国）的汇率变化压力将消失。但如图 13.10 所示，问题在于当世界其他国家保持政策不变从而 i_F 不变的同时，一个国家试图遵循扩张性政策将导致一些问题。如果 i_F 与 i 同时上升，*BP* 曲线将向上移动，国际收支平衡将与较高的利率相联系。

同样，如果央行的协调政策使得 i_F 随 i 变动，货币政策引起的汇率和净出口变动可以得到缓解。现在已经有了许多协调外汇市场干预的例子，如一组中央银行集团联合采取政策旨在使美元贬值或升值时。这些政府干预行为相互协调，旨在维持其本国货币兑美元价值稳定，同时也使国内的货币政策与其他国家维持一致。如果美国实行一个相对于日本的扩张性货币政策，美国利率相对于其他国家的利率可能下降，因此，将引起更大的资本账户赤字和美元贬值压力。如果各央行决定共同努力以阻止美元贬值，在外汇市场上，日本将用本国货币购买美元，而美联储也将出售其外汇以购买美元。这将导致日本的货币供给量较高而美国的货币供给量较低。协调干预将使不同国家的货币政策保持一致。

赞成国际政策协调的基本论点是这种协调可以稳定汇率。在独立的货币政策以及自由浮动汇率条件下，汇率的稳定能否提供任何实质性的好处，这是一个备受争议的问题。一些专家认为，当货币被高估或者低估时，采取协调货币政策来稳定汇率或将汇率波动缩小到一个范围较小的目标区域内可以减少国际商品和金融资产贸易的不稳定性。这种观点强调，在日益一体化的世界经济中，似乎应该在国际范围内制定国家经济政策，而不应该不考虑国际影响只简单专注于国内政策目标。

另一种观点是，大多数的汇率变化来源于实体经济冲击，并应考虑永久性的变化。这种观点认为，不存在货币高估或低估这类问题，因为汇率始终处于与给定的目前经济条件相适应的平衡状态。此外，政府通过干预外汇市场而使名义汇率调整到某些特定水平，并不能改变国际商品真正的相对价格，因为价格水平最终将适应于新的名义汇率。这种观点认为，政府的政策最好是旨在降低通货膨胀和实现国内经济稳定。

最近几年，国际政策协调的适用程度和形式一直是国际金融的热点问题之一。尽管许多著名的经济学家已经加入这一领域的研究，但现实的问题是不同国家的政府有不同的政策目标，它们看待当前的经济形势的方式也并不相同。制定国际政策协议要比纯粹的学术辩论复杂得多，学术辩论往往认为政府是在当前存在的问题以及针对这些问题的替代政策的影响上意见一致。不过，国际金融学者的研究有助于人们更好地理解现实世界的复杂性，而政府官员必须正视这些复杂性。

小结

1. 在一个开放的经济体中，理想的经济状况是同时实现内部均衡和外部均衡。

2. 内部均衡是指国内的商品市场和货币市场处于平衡，失业率处于自然水平。

3. 外部均衡需要国际收支处于平衡状态。这些条件包含官方结算余额为零，即经常账户盈余必须等于资本账户赤字。

4. IS 曲线代表在商品市场均衡时（即流出等于注入）收入和利率水平的组合。

5. LM 曲线代表在货币市场均衡时（即货币需求量等于货币供给量）收入和利率水平的组合。

6. BP 曲线代表国际收支均衡时（即经常账户盈余等于资本账户赤字）的收入和利率水平的组合。

7. 当三条曲线在一点相交时，内部和外部均衡同时实现。

8. 造成 IS 曲线移动的因素是国内物价水平的变化、汇率的变化和财政政策变量的变化。

9. 造成 LM 曲线移动的因素是货币供给量的变化。

10. BP 曲线的斜率取决于资本流动的程度。如果两个国家处于完全的资本流动状态下，则 BP 曲线是水平的。

11. 移动 BP 曲线的因素是对资产可替代性认识的变化。

12. 凭借资本完全替代和资本完全流动，国内利率等于国外利率。

13. 在固定汇率条件下，一个国家不能实行独立的货币政策来改变国内收入。只有财政政策才能有效地改变均衡收入。

14. 在浮动汇率条件下，货币政策可有效改变国内收入。然而，财政政策对改变收入是没有影响的，因为国际收支调整将产生挤出效应。

15. 国际政策协调是一种想法，旨在通过协调每个国家的财政和货币政策以取得稳定汇率的最好国际效果。

练习

1. 解释封闭经济和开放经济之间的差异。也解释在两种不同类型的经济之问，实现内部均衡有什么不同？

2. 分析在固定的价格水平、资本完全替代和资本完全流动的条件下，开放型经济的 IS-LM-BP 模型。经济体最初是处于内部和外部均衡状态。

a. 解释为什么 BP 曲线在 $i = i_F$ 时是一条水平线，其中 i 是国内名义利率，i_F 是国外名义利率。

b. 解释什么是经济的内部均衡和外部均衡。

3. 在问题 2 中，假设现在国内经济决定减少货币供给量。

a. 这种货币政策对国内的商品市场、货币市场、外汇市场和国际收支平衡的最初影响是什么？哪条曲线将移动？

b. 固定汇率下的调整机制是什么？说明和解释在调整期间哪条或哪些曲线将移动，并且对新的平衡与初始平衡进行比较。

c. 浮动汇率下的调整机制是什么？说明和解释在调整期间哪条或哪些曲线

将移动，并且对新的平衡与初始平衡进行比较。

4. 在问题 2 中，假设现在本国政府决定增加政府支出。

a. 这种财政政策对国内的商品市场、货币市场、外汇市场和国际收支平衡的最初影响是什么？哪（些）条曲线将移动？

b. 固定汇率下的调整机制是什么？说明和解释在调整期间哪条或哪些曲线将移动，并且对新的平衡与初始平衡进行比较。

c. 浮动汇率下的调整机制是什么？说明和解释在调整期间哪条或哪些曲线将移动，并且对新的平衡与初始平衡进行比较。

5. 如果一个国家有国际收支顺差，政府采取何种政策来恢复国际收支平衡？这对国家的收入有什么影响？

6. 什么是国际政策协调？解释为什么在实践中采取国际政策协调是困难的。

延伸阅读

Canzoneri, M., Cumby, R. E., Diba, B. T., 2005. The need for international policy coordination: what's old, what's new, what's yet to come? *J. Int. Econ.* 66 (2), 363-384.

Fan, L. S., Fan, C. M., 2002. The Mundell-Fleming model revisited. *Am. Econ.* 46 (1), 42-49.

Fleming, M., 1962. Domestic financial policies under fixed and under floating exchange rates. IMF. Staff. Pap. November.

Ghosh, A., 1986. International policy coordination in an uncertain world. *Econ. Lett.* (3).

King, M., 2001. Who triggered the Asian financial crisis? *Rev. Int. Polit. Econ.* 8 (3), 438-466.

Melvin, M., Taylor, M., 2009. The crisis in the foreign exchange market. *J.*

Int. Money. Financ. 28 (8), 1317-1330.

Mundell, R. A., 1963. Capital mobility and stabilization policy under fixed and flexible exchange rates. *Can. J. Econ.* November.

Obstfeld, M., Rogoff, K., 1995.

Exchange rate dynamics redux. *J. Polit. Econ.* June.

Soros, G., 2000. Open society: Reforming global capitalism. Public Affairs, New York.

附录 13A：开放经济乘数

假设利率是不变的，我们可以用本章阐述过的宏观经济模型分析国家收入均衡水平变化的效果。我们从显示在图 13.2 下部的宏观经济平衡的基本条件开始：

$$S+T+IM=I+G+X \tag{13.A1}$$

在平衡状态下，储蓄加上税收加上进口的计划水平必须等于投资加上政府支出加上出口的计划水平。要找到国民收入（Y）和净出口（$X-IM$）的平衡水平，我们就必须对方程（13.A1）中的变量做出一些假设。具体来说，我们认为储蓄和进口依赖于国民收入水平。国内的收入越高，更多的人希望储蓄，更多的人想在进口上花钱。人们想要储蓄的任何额外收入的部分被称为边际储蓄倾向，我们将它表示为 s。人们想要花费在进口商品上的任何额外收入的部分被称为边际进口倾向，我们将它表示为 m。因此，$S=sY$ 和 $IM=mY$。方程式（13.A1）中的其余变量——T，I，G 和 X——被认为是由国内收入以外的因素决定的。

有了这些假设，我们可以用新的 S 和 IM 进行替换并且更新方程（13.A1）如下：

$$sY+T+mY=I+G+X \tag{13.A2}$$

合并 Y 项，从方程式两边减去 T，我们得到 $(s+m)Y=I+G+X-T$。对 Y 的平衡式求解得到：

$$Y=(I+G+X-T)/(s+m) \tag{13.A3}$$

如果 I，G 或 X 增加 1 美元，均衡水平上的 Y 会增加 $1/(s+m)$ 乘以 1 美元。T 的增加会导致 Y 下降。$1/(s+m)$ 被称为开放经济乘数。这个乘数等于边际储蓄倾向（s）与边际进口倾向（m）之和的倒数。由于 s 和 m 都是某些小于 1 的分数，我们预计这个乘数将超过 1，所以 I，G 或 X 支出的增加将导致均衡国民收入水平的上升超过支出的变化。

让我们来考虑这种乘数效应的一个例子。假设我们返回到重新绘制在图 13A.1 中的图 13.2 模型。在这个经济模型中，边际储蓄倾向为 0.3，边际进口倾向为 0.2，税收等于 20，投资、政府支出和出口各等于 10（假设单位是十亿美元）。在这种情况下，由下式给出宏观经济模型：

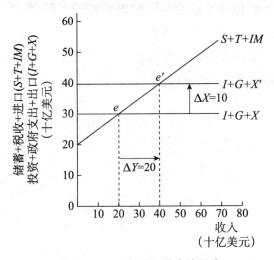

图 13A.1 出口增加带来的影响

$$S+T+IM=0.3Y+20+0.2Y=0.5Y+20 \tag{13.A4}$$

和

$$I+G+X=10+10+10=30 \tag{13.A5}$$

在图 13A.1 中，这两个方程被绘制成 $S+T+IM$ 曲线和 $I+G+X$ 曲线。交点出现在 e 处，在此点国民收入均衡水平等于 200 亿美元。

收入均衡水平可以利用方程（13.A3）求得，并且替代每个变量的给定值：

$$Y=(I+G+X-T)/(s+m)=10/0.5=20 \tag{13.A6}$$

无论我们用代数还是几何的方法求解均衡水平 Y，我们得到的解均为 200 亿美元。

如果出口增加，情况又将如何？例如，我们假设出口从 100 亿美元增加到 200 亿美元。在图 13A.1 中，$I+G+X$ 曲线由于增加了出口数量而向右移动到 $I+G+X'$ 曲线。这两条曲线是平行的，因为二者的差异为一个恒定的 100 亿美元——在每一个收入水平上出口增加的幅度。新的收入均衡水平出现在收入均衡水平为 400 亿美元的交点 e'。注意到，当出口增加 100 单位时，收入增加 200 个单位，从原来的 200 单位均衡点移动到新的 400 单位均衡点。由于国民收入均衡水平的增加幅度是出口增加幅度的两倍，此时的开放经济乘数为 2。用代数方法，该乘数为 $1/(s+m)$，在这个例子中，乘数为 $1/(0.3+0.2)=1/0.5=2$。在我们的例子中，I，G 或 X 的增加将会导致 Y 以两倍于支出的幅度增加。

这个乘数效应背后的直觉，我们已经在经济学原理的课程中讲过。如果支出，比如出口支出，在某些行业增加，那么受雇于该行业的人员收入状况也会出现增加。这些受聘的资源所有者，如劳工等，将会增加他们在商品、服务方面的支出，并进一步刺激生产从而更进一步增加收入和支出。这种乘数效应创造的价值是有限的，因为并不是增加的所有收入都会被用作对国内产品的支出。一些收入会存到银行，而另一些则会用来购买进口商品。储蓄和进口起到了从国内消费中流出从而限制乘数大小的作用。边际储蓄倾向和边际进口倾向越大，乘数越小。

在真实世界中，由于来自其他国家的税收和反馈效应，乘数效应会更加复杂。然而，重要的一点是，乘数效应的基本原理仍然存在，即支出的变化将会导致更大的国民收入变化。稳定的经济增长需要稳定的消费增长。

第十四章

货币分析法

货币分析法的基本前提是，任何国际收支不均衡或汇率变动是基于货币的不均衡，即人们希望持有的货币量和货币当局的货币供给量存在差异。简单地说，一方面，如果人们需求的货币量多于中央银行供给的货币量，则超过部分将以货币形式从国外流入或货币发生升值；另一方面，如果央行（在美国为美联储）提供的货币多于需求量，则过量供给的货币将以货币的形式流出到其他国家或货币发生贬值。因此，货币分析法强调货币需求和货币供给的决定因素。货币分析法可以分为固定利率和浮动汇率两方面。如果汇率是固定的，那么货币分析法适用于国际收支平衡。在这种情况下，我们称之为**国际收支平衡货币分析法**（monetary approach to balance of payments，MABP）。相反，如果汇率是浮动的，则该方法用来解释汇率波动，称之为**汇率货币分析方法**（monetary approach to exchange rates，MAER）。这两种方法将在本章进行讨论。

在学习货币分析法之前，通常强调国际贸易流动是汇率的主要决定因素。传统方法强调消除汇率变动在国际贸易不均衡中发挥的作用。基于此，当前具有贸易顺差国家的货币应该升值，而具有贸易赤字国家的货币应该贬值。但是很明显，世界不是以这种简单方式运作的。我们已经看到了在一些情况下，贸易顺差的国家发生货币贬值，而贸易赤字的国家发生货币升值。本章考虑另一种对国际收支失衡和汇率变动原因的解释。

实物流动机制

货币分析法有悠久和杰出的历史，现在该方法的流行是对过去方法的再发掘而不是一种创新。事实上，最近的文献中经常使用"贸易均衡"这一术语，由大卫·休谟于1752年在《贸易平衡》（*Of the Balance of Trade*）一书中提出（它反映了对这一问题的早期研究）。休谟写道：

> 假设在Harrys和Edwards统治时期，英国的货币一夜之间消失五分之四，那么一切商品的价格将会相应下降，后果是什么呢？是不是所有劳动和商品的价格必须按比例下降，每一件东西会像其所处时代一样便宜出售吗？在这样的价格条件下，还有哪个国家能在国际市场上与英国竞争，或以与英国同样的价格从事海运和出售工业品呢？用不了多长时间，英国会弥补它的货币量并达到邻国的水平。当达到这一水平后，英国就会立即丧失其廉价商品和廉价劳动力的有利条件，外国货币也就不再流入英国。

休谟的分析是一种严格的价格和国际收支平衡的货币分析法。如果英格兰的货币存量突然减少五分之四，我们知道，从经济学原理上讲就是价格水平将急剧下降。下降的价格水平会给英格兰带来超过外国竞争对手的价格优势，导致其出口上升、进口下降。当国外货币（在休谟的时代为黄金）注入时，英国的货币供给量又将上升，其价格水平会随之上升。该过程将持续，直到英格兰的价格达到其竞争对手的水平，系统再次处于平衡状态。

货币分析法

在运用模型分析之前，我们应该考虑一些基本概念和假设。在宏观经济学原理中，我们了解了美联储通过改变基础货币量控制货币供给量（通货加商业银行存款准备金）。随着基础货币量的变化，商业银行的贷款能力也发生变化。基础货币量的增加往往导致货币供给量的扩张，而基础货币量的降低则会导致货币供给量收缩。而基础货币一般由两部分组成：国内和国际部分。基础货币量的国内部分被称为国内信贷，其余构成国际储备（能够被用来偿还国际债务的货币，主要为外汇）。

国内商品或金融资产的超额需求、过剩供给导致的国际资本流动影响着基础货币量，从而影响货币供给量。例如，如果一个美国出口商收到付款的外币，他将通过美国的商业银行把外币兑换成美元并存入其账户。如果商业银行没有使用外币，银行将向美联储把外币兑换成美元。美联储通过购买外币创造了新的基础货币，提高了商业银行和美联储的存款准备金。因此，美联储积累了国际储备，带来基础货币的扩张。在国内货币供给过剩的情况下，为了将基础货币量降低到预期的水平，要么降低国内信贷，要么降低国际储备。

现在我们来构建一个简单的货币分析模型。通常的假设是，我们分析的对象是一个小型的开放经济体。当一个国家的活动不影响国际商品价格或国际利率时，这个国家被定义为小型经济体。当一个国家积极参与国际交易时，这个国家被定义为"开放"。我们可以根据开放程度或依赖国际交易的程度将国家分类。根据美国 GDP 相对于国际贸易值的大小，将美国定义为相对封闭的国家，而比利时则是相对开放的国家。

货币分析法的一个重要假设是货币需求是稳定的。这意味着，货币需求、收入和价格之间的关系不会随着时间而发生显著变化。如果没有一个稳定的货币需求，货币分析法不能提供有用的分析框架。货币需求公式如下：

$$M^d = kPY \tag{14.1}$$

其中 M^d 是货币需求量，P 为国内价格水平，Y 是实际收入或财富，k 为常量，表示货币需求将如何影响给定的 P 或 Y。方程式（14.1）经常被表述为"货币需求是价格和收入的函数"，或"货币需求依赖于价格和收入"。通常收入越高，人们用以购买商品的货币越多。价格水平越高，用来购买给定数目商品的货币越多。因此，货币的需求随着 P 或 Y 增加而上升。

如果 M^s 代表货币供给，R 代表国际储备，D 代表国内信贷，我们能够写出货币供给关系如下[①]：

$$M^s = R + D \tag{14.2}$$

如果 P 代表国内价格水平，E 代表外汇的国内货币价格，P^F 代表外汇价格，我们可以写出在第七章定义的价格规律方程式如下：

$$P = EP^F \tag{14.3}$$

最后，我们假设货币市场平衡，则货币需求量等于货币供给量，或

$$M^d = M^s \tag{14.4}$$

汇率调整机制的存在可以确保方程两边达到平衡。在固定汇率下，通过货币的国际流动，货币供给量调整到与货币需求量一致。在浮动汇率下，货币需求经汇率变化调整到与由央行设定的货币供给量一致。在有管制的浮动汇率下（理论上是浮动汇率，但中央银行将干预汇率使其保持在理想水平），我们可以利用国际资金流动和汇率的变化。随后，我们将对这三种情况进行分析。

现在，我们将模型扩展到对国际收支平衡和汇率变化方式的分析上。我们将方程

---

① 我们假设基础货币量和货币供给量相等。实际上，货币供给量是基础货币量的某些倍数。为了简化分析，我们假设倍数是 1。

（14.3）代入方程（14.1）。

$$M^d = kEP^FY \tag{14.5}$$

将方程式（14.5）和（14.2）代入方程式（14.4），我们得到：

$$kEP^FY = R + D \tag{14.6}$$

最后，我们以货币需求量和货币供给量百分比变化的形式研究方程式（14.6）。因为 k 是一个常量，变化为 0，因此剔除 k 的分析，我们得到以下方程，其中 "~"① 表示百分比变化：

$$\hat{E} + \hat{P^F} + \hat{Y} = \hat{R} + \hat{D} \tag{14.7}$$

由于我们的目标是解释汇率的变化或国际收支平衡，为此，我们将 $\hat{R}$ 和 $\hat{E}$ 移到方程式左侧，重新整理方程式（14.7）得到：

$$\hat{R} - \hat{E} = \hat{P^F} + \hat{Y} - \hat{D} \tag{14.8}$$

这表明储备变化的百分比（国际收支余额）减去汇率变化的百分比等于国外通货膨胀率变化的百分比加上实际收入增长变化的百分比减去国内信贷变化的百分比。

在固定汇率下，$\hat{E} = 0$，我们得到国际收支平衡的货币分析方法。当汇率变化等于 0 时，货币分析方程式（14.8）简化为：

$$\hat{R} = \hat{P^F} + \hat{Y} - \hat{D} \tag{14.9}$$

在另一个极端情况下，没有央行干预的完全浮动汇率导致储备流 $\hat{R}$ 等于零，因为储备量没有变化。在这种情况下，一般方程式（14.8）可以写成汇率的货币分析法：

$$-\hat{E} = \hat{P^F} + \hat{Y} - \hat{D} \tag{14.10}$$

国际收支平衡的货币分析法

我们可以在国际收支账户（见第三章，回顾国际收支概念）中划出一条线，使当前的和私人的资本账户位于该线之上，只有直接影响货币供给量的那些项目位于该线之下。这种平衡通常被称为官方结算平衡，是指官方持有的黄金、外汇、特别提款权及在国际货币基金组织储备方面的变动。这让我们把注意力集中在收支平衡的货币方面。

在固定汇率 $\hat{E} = 0$ 时，我们得到国际收支平衡的货币分析法。回想一下，汇率变动等于零，国际收支平衡的货币分析法（$MABP$）如方程式（14.9）所示。这个方程式表明储备量的变化等于国外的通胀率加上实际收入增长的百分比，减去国内信贷的

---

① 在方程式（14.7）中，$\hat{R} + \hat{D}$ 实际上作为 $R + D$ 的函数随着货币供给量变化而变化，或者是储备变化加上国内信贷变化除以货币供给量，所以 $\hat{R} = R/M$，$\hat{D} = D/M$。

变化。因此，在固定汇率下，价格和收入保持稳定情况下（因此货币需求不变）的国内信贷增长将导致国际储备减少。这意味着，如果央行扩大国内信贷，创造过量的货币供给，储备将流出，或出现收支逆差。相反，减少国内信贷将导致货币需求过剩，因为货币需求对于一个给定的 $\hat{P}^F$ 和 $\hat{Y}$ 是不变的；然而因为 D 下降，R 将增加，因为中央银行为了使货币供给等于货币需求从而在市场上购买外汇并注入本国货币。

按照前面给定的模型框架，我们可以考虑货币分析法的内在含义并将其扩展。首先，购买力平价假设意味着央行必须在汇率或国内价格水平之间作出政策选择。因为 $P=EP^F$，在固定汇率下，E 是常量。因此，保持固定的 E 值意味着国内物价水平将与世界其他地区相一致。这就是人们讨论的进口通胀。如果国外的物价水平快速上升，那么我们的价格必须遵循这种增长以保持固定的 E 值。另一方面，在浮动汇率下，E 可以自由变化到任何水平，因此，我们可以选择独立于世界其他地区的本国通胀率。如果我们选择一个比国外低的通货膨胀率，那么购买力平价理论表明，我们的货币将趋于升值。选择国内通胀率或汇率具有重要的经济意义和政治意义，各国央行行长往往要经过深思熟虑才能做出选择。

在这一点上，关于在短期内购买力平价如何运作有两种不同的观点，这两种观点暗示着不同的调整机制，这种调整机制如国外价格水平变化一样随世界经济变化而变化。一种观点认为，即使在短期内，购买力平价也应保持不变。在这种情况下，国外价格的变化立即引起国内的价格和货币需求或货币供给量相应变化。另一种观点是遵循休谟前面的理论，价格通过国际收支缓慢调整影响货币供给。因此，如果国外价格相对国内价格上涨，我们倾向于出售更多的商品给外国人并获得较大的贸易顺差。由于我们从这些商品的销售中获得国际储备，随着时间的推移，我们的货币供给量上升，价格上升，直到购买力平价恢复。

这两种方法的主要区别在时间方面。第一种情形假定购买力平价在短期内成立，因为国际储备流动将自发调整到新的均衡水平。利用金融资产交易实现快速调整，导致国际资本流动。由于金融资产很容易购买和出售，所以容易理解为什么许多人认为在短期内购买力平价应该成立（忽略相关价格的影响）。第二种情况假定购买力平价成立，但仅在长期成立。这种观点强调在国际调整中商品市场的作用。由于商品价格是缓慢调整的，从购买力平价发生短期偏离从而造成我们前面讨论过的一些影响。由于价格是缓慢调整的，我们有理由怀疑在短期内购买力平价是否一定成立。此外，购买力平价并不完全取决于商品市场。相比于商品市场的调整，国际资本流动可以更快地调整国际收支均衡。

我们可以将国际收支平衡的货币分析法的政策含义总结如下：

1. 国际收支失衡本质上是货币现象。因此，如果不过度依赖扩张性货币政策以满足政府支出，国家不会持有长期赤字（或结构性赤字）。

2. 国际收支失衡是暂时的。如果汇率保持固定，为了维持长期赤字，国家将最终用尽国际储备。

3. 可以用国内货币政策而不是汇率调整的办法处理国际收支失衡。汇率贬值是减少国内信贷增长的一个替代方法，因为贬值相对世界其他国家来说降低了本国的货币价值（相反，货币升值是增加国内信贷增长的替代方法）。紧随贬值，如果不改变贬值的内在货币原因，那么未来的贬值将抵消货币供给过剩。

4. 如果国内收支失衡不能通过国内信贷的增加予以消除，国内收支失衡可以通过货币需求量的增加从而增加国内收入得以改善。

汇率的货币分析法

到目前为止，我们只讨论了国际收支平衡的货币分析法，在固定汇率或金本位下，这是一个很好的方法。对于世界来说，在浮动汇率下，我们可以使用汇率货币分析法（MAER）。固定汇率和浮动汇率的分析十分重要。当两个国家之间汇率固定时，我们会观察到为了调节失衡，资金在国家间流动。在浮动汇率制度下，汇率可以随自由市场的供需力量而波动。在出口流量等于进口流量以致没有国际货币净流动时，自由市场均衡汇率产生。国际经济学家指出货币流动或汇率变动的选择与国际调节机制的选择一样。在固定汇率下，国际货币条件变化的调节是通过国际货币流动而发生的；而在浮动汇率下，调节是通过汇率变动而发生的。

MAER 方程式直接来源于公式（14.8）。自由市场条件下的汇率意味着没有央行干预，此时 $\hat{R} = 0$，所以 MAER 分析法变成：

$$- \hat{E} = \hat{P^F} + \hat{Y} - \hat{D} \tag{14.11}$$

按照 MAER 方程式，给定常量 $\hat{P^F}$ 和 $\hat{Y}$（以致货币需求是常量），国内信贷增加将导致 $\hat{E}$ 增加。因为 E 表示每外币单位兑换多少国内货币单位，$\hat{E}$ 的增加意味着国内货币贬值。在 MAER 下，国内货币政策将不会引起国际货币的流动，但将导致汇率变化。在方程式（14.11）中，$\hat{P^F}$ 和 $\hat{Y}$ 引起的变动与 $\hat{E}$ 相反的事实说明通胀的变化和收入的增长将引起汇率向相反的方向变化。例如，如果 $\hat{P^F}$ 和/或 $\hat{Y}$ 增加，我们知道货币需求增加。而当国内信贷不变时，我们对货币存在超额要求。当人们试图增加他们手中的货币时，我们就可以观察到 $\hat{E}$ 的降低或者国内货币的升值。

有管制的浮动汇率的货币分析法

到目前为止，我们已经讨论了固定汇率或浮动汇率的情况，但什么是有管制的浮动汇率分析框架？请记住，有管制的浮动意味着，虽然理论上汇率是浮动的，由市场供给和需求的力量确定，但有时中央银行干预限制汇率，让汇率保持在某一特定水平。因此，有管制的浮动汇率具有固定汇率和浮动汇率的双重属性，供需的变化将影响汇率，但央行也将改变国际储备以影响汇率。为了考虑国际储备及汇率变动，我们可以直接回到最初的方程式（14.8）。我们可以看到，在给定的货币需求或货币供给量的变化下，中央银行可以选择让 $\hat{E}$ 调整到自由市场水平，或者在某些不平衡状态下维持 E 不变，从而调整 $\hat{R}$。

冲销

冲销（sterilization）是中央银行希望保持独立的货币政策，从而采取措施抵消国际储备流动。根据国际收支平衡的货币分析法（在固定汇率条件下），如果一个国家货币供给过量，这个国家往往会失去大量国际储备或出现赤字，直到货币供给量等于货币需求量。中央银行要么希望货币供给量高增长，要么希望货币供给量低增长。例如，如果央行希望刺激经济，它就可能希望货币供给量保持高增长。如果央行希望货币供给量保持高增长，且为了应对赤字进一步提高货币供给，那么赤字将会增加，只要央行坚持使货币供给量超过货币需求量，那么赤字就不可能消失。在存在超额货币需求的情况下，上述情况正好相反。超额需求导致储备资金流入使得货币需求等于货币供给。如果央行试图减少货币供给量并维持超额需求，那么会有更多的外汇储备流入，只要央行坚持使货币供给小于货币需求，外汇储备的流入将不可能停止。

冲销允许货币当局在短期内稳定货币供给，并无须利用货币储备抵消其最初的目标。如果国际套利活动缓慢，这是有可能的。例如，如果一个国家存在国际资本流动壁垒，我们将预期国际资产收益率差额将持续下去，并改变其经济状况。如果央行希望在短期内增加货币供给量，不管货币需求和储备流动情况怎样，它都可以这么做。从长远来看，当资产价格完全调整时，货币供给的增长必须与货币需求的增长一致。然而，从短期来看，央行有一定的自由选择权。

冲销的实际使用来源于为了达到央行货币供给量目标，央行必须抵消或消除货币政策造成的储备流动。例如，如果央行按照某种路径来维持货币供给的增长，货币将会增加需求，从而导致储备流入，央行必须冲销这些储备的流入，以防止货币供给上升到一定的不良水平。这种冲销往往通过减少一定数量的国内信贷直到与国际储备的增长一致，从而保持基础货币和货币供给量不变。

再回想一下方程式（14.9）关于国际收支平衡的固定汇率货币分析方法。对于给定的货币需求，国内信贷的增长将会使 $\hat{R}$ 值下降，这是 $\hat{D}$ 和 $\hat{R}$ 共同作用的结果。如果发生冲销，则方程式（14.9）中包含的因果关系就不再成立。在之前的方程式中，国内信贷的变化（$\hat{D}$，在方程式的右侧）导致储备变动（$\hat{R}$，在方程式的左侧）。而与之前我们推出的货币分析方程式不同，伴随着冲销，为了抵消储备流动，储备和国内信贷都将发生变化。冲销意味着外汇储备变动与国内信贷变化之间存在一定关系，如

$$\hat{D} = \alpha - \beta\hat{R} \tag{14.12}$$

其中 β 是冲销系数，取值范围从 0（没有冲销）到 1（完全冲销）。方程式（14.12）指出，国内信贷的百分比变化等于央行国内政策目标决定的恒定量（α）减去冲销系数 β 乘以储备百分比变化之积。β 系数反映央行使用国内信贷抵消储备流动的能力。当然，这是可能的，中央银行不能完全抵消国际储备的流动，但仍然有部分冲销作用，在这种情况下，β 取值介于 0 和 1 之间。其实 β 不但有两个极端值，还有一个中间值。一些实例可以说明央行在短期内能够冲销储备变动的大部分。这意味着虽然长期货币增长必须与货币需求保持一致，但货币当局在短期内可以选择货币供给的增长率。

冲销干预

到目前为止，我们已经讨论了固定汇率条件下的冲销。现在让我们考虑在浮动汇率制度下冲销操作如何发生。假设日元对美元升值，日本央行决定干预外汇市场，提高美元价值，并阻止日元升值。为了购买以美元计价的债券，日本央行增加国内信贷。增加对美元债券的需求将导致外汇市场对美元需求的增加。这将使得美元的外汇价格上升。现在假设日本央行有一个货币供给的目标水平，这需要在某种程度上冲销国内信贷的增加。央行将在市场出售以日元计价的债券，减少国内的货币供给量。最初，日本国内货币供给量通过国内信贷的增长而增加。由于日本央行采用公开市场操作（正式术语为央行购买和销售国内债券），减少国内信贷，货币供给量最终返回到其初始水平。在这种有管制的浮动汇率情况下，日本央行使用冲销干预，实现日元升值速度放缓的目标，同时保持日本的货币供给不变。冲销干预最终表现为出售国内债券，购进国外债券。

如果货币需求变化，在货币供给保持不变的情况下，冲销干预可能会对即期汇率产生影响。干预活动能够改变私人市场对未来的预期。如果干预通过改变货币需求改变人们的预期（例如在日本，货币需求下降，因为干预使人们预期更高的通胀），那么即期汇率会发生变化。

小结

1. 货币分析法的基本前提是，收支失衡是由货币失衡导致的。

2. 实物流动机制解释了一个国家在固定汇率环境下通过价格波动和国际贸易流动，调整货币供给量的变化。

3. 根据实物流动机制，A 国货币供给量的增加将导致该国的贸易赤字和 B 国的短期贸易顺差。从长远来看，随着黄金从贸易赤字国家流向贸易顺差国家，两个国家的价格调整将使两国重新回到均衡状态。

4. 货币分析法的两个应用是：国际收支货币分析法（MABP）和汇率货币分析法（MAER）。

5. 国际收支货币分析法强调在固定汇率下，货币需求和货币供给决定了收支平衡。

6. 汇率货币分析法强调货币需求和货币供给决定了汇率变动。

7. 货币供给量由国内信贷和国际储备组成。

8. 货币需求来自人们持有货币的意愿，它是名义收入的固定比例。

9. 国际收支货币分析法意味着，国际储备的变化等于国外的通胀率加上国内产量的增长速度减去国内货币创造的变化。

10. 在固定汇率下，通货膨胀可以从一个国家传播到其他国家。

11. 汇率货币分析法意味着，在自由浮动汇率制度下，在一个国家货币政策的变化不会影响其他国家的货币供给量，只是导致汇率调整。

12. 在有管制的浮动汇率的情况下，货币分析法具有汇率货币分析法和国际收支货币分析法的属性。

13. 冲销干预是中央银行对国内货币供给使用公开市场操作以抵消外汇干预的影响的行为。

练习

1. "货币失衡导致固定汇率下的国际收支问题和浮动汇率下的货币问题。"参考货币分析法讨论这句话的含义。

2. 解释收支平衡的货币分析方法的假设条件是什么？

3. 根据收支平衡的货币分析法，什么类型的经济政策有助于一个国家解决贸易逆差？

4. 使用收支平衡的货币分析法，解释美国快速增加货币供给后，布雷顿森林体系是如何瓦解的？

5. 在完全浮动汇率制度下，使用汇率货币分析法解释下列情形中美元兑瑞士法郎汇率的变化：

a. 美国的产出降低了 3%。

b. 瑞士的物价水平下降了 2%。

6. 假设墨西哥和美国达成固定汇率协议。当美联储增加了 40% 的货币供给量时，美国的国际储备地位将发生什么变化？如果美国不得不干预汇率，它们怎样完成干预？

延伸阅读

Baillie, R. T., Osterberg, W. P., 1997. Why do central banks intervene? *J. Int. Money and Finance.* December.

Connolly, M., 1978. The Monetary Approach to an Open Economy: The Fundamental Theory. In: Putnam, B., Wilford, D. S. (Eds.), *The Monetary Approach to International Adjustment.* Praeger, New York.

Dominguez, K., 1998. Central bank intervention and exchange rate volatility. *J. Int. Money and Finance.* February.

Hume, D., "Of the balance of trade," *Essays, Moral, Political and Literary*, 1752, reprinted in *International Finance*, ed. R. N. Cooper, Middlesex, England: Penguin 1969.

Neely, C. J., Sarno, L., 2002. How well do monetary fundamentals forecast exchange rates? *Fed. Reserve of St. Louis Econ. Rev.* September/October, 51-74.

Sarno, L., Taylor, M. P., 2001. Official intervention in the foreign exchange: is it effective and, if so, how does it work? *Journal of Economic Literature* 39 (3), 839-868.

Taylor, M., 1995. The economics of exchange rates. *J. Econ. Lit.* March.

Taylor, M. P., 2003. Why is it so difficult to beat the random walk forecast of exchange rates? *Journal of International Economics* 60, 85-107.

第十五章

货币分析法的拓展

本章将探讨用货币分析方法确定汇率面临的挑战和该方法的扩展。MAER（汇率货币分析方法）模型强调金融资产市场。与传统观点认为汇率可用来调整国际商品贸易均衡不同，MAER 模型认为汇率可用来调整国际金融资产贸易均衡。在 MAER 模型中，货币供需变化引起商品价格和汇率的调整。与金融资产价格调整相比，商品价格调整速度缓慢，而金融资产价格由于可在每一个交易日进行交易，所以价格调整迅速，因此，从商品市场转为强调资产市场具有重要意义。表 15.1 为四个国家的价格和汇率变化百分比的标准差。在此表中，我们可以观察到四个样本国家的即期汇率波动幅度比价格波动幅度大得多。

通过比较，我们可以发现汇率的平均波动幅度是价格波动幅度的 4～8 倍。表15.1 的结论表明基本 MAER 模型不可能捕捉到汇率的短期波动。这一事实使人们对基本 MAER 模型产生质疑，并对该模型提出许多扩展。

表 15.1   价格和汇率标准偏差

国家	价格	汇率
加拿大	0.003 4	0.017 9
日本	0.003 3	0.026 7
墨西哥	0.009 8	0.038 5
英国	0.003 7	0.020 7

注：表中列出了 1994 年 1 月—2011 年 9 月期间，该国货币对美元的即期汇率与居民消费价格指数百分比变化的标准差。

本章将检验对 MAER 扩展的 5 种不同方法。首先是新闻事件法，这种方法具有一定的前瞻性。投资组合平衡方法和贸易平衡方法在 MAER 关系中增加了缺失的变量，而汇率超调分析方法和货币替代方法通过调整基本方程扩展了 MAER 方法。最后，我们会讨论一些近期出现的对 MAER 方法的质疑。

新闻的作用

MAER 在预测汇率大幅波动方面的失败导致人们对现有 MAER 方法产生了质疑，并促进了 MAER 方法的扩展和改进。大幅波动并不难解释。但大幅波动却很难预测，因为现实世界具有太多不可预知的冲击或意外。一些意想不到的事件发生时，我们称之为新闻。由于利率、价格和收入经常受到新闻的影响，紧接着汇率也会受到新闻的影响。显然，新闻引起的汇率变动无法预料。无法预期的事件会影响汇率的决定，因此，很难预测未来的即期汇率。

事实上，用 MAER 方法预测的即期汇率变化，其变动范围在时间上要小于实际的即期汇率变化。这表明即期汇率的变化幅度是无法预料的。

在意想不到的公告或经济政策变化期，受消息的影响，预期发生改变，即期汇率和远期汇率会产生巨大波动。汇率波动只是反映了动荡的时期。即使你很了解汇率的决定因素（如本章所讨论的），若缺乏对汇率的深刻认识和远见卓识，你也会发现在这样一个充满变数的世界里预测汇率是非常困难的。

使用货币模型预测的汇率预期波动幅度小于实际波幅导致了许多对货币分析法的扩展。本章其余部分将讨论这些扩展方法。

投资组合平衡法

如果国内债券和国外债券是完全替代品，那么上一章中提出的基本货币分析法就很好地描述了汇率的决定机制。然而，如果国内债券和国外债券不是完全替代品，那么就要对 MAER 进行修改。因为投资者认为外汇风险从属于以外币计价的债券，故投资组合平衡法假设国际资产是不完全替代品。由于国内债券的供给相对于外国债券增加，国内债券的风险溢价将会增加，这将导致国内货币在现货市场上贬值。如果目前即期汇率贬值，而预期未来即期汇率不变，对未来即期汇率的预期升值幅度将增加。

如果即期汇率是相关资产供给的函数，那么应修改货币分析法公式（14.10），即应包括国内债券（$\hat{B}$）和外国债券（$\hat{B}^F$）供给量变动百分比：

$$-\hat{E}=-\hat{D}-\hat{B}+\hat{B}^F+\hat{P}^F+\hat{Y} \tag{15.1}$$

例如，如果美元/英镑的即期汇率最初是 $E_{\$/£}=2.00$，而且以 MAER 方法预计的 1 年内即期汇率是 $E_{\$/£}=1.90$，那么美元升值的预期是 5% $[=(1.90-2.00)/2.00]$。现在假设增加以美元计价债券的流通数量，其结果将导致美元/英镑目前即期汇率贬值到 $E_{\$/£}=2.05$，则美元升值的预期变为约 7.3% $[=(1.90-2.05)/2.05]$。因此，在国内和国外债券投资组合之间增加不完全替代品可以解释汇率的高度易变性。

回想我们在上一章讨论的冲销干预。货币分析法基本模型很难解释一个国家为什么会追求冲销干预。然而，根据投资组合平衡法方程（15.1），冲销干预很有意义。假设日元兑美元升值，日本央行决定干预外汇市场，以提高美元的价值，并阻止日元升值。日本银行增加国内信贷购买以美元计价的债券，这将导致日元贬值。日本央行在公开市场出售日元债券会强化这种效果。因此，冲销干预能使日元平稳地贬值。

这种运用广泛的投资组合平衡法观点可能会比简单的 MAER 方程更好地解释汇率的变化。然而，经验证据并不能完全说清楚这件事。

贸易平衡法

本章最初讨论了汇率模型从强调国际货物贸易到基于金融资产的现代转变。然而，由于贸易流动对金融资产流动有影响，资产法模型中的贸易流量仍然有一定作用。

如果用国内外汇储备来平衡贸易赤字，且贸易顺差与国内的外汇资金持有量的增加有关，我们就可以看到贸易账户的作用。如果汇率调整使人们愿意持有国内货币和外国货币，则贸易顺差的国家将会不断积累外汇。由于外国货币持有量相对于国内货币增加，外国货币的相对价值将下跌或本国持有的外汇将贬值。

虽然现实的贸易流动及由其引起的外汇持有量变化会影响到当前的即期汇率，但即期汇率的预期未来变化会受到对未来贸易平衡预期及其隐含的外汇持有预期的影响。这种分析的一个重要方面是，对货币价值的未来预期发生变化可以立刻影响到目前的即期汇率。例如，假设世界经济突然发生变化，人们会预期未来将产生大量贸易赤字，比如形成一个国际石油卡特尔，人们会产生国内经济将不得不为石油进口支付更多外汇的预期。在这种情况下，具有前瞻性的个人将预测国内外汇持有量将随着时间的推移而减少。这反过来将导致外币价值大幅升值或国内货币快速贬值的预期。后一种预期将导致个人和企业立即尝试由持有国内货币转向持有国外货币。因为此刻国外和国内货币的总储备是常量，为保持平衡，企图将国内货币兑换为国外货币会立即导致国外货币升值，所以国家愿意保持现有的国内和国外货币供给量。

我们注意到，当前的即期汇率不仅受到当前国际贸易流动的影响，还受到对未来贸易流动预期变化的影响。在经济现象中常出现的一种情况是，决定贸易平衡的新事件的短期效应不同于长远结果。假设浮动汇率下的长期均衡是贸易均衡，即出口等于进口。如果最初处于平衡状态，然后遇到像形成石油卡特尔一类的干扰，在短期内，人们预计将会出现较大的贸易赤字，但从长远来看，由于所有价格和数量将根据环境调整，我们将回到贸易平衡的长期均衡。新的长期均衡汇率将高于旧汇率，由于贸易逆差，外国人将持有大量的本国货币，而国内居民将持有少量的外国货币。汇率不必立即达到新的平衡。在贸易赤字发生的短暂时期内，其汇率是低于新均衡汇率的。因此，随着贸易赤字的出现，货币从国内经济收益中流出，为维持短期均衡，即货币供需量相等，国内货币会快速贬值。

图 15.1 说明了上述讨论的结果。在 t_0 时刻发生一些意外事件，导致贸易赤字。假设初始汇率为 E_0。由于贸易赤字及随之而来的资金从国内流到国外，国内货币贬值。最终，随着价格和数量逐渐适应贸易结构的变化，在 E_1 处达到新的长期均衡，恢复贸易平衡。由于赤字将持续一段时间，所以向新的长期汇率 E_1 的变动不会立刻产生。然而由于现在市场预期 E_1 将会是长期的均衡汇率，远期利率会在 T_0 时刻跳转到 E_1，图 15.1 中的虚线代表即期汇率在短期内的变动路径。因为个人预期本国货币贬值，试图将本国货币兑换为外国货币，在 T_0 时刻，甚至还没有任何贸易赤字，汇率有一个瞬时跳跃，随着时间推移，出现贸易赤字，国内货币快速贬值。随着贸易赤字接近零，汇率趋向达到新的长期稳态值 E_1。

把贸易平衡纳入汇率的决定因素之一是特别有用的，因为大众媒体在解释汇率行为时常常强调贸易账户。正如先前的研究所示，在预期和实际的金融资产流动对汇率的决定作用中，贸易流动是很有意义的。贸易流动在外汇决定中发挥的作用可能与外汇的现代资产分析法一致。

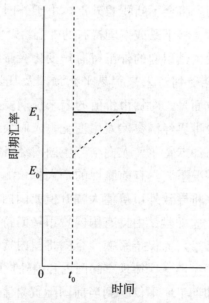

图 15.1　汇率的变化路径是与引起贸易赤字的新事件相随的

汇率超调分析方法

图 15.1 表明，在关于国内严重贸易赤字的新闻报道下，E_0 点的即期汇率将立即上跳，然后将稳步上升直到达到新的长期均衡点 E_1。汇率很有可能并不按照过去的方式移动到新的均衡点。

我们知道，在浮动汇率下，购买力平价很难维持。汇率表现出比价格更大的波动。我们预计，在短期内，随着一些干扰的出现，价格会缓慢调整到新的均衡水平，而汇率和利率将快速调整。多恩布什（Dornbusch，1976）显示，均衡调整的不同速度将反映一些关于汇率和价格的有趣行为。

有时在某些干扰冲击下，似乎即期汇率波动幅度过大。此外，我们观察到一些情况，当 A 国拥有比 B 国更高的通胀率时，A 国的货币却相对于 B 国升值。这样的异常可以在超调汇率模型的背景下进行解释。我们假设金融市场随外部冲击作出瞬间调整，而商品市场随着时间的推移缓慢调整。在此背景下，我们分析当 A 国增加货币供给量时会发生什么情况。

当货币市场均衡时，货币需求必须等于货币供给。因此，如果货币供给增加，则货币需求也会相应增加。我们假定货币需求取决于收入和利率，那么，我们得到以下的货币需求函数：

$$M^d = aY + bi \qquad (15.2)$$

其中 M^d 是实际货币需求量（名义货币存量除以物价水平），Y 是收入，i 为利率。货币需求与收入正相关，所以 a 大于零。由于 Y 增加，人们对货币的需求也增加。由于利率是持有货币的机会成本，所以货币需求和 i 之间负关系，或 b 为负值。人们普遍认为，从短期来看，货币供给增加后，收入和价格水平保持相对稳定。因此，利率必须下降使货币需求等于货币供给。

A 国与 B 国的利率关系可以表示为：

$$i_A = i_B + (F - E)/E \qquad (15.3)$$

因此对于一个给定的外币利率 i_B，如果 i_A 下降，预期的货币价值的变化 $(F-E)/E$ 必须为负。然而，当 A 国的货币供给增加时，我们预计其价格也将上升，因为人们此时有更多的货币来购买数量不变的商品。为了实现购买力平价，A 国未来价格的上升将意味着未来汇率的上升：

$$E = P_A/P_B$$

由于人们预期 P_A 随着时间的推移而上升，在给定 P_B 的情况下，E 也将上升。人们对未来即期汇率的预期上升将反映在其更高的远期汇率上。但是，如果 F 上升，而在同一时间 $(F-E)/E$ 下降来维持利率平价，E 的增加将不得不超过 F。然后，一旦价格开始上升，实际货币余额将会下降且国内利率上升。随着时间的推移，由于利率增加，为了维持利率平价，E 将下降。因此，E 最初的上升将超过其长期内上升，我们称 E 相对其长期均衡值超调。

如果讨论完全集中在这一点上，读者可以从图 15.2 中了解图形化的简单总结。图 15.2 总结了我们之前的讨论。其初始平衡由 E_0，F_0，P_0 和 i_0 给出。在 t_0 时刻的货币供给增加，国内利率下降，即期汇率和远期汇率上升，同时价格水平保持不变。最终的价格和汇率均衡将按一定比例随货币供给的增加而上升。虽然远期汇率可以立即移动到新的平衡，即期汇率 F_1 将上升到最终平衡点 E_1 之上，这是因为我们需要维持利率平价（记住 i 在短期内已经下降）。随着时间的推移，当价格开始上涨时，利率也开始上升，汇率最终收敛到新的平衡点 E_1。

由于汇率的超调，我们可以观察到在一定时期内 A 国价格将高于 B 国价格，但是 A 国货币升值并最终收敛于 E_1 点。在这一时期内，价格上升，实际货币余额下降，并且利率上升。为了应对较高的利率，A 国经历了资本流入，因此 A 国货币将以同样速度随利率稳步升值，以保持利率平价。

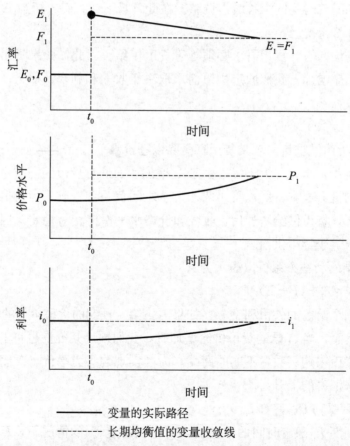

图 15.2　远期汇率、即期汇率和利率在 t_0 时随国内货币供给增加的价格水平的时间前进路径

货币替代分析法

长期以来，经济学家一直认为，灵活的汇率制度的优点之一就是国家能够根据自己的能力独立制定国内货币政策。当汇率固定时，这一点显然不成立。如果 A 国与 B 国必须维持同样的汇率，那么它们必须遵循同样的货币政策。当 B 国实行的政策旨在稳定价格时，A 国能实行一个通胀政策使价格每年上升 20％吗？事实证明保持 A 国和 B 国的汇率固定是非常困难的。然而，在灵活的汇率制度下，A 国和 B 国都可以选择它们希望的任何货币政策，随着时间的推移，两国将通过汇率变动来调整通胀差异。

在浮动汇率制度下，国际货币需求的存在会使国内政策的独立性降低。假设 B 国居民愿意持有 A 国货币作为投资组合的一部分或用于未来交易。随着 A 国和 B 国之间货币需求的变化，汇率也将发生变化。在一个货币可以替代的地区，不同货币之间的需求变化将对汇率波动产生额外影响。

在固定汇率下，货币完全可替代。中央银行通过改变货币供给来维持固定汇率制度。根据市场需求，替代货币的发行与不同货币之间的可替代性相关。如果这些货币对货币需求者来说是完全替代品，那么所有货币都具有相同的通胀率，或对高通胀货币的需求将下降到零（因为通胀率决定了货币购买力的损失）。完全可替代货币说明，货币需求者对货币的使用来说没有任何偏好。当 A 国和 B 国货币是完全替代品时，如果持有 A 国货币的成本相对 B 国货币上升（例如由于 A 国货币的通胀率更高），那么货币需求将从 A 国转移至 B 国。这将导致 A 国货币贬值，其贬值程度甚至超过了最初 A 国和 B 国之间的通胀率差。

举例来说，假设加拿大每年的通胀率为 10％，而美国的通胀率为 5％。由于没有替代货币，基于购买力平价，我们预计相对于加元，美元升值。现在，假设加拿大公民持有以美元计价的股票，而且这些美元是加元的完全替代品。加元的通胀率上升就意味着持有加元股票将比持有美元股票贬值更快，所以美元的货币需求增加。而企图用加元兑换美元的行为导致了加元的进一步贬值。货币需求之间的这种变动将导致汇率波动，且令希望汇率稳定的央行非常不安。

虽然央行可以实施独立的货币政策，但在货币可替代的条件下，独立的货币政策很难得到实施。货币需求者将调整自己的投资组合，并从高通胀货币转移到低通胀货币。这种货币替代性会导致更多的汇率波动，因为汇率调整不仅需要弥补原来的通胀差，还要弥补投资组合转变带来的影响。因此，较高的货币替代性意味着货币政策需要国际协调。如果货币需求者迫使相互替代的货币之间遵循相同的通胀率，那么浮动汇率制度下货币政策的独立性将不成立。

当两国之间存在较高的资源流动时，货币替代性在区域中发挥的作用非常重要。

例如，在西欧国家，欧元的存在就是货币替代性的一个证据。另外，在美元和拉丁美洲货币之间也存在高替代的证据。在许多拉美国家，美元是重要的替代货币，无论是作为一种价值储存手段（美元比典型的拉美货币更稳定）还是作为交易媒介。在边境地区，美元作为交易货币的影响尤其明显。除了区域作用外，还没有明确的证据显示货币替代性是汇率波动的一个重要来源。在这一点上，我们可以说货币替代性是汇率波动的一个潜在原因，但这并不适用于所有国家。

开放宏观经济模型的最新进展

开放宏观经济模型的最新进展主要表现为两种通用类型。第一种模型假设经济迅速变动从而达到新的均衡，另一种模型在短期内无法迅速调整以达到新的均衡。

而所谓的汇率均衡分析法假设价格、利率和汇率总是处在其市场出清水平。在这种方法中，世界经济冲击引起的偏好变动和技术革新，使汇率发生变化。例如，假设技术改善使瑞士的出口增加，而瑞士生产力相对较高，瑞士商品的价格相对于其他国家的商品下降从而使得货币贬值。相对较低的产品价格与瑞士出口量上升有关。在这种情况下，瑞士法郎并没有为了使瑞士商品在世界市场上更具有竞争力而贬值；取而代之的是瑞士高生产力带来的产品价格下降带来了瑞士法郎的贬值。

根据均衡分析法，偏好或技术的变化造成了汇率的变化，所以不是瑞士法郎贬值导致瑞士出口和产出增加，相反，是瑞士出口的增加导致了瑞士法郎的贬值。同样，如果市场发生变化，现在瑞士商品更受消费者青睐，这将提高瑞士商品的相对价格，并带来法郎的升值。以这种全球的观点，永远不能判断汇率变化是好还是坏——它们只是为达到新的均衡所进行的调整。

用来解释汇率的另一个最新方法表明，从长远来看均衡分析法是可行的，但在短期内由于价格变动的限制导致了暂时失衡以及较大的汇率波动幅度。从本质上讲，这些模型结合了第十三章的 *IS-LM-BP* 框架元素与货币分析法。虽然新的模型过于复杂，在这里不能详细介绍，但我们应该认识到经济学观点在不断变化以及这些新观点的意义。新的国际宏观经济学审慎考虑了私人企业和家庭水平的经济活动细节，以及其行为如何共同作用从而成为宏观经济现象。

IS-LM-BP 模型主要研究一个国家，把世界其他国家对这个国家的影响简化。而新的国际宏观经济学通常考察两个国家（你可能会考虑到的其他国家之一）和关键的宏观经济变量的确定，如收入、价格和汇率。这类模型的预测将包括国内货币供给增长所造成的以下影响：如国内和国外消费支出增加，国内收入增长超过国外收入增长，本国货币的贬值和购买力平价的维持。

IS-LM-BP 模型的前提条件是价格保持不变。而在许多新的国际宏观经济模型中，

价格水平短期内是黏性的，从长期来看是弹性的，就像货币分析法所描述的一样。因此，对短期内价格黏性的假定正如过去的模型，但是从长远来看，价格是完全弹性的。这一点在静态的 *IS-LM-BP* 模型中没有考虑。在许多新国际宏观经济模型中，如果价格是完全弹性的，那么由于购买力平价假设，货币供给冲击对实际变量如收入或消费就不会产生影响。在这种情况下，价格会随货币供给的一定比例发生改变，而汇率将发生变化以保持国内和国外相对价格不变（一价定律），所以消费和产出也没有发生变化。因此，黏性价格的假设对支出和产出的变化是很重要的。

由于许多证据显示一价定律不成立，所以许多研究集中于新国际宏观经济模型——价格取决于市场。价格取决于市场是因为本国货币定价反映每一个国家当地的市场情况，并允许不同国家之间存在价格歧视。在这种情况下，购买力平价不再成立，并且由于各国在一定程度上缺乏价格影响机制，一国的货币供给变动将导致更大的汇率波动。这是一个重要的变化，因为我们发现相比不同国家之间的相对价格变动，现实世界的汇率具有更大的波动性。

小结

1. 汇率的货币分析法不能预测汇率的高波动性。

2. 有五种方法可以试图解释汇率超调现象：（i）新闻分析法，（ii）投资组合平衡分析法，（iii）贸易平衡分析法，（iv）超调分析法，及（v）货币替代分析法。

3. 汇率的波动性会受到不可预见的事件或新闻的冲击影响。有关未来政策的新闻会立即对汇率产生影响。

4. 通过将本国债券与外国债券的相对供给纳入汇率决定分析因素，投资组合平衡方法进一步扩展了 MAER 模型。国内和国外的资产是不完全替代的（存在持有外国资产的风险溢价）。国内和国外债券市场的需求和供给的变化会导致汇率变动。

5. 冲销干预可以通过资产组合内不同债券的组合来影响汇率从而达到货币供给的稳定。

6. 在贸易平衡分析法中，货币的预期未来价值能对即期汇率立即产生影响。任何能改变未来贸易平衡发展方向期望的消息都会影响到未来即期汇率的预期值，因此也将影响到当前的即期汇率。

7. 超调分析方法假定资本完全流动，因而金融市场能作出立即调整，但商品市场对冲击的调整总是缓慢的。结果，当货币供给增加时，因为在短期内金融市场的过度反应，本国货币贬值超过了长期的必要水平，随着时间的推移，商品价格将按一定比例随货币供给量增加而上升。汇率将恢复到其长期均衡水平。

8. 如果存在货币替代性，在浮动汇率制度下，国内货币政策的独立性可能会降低。

9. 如果人们愿意在国内货币与其他货币之间进行替代，那么国内货币的需求可能会受到货币供给变化的影响。因此，货币之间的可替代性制约了货币政策的实施并且增加了汇率的波动性。

10. 货币替代性在区域经济中是很重要的，它可能需要货币政策的国际协调。

11. 最近，开放宏观经济学重点关注两种建模：(i) 一般均衡方法——价格、利率、汇率瞬间调整以恢复平衡；(ii) *IS-LM-BP* 框架模型——描述了在短期内的价格黏性造成了暂时的失衡和汇率的变动。

练习

1. 以五个方法中任何一种分析法，列出潜在的假设条件（例如，在商品市场调整速度、金融市场、预期、资产替代性、货币替代性等方面的哪些条件是假设的）。

2. 假设央行在公开市场上购买债券并用现金支付，从而增加货币供给并降低债券供给。用投资组合平衡的方法来解释 (i) 国内利率，(ii) 外国债券的需求，(iii) 外国利率，以及 (iv) 即期汇率将会发生什么。

3. 当美联储增加在美国的货币供给量时，解释为什么一个较高的货币替代性会导致美元汇率贬值超过预期水平。

4. 假设美联储出人意料地降低美国的货币供给量，用超调理论来解释即期汇率、远期汇率、国内利率以及国内物价水平会如何改变来响应政策的变化。绘制图表来说明调整的时间路径。

5. 假设一个国家增加其国内货币供给量。如果超调的理论是正确的，中央银行如何能防止汇率在短期内贬值过多？

6. 假设美国发现了一项新技术，这将提高其出口。因此，有传言称，这一技术将把美国从贸易赤字带向贸易平衡直至预期的长期盈余。因为这个消息，美元汇率会发生什么变化？请你预期一下从短期和长期看美元价值是否有差异？

延伸阅读

Aivazian, V. A., Callen, J. L., Krinsky, I., Kwan, C. C. Y., 1986. International exchange risk and asset substitutability. *J. Int. Money. Financ*. December.

Baillie, R. T., Osterberg, W. P., 1997. Why do central banks intervene?
J. Int. Money. Financ. December.

Chari, V., Kehoe, P. J., McGrattan, E. R., 2002. Can sticky price models generate volatile and persistent exchange rates? *Rev. Econ. Stud*. vol. 69 (3), 533-563.

Dominguez, K., 1998. Central bank

intervention and exchange rate volatility. *J. Int. Money. Financ.* February.

Dornbusch, R., 1976. Expectations and exchange rate dynamics. *J. Pol. Econ.* 84 (6), 1161-1176.

Edwards, S., 2001. Dollarization: myths and realities. *J. Policy. Model.* June.

Ize, A., Yeyati, E. L., 2003. Financial dollarization. *J. Int. Econ.* 59, 323-347.

Lane, P. R., 2001. The new open economy macroeconomics: a survey. *J. Int. Econ.* August.

Levin, J. H., 1986. Trade flow lags, monetary and fiscal policy, and exchange rate overshooting. *J. Int. Money. Financ.* December.

Moura, G., 2011. Testing the equilibrium exchange rate model. *Appl. Math. Sci.* vol. 5 (20), 981-993.

Sarno, L., Taylor, M. P., 2002. *New Developments in Exchange Rate Economics.* Elgar, Cheltenham.

Steinsson, J., 2008. The dynamic behavior of the real exchange rate in sticky price models. *Am. Econ. Rev.* vol. 98 (1), 519-533.

Stockman, A. C., 1987. The equilibrium approach to exchange rates. *Fed. Reserve. Bank of Richmond Econ. Rev.* April.

Taylor, M., 1995. The economics of exchange rates. *J. Econ. Lit.* March.

词汇表

贸易平衡的吸收分析法（absorption approach to the balance of trade）：一种基于国内商品消费（吸收）相对于国内产出的理论。

可调整的钉住汇率制度（adjustable peg）：固定汇率，在条件允许的情况下可以进行阶段性调整。

调整的净现值（adjusted present value）：未来经营现金流的折现值以及财务效应的现值总和。

调整机制（adjustment mechanism）：国际上经济体为了脱离非均衡状态而采取的措施。

空运单（airbill）：通过航空运输货物的提货单。

美国存托凭证（American depositary receipts，ADR）：由外国托管人保管的证明外国股票所有权的可转让凭证。

套利（arbitrage）：在价格较低的市场上买入，在价格较高的市场上卖出。

公平定价（arm's-length pricing）：无关联关系的买方和卖方愿意支付的价格。

信息不对称（asymmetric information）：交易员害怕交易对手掌握更多有关市场当前形势的信息导致的汇率变动。

自相关（autocorrelation）：由于回归等式存在时间上的相关性导致的误差。

国际收支平衡表（balance of payments）：记录各国国际交易的资产负债表。

国际收支平衡（balance of payments equilibrium）：在国际收支平衡表子表中的借贷相等。

贸易余额（balance of trade）：出口商品额减进口商品额。

银行承兑（bankers' acceptance）：由特定银行接受并在到期日支付的票据。

银行券（bank notes）：实际的纸币。

基础货币（base money）：流通中的货币加上商业银行的存款准备金。

巴塞尔协议（Basel rules）：由国际清算银行订立的银行必须保持充足的资金水平以支持负债的规定。

基本余额（basic balance）：商品、服务、单边转移支付、长期资本账户的总和。

基点（basic point）：万分之一，或0.000 1。

一篮子货币固定汇率（basket pegger）：一个国家相对于复合的或者加权平均的外国货币保持固定的汇率，而非相对于某一特定币种保持固定汇率。

贝塔（beta）：度量单个资产相对投资组合的风险。

巨无霸汉堡指数（Big Max index）：由经济学人创造的一种指数，度量一种货币在不同国家经汇率调整后的成本。

提货单（bill of lading）：由海运公司签发的将货物运输到目标港口的协议。

复本位制（bimetallism）：两种金属，如金、银，支持货币的供给。

黑市（black market）：不合法的外汇市场。

布雷顿森林协定（Bretton Woods agreement）：以美元为锚货币的可调整钉住汇率协议。

经纪人（broker）：外汇市场的中介。

看涨期权（call option）：在未来到期日或者到期日之前按照约定价格买入货币的权利。

资本账户（capital account）：国际收支平衡表中记录金融资产交易的部分。

资本预算（capital budgeting）：对预期的投资机会进行评估，为最优项目筹集资金。

资本管制（capital controls）：对国际资本流动的限制，如课税或配额。

资本外逃（capital flight）：由于一国风险增加导致大量资本流出本国。

资本流动（capital flow）：跨越地理国界的资金。

中央银行（central bank）：政府的官方银行，例如美联储。

图表专家（chartists）：使用汇率的历史数据预测未来变动的人。

封闭经济（closed economy）：一个与世界上其他经济体没有经济往来或仅有很少经济往来的经济体。

商品货币本位（commodity money standard）：相对于某种商品来说，货币有固定的价值。

比较优势（comparative advantage）：世界贸易模式的一种决定因素，决定了哪些国家出口哪种货物。

补偿性余额（compensating balances）：作为对银行的补偿而必须存入银行的存款。

国家风险分析（country risk analysis）：对某一特定国家贷款潜在的违约或者延期偿还可能性的评估。

协方差（covariance）：对两个变量同向变化程度的度量。

抵补利息套利（covered interest arbitrage）：在买入或卖出国际资产时在远期市场进行相应的远期合约交易以消除汇率风险，从而从不同国家投资的收益率差异中获利。

爬行钉住汇率（crawling peg）：一种汇率体系。在短期内汇率固定，但政府可以对汇率进行定期调整，以反映货币供给和需求的压力。

信用违约掉期（credit default swap）：一种保证支付贷款的合约。

交叉汇率（cross rate）：给定包含三种货币的两个汇率，从而推断出第三个汇率。

货币局（currency board）：一种政府货币制度安排，按照固定汇率将本国货币兑换为外国货币。

货币合同期（currency contract period）：在合同中协商好的货币贬值发生后的时期。

货币互换（currency swap）：交易双方在约定的期限内交换不同货币的利息，并在到期日按照约定的汇率交换本金。

货币联盟（currency union）：一个地区，其内部的汇率是固定的。

经常项目（current account）：在国际收支平衡表中商品、服务以及单边转移支付项目的总和。

债务股权互换（debt-equity swaps）：将债务转化为债务人本国的货币，并用于购买债务国的股票。

交易兴旺市场（deep market）：市场上存在大量买者和卖者，以及可以被交易的资产，使得交易不断进行。

贬值（depreciation）：货币价值的降低。

非稳定性投机（destabilizing speculation）：投机行为导致汇率的波动超出了不存在投机行为时汇率的波动。

外商直接投资（direct foreign investment）：与外国经营单位的建立有关的开支，其中外商投资占公司所有权的比例超过10%。

折旧（discount）：一种货币未来的价格低于现在的价格。

折旧率（discount rate）：决定未来现金流现值的利率。

投资组合多样化（diversified portfolio）：混合投资以降低投资者的风险。

码头收据（dock receipt）：由海运公司签发的文件，列示了运输至码头的货物质量及数量。

美元化（dollarization）：一个国家单方面采用另一国货币代替本国货币。

国内信贷（domestic credit）：国内的基础货币。

耐用品（durable goods）：使用期超过一年的商品。

经济暴露（economic exposure）：公司的价值因汇率变化而变化。

实际收益（effective return）：一项外国投资的外国利率加上外汇远期升水或贴水。

有效市场（efficient market）：价格反映了所有可用信息的市场。

贸易平衡的弹性分析法（elasticities approach to the balance of trade）：通过贬值以改善贸易均衡所必需的条件分析。

弹性（elasticity）：相应的数量变动与价格变动的比值。

内生（endogenous）：被模型内因素所决定的变量。

数量方程式（equation of exchange）：货币供给乘以货币流动速度等于价格水平乘以交易数量的方程式。

均衡分析法（equilibrium approach）：一种认为汇率的变动主要取决于技术和

偏好变动的分析方法。

欧洲银行（Eurobank）：一种接受外币存款、发放外币贷款的银行。

欧洲债券市场（Eurobond market）：一种离岸市场，其债权以一种货币计量但在多个国家中进行交易。

欧洲货币市场（Eurocurrency market）：离岸交易市场，其中商业银行接受外币存款，发放外币贷款。

欧洲中央银行（European Central Bank）：该央行监管所有欧元体系国家的货币政策。

欧洲货币单元（European currency unit, ECU）：是成员国货币组成的复合货币，没有实物形态，是欧洲货币体系货币的价值。

欧洲货币体系（European Monetary System, EMS）：一种货币体系，在这个货币体系内部，汇率是固定的，所有国家共同应对世界其他国家的货币变动。

汇率（exchange rate）：本国货币相对于其他国家货币的价格。

汇率指数（exchange rate index）：一种货币价值相对于其他几种货币价值的加权平均数。

汇率风险（exchange risk）：来源于汇率波动不确定性的风险。

外生（exogenous）：指受外部因素影响，而非由模型内部因素决定。

外部均衡（external balance）：理想的贸易均衡或理想的国际资本流动。

保理商（factors）：买入应收账款并承担托收任务的公司。

费雪效应（Fisher effect）：通胀预期对名义利率的影响。

费雪方程式（Fisher equation）：在该方程式中，名义利率等于真实利率加上预期通货膨胀率。

固定汇率（fixed exchange rates）：中央银行将利率维持在某一水平上。

浮动汇率（flexible exchange rates）：自由市场上供给和需求决定的汇率。

外汇（foreign exchange）：以外国货币单位计价的银行存款或者货币。

外汇市场（foreign exchange market）：在该市场中包含大量的大型商业银行，它们在该市场中从事外汇交易。

外汇掉期（foreign exchange swap）：交易双方约定以货币 A 交换一定数量的货币 B，并以约定价格在未来的约定日期用货币 B 反向交换同样数量的货币 A。

远期贴水（forward discount）：远期汇率低于现期汇率的部分。

外汇远期市场（forward exchange rate）：在该市场中，大量的货币被交易，但在未来的特定日期内才被交割。

远期汇率（forward exchange rate）：指外汇交易达成后，在未来的某个确定时间内办理交割手续的外汇交易所使用的汇率。

远期升水（forward premium）：远期汇率高于现期汇率的部分。

基准模型（fundamental model）：通过关于汇率决定因素的变量预测汇率的模型。

期货（futures）：在未来某一时间按某一约定的汇率买卖货币的合同。

金汇兑本位（gold exchange standard）：

一国的货币价值与黄金价值挂钩，其他国家的货币与该国维持固定汇率。

金本位（gold standard）：货币价值与黄金价值挂钩。

大衰退（Great Recession）：2007年的经济迅速下滑，随之而来的是美国金融危机。

格雷欣法则（Gresham's law）：劣币驱逐良币。

对冲（hedging）：为了减少风险而进行的反向操作。

IBF：国际银行设施——美国境内银行根据法律可以从事欧洲货币业务。

国际货币基金组织条件（IMF conditionality）：国际货币基金组织向贷款国施加的用以确保贷款国还款能力的经济条约。

通胀调整汇率（inflation-adjusted exchange rate）：汇率减去两国之前的通胀之差。

利率平价（interest rate parity）：用相同货币衡量的任意两种货币存款的期望收益率相等。

内部均衡（internal balance）：国内经济稳定增长和低失业率并存。

国际货币基金组织（International Monetary Fund，IMF）：一个向存在国际收支问题的国家提供贷款的国际组织。

国际储备（international reserves）：是一国货币当局持有的，用于国际支付、平衡国际收支和维持其货币汇率的国家间可以接受的一切资产，主要是外汇。

干预（intervention）：中央银行通过买卖货币来干预汇率。

存货控制（inventory control）：当交易者维持货币交易稳定时对汇率造成的影响。

J曲线效应（J-curve effect）：在货币贬值后，贸易余额最初下降之后上升的效应。

一价定律（law of one price）：当以一种货币计价时，世界上所有相同产品的价格均相同的定律。

信用证（letter of credit）：银行开出信用证向出口商担保在一定限度内付款。

LIBOR：伦敦银行间同业拆借利率——银行短期拆借的利率。

流动资产（liquid assets）：可以立刻变现的资产，如现金、银行存款或应收账款等。

多头（long position）：买入某一货币并在未来卖出。

有管理的浮动利率（managed float）：中央银行干预下的浮动利率。

保证金（margin）：向经纪商交纳一些存款以获得资金投资于期货交易，是核算存入银行等金融机构各种保证金性质的存款。

边际进口效应（marginal propensity to import）：给定收入变动，进口量变动的幅度。

马歇尔-勒纳条件（Marshall-Lerner condition）：进出口需求弹性之和大于1时，货币贬值可以引起国际贸易收支平衡的改善。

国际收支货币分析法（monetary approach to the balance of payments，MABR），**汇率货币分析法**（monetary approach to the exchange rate，MAER）：

一种强调货币供给和货币需求在固定汇率下决定国际收支，而在浮动汇率下决定汇率变动的分析方法。

货币乘数（money multiplier）：货币供给放大基准货币比例。

道德风险（moral hazard）：如果决策者不用承担所有的坏结果时所产生的倾向于高风险的行为。

抵押贷款支持证券（mortgage-backed security, MBS）：把贷出的住房抵押贷款集中起来并出售的一种证券。

跨国公司（multinational firm）：不只在一个国家营业的公司。

蒙代尔-弗莱明模型（Mundell-Fleming model）：一个假定汇率浮动且资本完全流动的经济模型。

轧差（netting）：不用逐笔结算，仅是把应收账款和应付账款相互抵减，从而只结算两者的差额。

名义利率（nominal interest rate）：市场上观察到的实际利率。

非系统性风险（nonsystematic risk）：某一特定资产的风险，不能通过分散化投资而消除。

官方结算余额（official settlements balance）：用来计算外国货币当局短期资本变动和官方储备资产变动之和的国际收支账户。

离岸银行（offshore banking）：接受以外币计价的存款并贷出以外币计价的贷款——欧元市场。

开放经济体（open economy）：参与到国际贸易中去的经济体。

机会成本（opportunity cost）：是指为了选择某一方案而必须放弃的最大价值。

最优货币区（optimum currency area）：区内各成员国货币相互间维持钉住汇率制，对区外各货币实行联合浮动，从而使经济效益最大化的区域。

期权（options）：在未来某一日期或之前以约定的价格购买或卖出一定数量货币的权利的合约。

汇率超调模型（overshooting model）：在资本市场灵活的情况下，通过保持价格短期固定，允许汇率过渡调整的外汇模型。

平行市场（parallel market）：自由外汇市场，与有管理的官方市场相对。

巴黎俱乐部（Paris Club）：债权国政府与债务国政府在巴黎会面，以进行债务重组的安排。

传导效应（pass-through）：价格贬值的效应——贬值国家面临进口价格上涨，而对外国买家的出口价格下降。

年百分比（percent per annum）：12个月的百分比回报。

完美资本流动（perfect capital mobility）：国家之间资本自由流动，因为没有明显的交易成本或资本管制。

石油美元（Petrodollars）：出口石油获得的美元，一般指石油输出国组织（OPEC）的盈利。

投资组合平衡方法（portfolio-balance approach）：汇率决定理论，考虑债券的相对供给和相对需求。

溢价（premium）：货币的远期价格高于即期价格。

现值（present value）：某些将来收到的金额在今天的价值。

市场定价（pricing to market）：根据汇

率变化调整国内货币价格，以保持市场份额。

购买力平价（purchasing power parity）：绝对购买力平价指外国与本国汇率之比等于价格水平之比。相对购买力平价指两个国家汇率的百分比变化等于通货膨胀率之差。

看跌期权（put option）：在未来某一日期或之前以约定的价格出售货币的权利。

实际汇率（real exchange rate）：两种货币的名义汇率除以它们的价格水平。

实际利率（real interest rate）：名义利率减去通货膨胀率。

回归分析（regression analysis）：估计因变量与一个或多个自变量关系的统计方法。

相对价格（relative price）：一种商品的价格相对于另一种商品的价格。

风险厌恶（risk aversion）：人们希望规避风险的程度。

风险爱好或风险偏好（risk lover or risk preferrer）：喜好风险的经济代理人。

风险溢价（risk premium）：远期汇率与预期未来即期汇率之间的差值。

流氓交易员（rogue trader）：不遵守公司条例和规定的交易员。

铸币税（seigniorage）：发行货币的成本与货币发行人获得的实际资源之差。

空头头寸（short position）：出售远期外汇以待未来交割。

史密森协定（Smithsonian agreement）：1971年12月公告美元正式贬值，货币现在将允许在新平价价值的±2.25%范围内波动。

特别提款权（special drawing right，SDR）：国际货币基金组织创造的国际储备资产。

硬币流动机制（specie-flow mechanism）：硬币，如黄金，流动以创造国际收支平衡的模型。

即期汇率（spot exchange rate）：当前交割的货币价格。

现货市场（spot market）：买卖货币，立即交割。

价差（spread）：买卖货币价格之差，或贷款利率与存款利率之差。

价值稳定的货币（stable-valued money）：有稳定的低通货膨胀率的货币。

统计显著（statistical significance）：将估计值与假设的真实值联系起来的概念。

冲销（sterilization）：抵消国内信贷导致的国际储备流动。

冲销干预（sterilized intervention）：使用公开市场操作来抵消国内货币供给干预的效果。

执行价格（strike price）：期权合约中货币的买卖价格。

互换（swap）：用一种货币交易另一种货币，一个交易中结合即期和期货（或两个期货）交易。

系统性风险（systematic risk）：所有资产共同的风险。

技术交易模型（technical trading model）：使用历史汇率预测汇率未来的波动。

利率期限结构（term structure of interest rates）：不同到期日的资产收益率。

市场冷淡（thin market）：有少数买家、卖家和交易资产的市场。

分层汇率（tiered exchange rates）：不同汇率适用于不同类型的交易。

贸易流动模型（trade flow model）：基于贸易流动的汇率模型。

交易成本（transaction costs）：与买卖活动相关的成本。

交易暴露（transaction exposure）：与未来完成的特定交易相关的外汇风险。

转让价格（transfer price）：向子公司索要的内部商品转移的价格。

转化（translation）：一种货币向另一种货币转换的货币价值。

转化暴露（translation exposure）：公司的外国货币计价资产与它的外国货币计价负债之差。

三角套利（triangular arbitrage）：用两种货币与另一种货币比较，推断套汇汇率，然后购买价格偏低的货币，并卖出价格偏高的货币。

无偏的（unbiased）：平均而言的正确属性。

单边转移支付（unilateral transfers）：经常账户分录，代表单边交易，例如礼物、养老金、外国援助等。

方差（variance）：变量价值围绕均值变化的测度。

经济科学译丛

序号	书名	作者	Author	单价	出版年份	ISBN
1	现代战略分析(第七版)	罗伯特·M·格兰特	Robert M. Grant	68.00	2016	978 - 7 - 300 - 17123 - 4
2	横截面与面板数据的计量经济分析(第二版)	杰弗里·M·伍德里奇	Jeffrey M. Wooldridge	128.00	2016	978 - 7 - 300 - 21938 - 7
3	动态最优化基础	蒋中一	Alpha C. Chiang	42.00	2015	978 - 7 - 300 - 22068 - 0
4	城市经济学	布伦丹·奥弗莱厄蒂	Brendan O'Flaherty	69.80	2015	978 - 7 - 300 - 22067 - 3
5	管理经济学:理论、应用与案例(第八版)	布鲁斯·艾伦等	Bruce Allen	79.8	2015	978 - 7 - 300 - 21991 - 2
6	经济政策:理论与实践	阿格尼丝·贝纳西-奎里等	Agnès Bénassy-Quéré	79.8	2015	978 - 7 - 300 - 21921 - 9
7	宏观经济学(第十二版)	罗伯特·J·戈登	Robert J. Gordon	75.00	2016	978 - 7 - 300 - 21978 - 3
8	微观经济分析(第三版)	哈尔·R·范里安	Hal R. Varian	68.00	2015	978 - 7 - 300 - 21536 - 5
9	经济学(微观部分)	达龙·阿西莫格鲁等	Daron Acemoglu	59.00	2016	978 - 7 - 300 - 21786 - 4
10	经济学(宏观部分)	达龙·阿西莫格鲁等	Daron Acemoglu	45.00	2016	978 - 7 - 300 - 21886 - 1
11	财政学(第十版)	哈维·S·罗森等	Harvey S. Rosen	68.00	2015	978 - 7 - 300 - 21754 - 3
12	经济数学(第三版)	迈克尔·霍伊等	Michael Hoy	88.00	2015	978 - 7 - 300 - 21674 - 4
13	发展经济学(第九版)	A. P. 瑟尔沃	A. P. Thirlwall	69.80	2015	978 - 7 - 300 - 21193 - 0
14	宏观经济学(第五版)	斯蒂芬·D·威廉森	Stephen D. Williamson	69.00	2015	978 - 7 - 300 - 21169 - 5
15	资源经济学(第三版)	约翰·C·伯格斯特罗姆等	John C. Bergstrom	58.00	2015	978 - 7 - 300 - 20742 - 1
16	应用中级宏观经济学	凯文·D·胡佛	Kevin D. Hoover	78.00	2015	978 - 7 - 300 - 21000 - 1
17	计量经济学导论:现代观点(第五版)	杰弗里·M·伍德里奇	Jeffrey M. Wooldridge	99.00	2015	978 - 7 - 300 - 20815 - 2
18	现代时间序列分析导论(第二版)	约根·沃特斯等	Jürgen Wolters	39.80	2015	978 - 7 - 300 - 20625 - 7
19	空间计量经济学——从横截面数据到空间面板	J·保罗·埃尔霍斯特	J. Paul Elhorst	32.00	2015	978 - 7 - 300 - 21024 - 7
20	国际经济学原理	肯尼思·A·赖纳特	Kenneth A. Reinert	58.00	2015	978 - 7 - 300 - 20830 - 5
21	经济写作(第二版)	迪尔德丽·N·麦克洛斯基	Deirdre N. McCloskey	39.80	2015	978 - 7 - 300 - 20914 - 2
22	计量经济学方法与应用(第五版)	巴蒂·H·巴尔塔基	Badi H. Baltagi	58.00	2015	978 - 7 - 300 - 20584 - 7
23	战略经济学(第五版)	戴维·贝赞可等	David Besanko	78.00	2015	978 - 7 - 300 - 20679 - 0
24	博弈论导论	史蒂文·泰迪里斯	Steven Tadelis	58.00	2015	978 - 7 - 300 - 19993 - 1
25	社会问题经济学(第二十版)	安塞尔·M·夏普等	Ansel M. Sharp	49.00	2015	978 - 7 - 300 - 20279 - 2
26	博弈论:矛盾冲突分析	罗杰·B·迈尔森	Roger B. Myerson	58.00	2015	978 - 7 - 300 - 20212 - 9
27	时间序列分析	詹姆斯·D·汉密尔顿	James D. Hamilton	118.00	2015	978 - 7 - 300 - 20213 - 6
28	经济问题与政策(第五版)	杰奎琳·默里·布鲁克斯	Jacqueline Murray Brux	58.00	2014	978 - 7 - 300 - 17799 - 1
29	微观经济理论	安德鲁·马斯-克莱尔等	Andreu Mas-Collel	148.00	2014	978 - 7 - 300 - 19986 - 3
30	产业组织:理论与实践(第四版)	唐·E·瓦尔德曼等	Don E. Waldman	75.00	2014	978 - 7 - 300 - 19722 - 7
31	公司金融理论	让·梯若尔	Jean Tirole	128.00	2014	978 - 7 - 300 - 20178 - 8
32	经济学精要(第三版)	R·格伦·哈伯德等	R. Glenn Hubbard	85.00	2014	978 - 7 - 300 - 19362 - 5
33	公共部门经济学	理查德·W·特里西	Richard W. Tresch	49.00	2014	978 - 7 - 300 - 18442 - 5
34	计量经济学原理(第六版)	彼得·肯尼迪	Peter Kennedy	69.80	2014	978 - 7 - 300 - 19342 - 7
35	统计学:在经济中的应用	玛格丽特·刘易斯	Margaret Lewis	45.00	2014	978 - 7 - 300 - 19082 - 2
36	产业组织:现代理论与实践(第四版)	林恩·佩波尔等	Lynne Pepall	88.00	2014	978 - 7 - 300 - 19166 - 9
37	计量经济学导论(第三版)	詹姆斯·H·斯托克等	James H. Stock	69.00	2014	978 - 7 - 300 - 18467 - 8
38	发展经济学导论(第四版)	秋山裕	秋山裕	39.80	2014	978 - 7 - 300 - 19127 - 0
39	中级微观经济学(第六版)	杰弗里·M·佩罗夫	Jeffrey M. Perloff	89.00	2014	978 - 7 - 300 - 18441 - 8
40	平狄克《微观经济学》(第八版)学习指导	乔纳森·汉密尔顿等	Jonathan Hamilton	32.00	2014	978 - 7 - 300 - 18970 - 3
41	微观银行经济学(第二版)	哈维尔·弗雷克斯等	Xavier Freixas	48.00	2014	978 - 7 - 300 - 18940 - 6
42	施米托夫论出口贸易——国际贸易法律与实务(第11版)	克利夫·M·施米托夫等	Clive M. Schmitthoff	168.00	2014	978 - 7 - 300 - 18425 - 8
43	曼昆版《宏观经济学》习题集	南希·A·加纳科波罗斯等	Nancy A. Jianakoplos	32.00	2013	978 - 7 - 300 - 18245 - 2
44	微观经济学思维	玛莎·L·奥尔尼	Martha L. Olney	29.80	2013	978 - 7 - 300 - 17280 - 4
45	宏观经济学思维	玛莎·L·奥尔尼	Martha L. Olney	39.80	2013	978 - 7 - 300 - 17279 - 8
46	计量经济学原理与实践	达摩达尔·N·古扎拉蒂	Damodar N. Gujarati	49.80	2013	978 - 7 - 300 - 18169 - 1
47	现代战略分析案例集	罗伯特·M·格兰特	Robert M. Grant	48.00	2013	978 - 7 - 300 - 16038 - 2
48	高级国际贸易:理论与实证	罗伯特·C·芬斯特拉	Robert C. Feenstra	59.00	2013	978 - 7 - 300 - 17157 - 9

経济科学译丛

序号	书名	作者	Author	单价	出版年份	ISBN
49	经济学简史——处理沉闷科学的巧妙方法(第二版)	E·雷·坎特伯里	E. Ray Canterbery	58.00	2013	978-7-300-17571-3
50	微观经济学(第八版)	罗伯特·S·平狄克等	Robert S. Pindyck	79.00	2013	978-7-300-17133-3
51	克鲁格曼《微观经济学(第二版)》学习手册	伊丽莎白·索耶·凯利	Elizabeth Sawyer Kelly	58.00	2013	978-7-300-17002-2
52	克鲁格曼《宏观经济学(第二版)》学习手册	伊丽莎白·索耶·凯利	Elizabeth Sawyer Kelly	36.00	2013	978-7-300-17024-4
53	管理经济学(第四版)	方博亮等	Ivan Png	80.00	2013	978-7-300-17000-8
54	微观经济学原理(第五版)	巴德、帕金	Bade, Parkin	65.00	2013	978-7-300-16930-9
55	宏观经济学原理(第五版)	巴德、帕金	Bade, Parkin	63.00	2013	978-7-300-16929-3
56	环境经济学	彼得·伯克等	Peter Berck	55.00	2013	978-7-300-16538-7
57	高级微观经济理论	杰弗里·杰里	Geoffrey A. Jehle	69.00	2012	978-7-300-16613-1
58	多恩布什《宏观经济学(第十版)》学习指导	鲁迪格·多恩布什等	Rudiger Dornbusch	29.00	2012	978-7-300-16030-6
59	高级宏观经济学导论:增长与经济周期(第二版)	彼得·伯奇·索伦森等	Peter Birch Sørensen	95.00	2012	978-7-300-15871-6
60	宏观经济学:政策与实践	弗雷德里克·S·米什金	Frederic S. Mishkin	69.00	2012	978-7-300-16443-4
61	宏观经济学(第二版)	保罗·克鲁格曼	Paul Krugman	45.00	2012	978-7-300-15029-1
62	微观经济学(第二版)	保罗·克鲁格曼	Paul Krugman	69.80	2012	978-7-300-14835-9
63	微观经济学(第十一版)	埃德温·曼斯费尔德	Edwin Mansfield	88.00	2012	978-7-300-15050-5
64	《计量经济学基础》(第五版)学生习题解答手册	达摩达尔·N·古扎拉蒂等	Damodar N. Gujarati	23.00	2012	978-7-300-15091-8
65	国际宏观经济学	罗伯特·C·芬斯特拉等	Feenstra, Taylor	64.00	2011	978-7-300-14795-6
66	卫生经济学(第六版)	舍曼·富兰德等	Sherman Folland	79.00	2011	978-7-300-14645-4
67	宏观经济学(第七版)	安德鲁·B·亚伯等	Andrew B. Abel	78.00	2011	978-7-300-14223-4
68	现代劳动经济学:理论与公共政策(第十版)	罗纳德·G·伊兰伯格等	Ronald G. Ehrenberg	69.00	2011	978-7-300-14482-5
69	宏观经济学(第七版)	N·格里高利·曼昆	N. Gregory Mankiw	65.00	2011	978-7-300-14018-6
70	环境与自然资源经济学(第八版)	汤姆·蒂坦伯格等	Tom Tietenberg	69.00	2011	978-7-300-14810-0
71	宏观经济学:理论与政策(第九版)	理查德·T·弗罗恩	Richard T. Froyen	55.00	2011	978-7-300-14108-4
72	经济学原理(第四版)	威廉·博伊斯等	William Boyes	59.00	2011	978-7-300-13518-2
73	计量经济学基础(第五版)(上下册)	达摩达尔·N·古扎拉蒂	Damodar N. Gujarati	99.00	2011	978-7-300-13693-6
74	计量经济分析(第六版)(上下册)	威廉·H·格林	William H. Greene	128.00	2011	978-7-300-12779-8
75	国际经济学:理论与政策(第八版)(上册国际贸易部分)	保罗·R·克鲁格曼等	Paul R. Krugman	36.00	2011	978-7-300-13102-3
76	国际经济学:理论与政策(第八版)(下册国际金融部分)	保罗·R·克鲁格曼等	Paul R. Krugman	49.00	2011	978-7-300-13101-6
77	国际贸易	罗伯特·C·芬斯特拉等	Robert C. Feenstra	49.00	2011	978-7-300-13704-9
78	经济增长(第二版)	戴维·N·韦尔	David N. Weil	63.00	2011	978-7-300-12778-1
79	投资科学	戴维·G·卢恩伯格	David G. Luenberger	58.00	2011	978-7-300-14747-5
80	宏观经济学(第十版)	鲁迪格·多恩布什等	Rudiger Dornbusch	60.00	2010	978-7-300-11528-3
81	宏观经济学(第三版)	斯蒂芬·D·威廉森	Stephen D. Williamson	65.00	2010	978-7-300-11133-9
82	计量经济学导论(第四版)	杰弗里·M·伍德里奇	Jeffrey M. Wooldridge	95.00	2010	978-7-300-12319-6
83	货币金融学(第九版)	弗雷德里克·S·米什金等	Frederic S. Mishkin	79.00	2010	978-7-300-12926-6
84	金融学(第二版)	兹维·博迪等	Zvi Bodie	59.00	2010	978-7-300-11134-6
85	国际经济学(第三版)	W·查尔斯·索耶等	W. Charles Sawyer	58.00	2010	978-7-300-12150-5
86	博弈论	朱·弗登博格等	Drew Fudenberg	68.00	2010	978-7-300-11785-0
87	投资学精要(第七版)(上下册)	兹维·博迪等	Zvi Bodie	99.00	2010	978-7-300-12417-9
88	财政学(第八版)	哈维·S·罗森等	Harvey S. Rosen	63.00	2009	978-7-300-11092-9

经济科学译库

序号	书名	作者	Author	单价	出版年份	ISBN
1	克鲁格曼经济学原理(第二版)	保罗·克鲁格曼等	Paul Krugman	65.00	2013	978-7-300-17409-9
2	国际经济学(第13版)	罗伯特·J·凯伯等	Robert J. Carbaugh	68.00	2013	978-7-300-16931-6

经济科学译库

序号	书名	作者	Author	单价	出版年份	ISBN
3	货币政策:目标、机构、策略和工具	彼得·博芬格	Peter Bofinger	55.00	2013	978-7-300-17166-1
4	MBA微观经济学(第二版)	理查德·B·麦肯齐等	Richard B. McKenzie	55.00	2013	978-7-300-17003-9
5	激励理论:动机与信息经济学	唐纳德·E·坎贝尔	Donald E. Campbell	69.80	2013	978-7-300-17025-1
6	微观经济学:价格理论观点(第八版)	斯蒂文·E·兰德斯博格	Steven E. Landsburg	78.00	2013	978-7-300-15885-3
7	经济数学与金融数学	迈克尔·哈里森等	Michael Harrison	65.00	2012	978-7-300-16689-6
8	策略博弈(第三版)	阿维纳什·迪克西特等	Avinash Dixit	72.00	2012	978-7-300-16033-7
9	高级宏观经济学基础	本·J·海德拉等	Ben J. Heijdra	78.00	2012	978-7-300-14836-6
10	行为经济学	尼克·威尔金森	Nick Wilkinson	58.00	2012	978-7-300-16150-1
11	金融风险管理师考试手册(第六版)	菲利普·乔瑞	Philippe Jorion	168.00	2012	978-7-300-14837-3
12	服务经济学	简·欧文·詹森	Jan Owen Jansson	42.00	2012	978-7-300-15886-0
13	统计学:在经济和管理中的应用(第八版)	杰拉德·凯勒	Gerald Keller	98.00	2012	978-7-300-16609-4
14	面板数据分析(第二版)	萧政	Cheng Hsiao	45.00	2012	978-7-300-16708-4
15	中级微观经济学:理论与应用(第10版)	沃尔特·尼科尔森等	Walter Nicholson	85.00	2012	978-7-300-16400-7
16	经济学中的数学	卡尔·P·西蒙等	Carl P. Simon	65.00	2012	978-7-300-16449-6
17	社会网络分析:方法与应用	斯坦利·沃瑟曼等	Stanley Wasserman	78.00	2012	978-7-300-15030-1
18	用Stata学计量经济学	克里斯托弗·F·鲍姆	Christopher F. Baum	65.00	2012	978-7-300-16293-5
19	美国经济史(第10版)	加里·沃尔顿等	Gary M. Walton	78.00	2011	978-7-300-14529-7
20	增长经济学	菲利普·阿格因	Philippe Aghion	58.00	2011	978-7-300-14208-1
21	经济地理学:区域和国家一体化	皮埃尔-菲利普·库姆斯等	Pierre-Philippe Combes	42.00	2011	978-7-300-13702-5
22	社会与经济网络	马修·O·杰克逊	Matthew O. Jackson	58.00	2011	978-7-300-13707-0
23	环境经济学	查尔斯·D·科尔斯塔德	Charles D. Kolstad	53.00	2011	978-7-300-13173-3
24	空间经济学——城市、区域与国际贸易	保罗·克鲁格曼等	Paul Krugman	42.00	2011	978-7-300-13037-8
25	国际贸易理论:对偶和一般均衡方法	阿维纳什·迪克西特等	Avinash Dixit	45.00	2011	978-7-300-13098-9
26	契约经济学:理论和应用	埃里克·布鲁索等	Eric Brousseau	68.00	2011	978-7-300-13223-5
27	反垄断与管制经济学(第四版)	W·基普·维斯库斯等	W. Kip Viscusi	89.00	2010	978-7-300-12615-9
28	拍卖理论	维佳·克里斯纳等	Vijay Krishna	42.00	2010	978-7-300-12664-7
29	计量经济学指南(第五版)	皮特·肯尼迪	Peter Kennedy	65.00	2010	978-7-300-12333-2
30	管理者宏观经济学	迈克尔·K·伊万斯等	Michael K. Evans	68.00	2010	978-7-300-12262-5
31	利息与价格——货币政策理论基础	迈克尔·伍德福德等	Michael Woodford	68.00	2010	978-7-300-11661-7
32	理解资本主义:竞争、统制与变革(第三版)	塞缪尔·鲍尔斯等	Samuel Bowles	66.00	2010	978-7-300-11596-2
33	递归宏观经济理论(第二版)	萨金特等	Thomas J. Sargent	79.00	2010	978-7-300-11595-5
34	剑桥美国经济史(第一卷):殖民地时期	斯坦利·L·恩格尔曼等	Stanley L. Engerman	48.00	2008	978-7-300-08254-7
35	剑桥美国经济史(第二卷):漫长的19世纪	斯坦利·L·恩格尔曼等	Stanley L. Engerman	88.00	2008	978-7-300-09394-9
36	剑桥美国经济史(第三卷):20世纪	斯坦利·L·恩格尔曼等	Stanley L. Engerman	98.00	2008	978-7-300-09395-6
37	横截面与面板数据的经济计量分析	J.M.伍德里奇	Jeffrey M. Wooldridge	68.00	2007	978-7-300-08090-1

金融学译丛

序号	书名	作者	Author	单价	出版年份	ISBN
1	国际货币与金融(第八版)	迈克尔·梅尔文等	Michael Melvin	42.00	2016	978-7-300-22230-1
2	投资学基础(第三版)	戈登·J·亚历山大等	Gordon J. Alexander	79.00	2015	978-7-300-20274-7
3	金融风险管理(第二版)	彼德·F·克里斯托弗森	Peter F. Christoffersen	46.00	2015	978-7-300-21210-4
4	风险管理与保险管理(第十二版)	乔治·E·瑞达等	George E. Rejda	95.00	2015	978-7-300-21486-3
5	个人理财(第五版)	杰夫·马杜拉	Jeff Madura	69.00	2015	978-7-300-20583-0
6	企业价值评估	罗伯特·A·G·蒙克斯等	Robert A. G. Monks	58.00	2015	978-7-300-20582-3
7	基于Excel的金融学原理(第二版)	西蒙·本尼卡	Simon Benninga	79.00	2014	978-7-300-18899-7

金融学译丛

序号	书名	作者	Author	单价	出版年份	ISBN
8	金融工程学原理(第二版)	萨利赫·N·内夫特奇	Salih N. Neftci	88.00	2014	978 - 7 - 300 - 19348 - 9
9	投资学导论(第十版)	赫伯特·B·梅奥	Herbert B. Mayo	69.00	2014	978 - 7 - 300 - 18971 - 0
10	国际金融市场导论(第六版)	斯蒂芬·瓦尔德斯等	Stephen Valdez	59.80	2014	978 - 7 - 300 - 18896 - 6
11	金融数学:金融工程引论(第二版)	马雷克·凯宾斯基等	Marek Capinski	42.00	2014	978 - 7 - 300 - 17650 - 5
12	财务管理(第二版)	雷蒙德·布鲁克斯	Raymond Brooks	69.00	2014	978 - 7 - 300 - 19085 - 3
13	期货与期权市场导论(第七版)	约翰·C·赫尔	John C. Hull	69.00	2014	978 - 7 - 300 - 18994 - 2
14	固定收益证券手册(第七版)	弗兰克·J·法博齐	Frank J. Fabozzi	188.00	2014	978 - 7 - 300 - 17001 - 5
15	国际金融:理论与实务	皮特·塞尔居	Piet Sercu	88.00	2014	978 - 7 - 300 - 18413 - 5
16	金融市场与金融机构(第7版)	弗雷德里克·S·米什金 斯坦利·G·埃金斯	Frederic S. Mishkin Stanley G. Eakins	79.00	2013	978 - 7 - 300 - 18129 - 5
17	货币、银行和金融体系	R·格伦·哈伯德等	R. Glenn Hubbard	75.00	2013	978 - 7 - 300 - 17856 - 1
18	并购创造价值(第二版)	萨德·苏达斯纳	Sudi Sudarsanam	89.00	2013	978 - 7 - 300 - 17473 - 0
19	个人理财——理财技能培养方法(第三版)	杰克·R·卡普尔等	Jack R. Kapoor	66.00	2013	978 - 7 - 300 - 16687 - 2
20	国际财务管理	吉尔特·贝克特	Geert Bekaert	95.00	2012	978 - 7 - 300 - 16031 - 3
21	金融理论与公司政策(第四版)	托马斯·科普兰等	Thomas Copeland	69.00	2012	978 - 7 - 300 - 15822 - 8
22	应用公司财务(第三版)	阿斯沃思·达摩达兰	Aswath Damodaran	88.00	2012	978 - 7 - 300 - 16034 - 4
23	资本市场:机构与工具(第四版)	弗兰克·J·法博齐	Frank J. Fabozzi	85.00	2011	978 - 7 - 300 - 13828 - 2
24	衍生品市场(第二版)	罗伯特·L·麦克唐纳	Robert L. McDonald	98.00	2011	978 - 7 - 300 - 13130 - 6
25	债券市场:分析与策略(第七版)	弗兰克·J·法博齐	Frank J. Fabozzi	89.00	2011	978 - 7 - 300 - 13081 - 1
26	跨国金融原理(第三版)	迈克尔·H·莫菲特等	Michael H. Moffett	78.00	2011	978 - 7 - 300 - 12781 - 1
27	风险管理与保险原理(第十版)	乔治·E·瑞达	George E. Rejda	95.00	2010	978 - 7 - 300 - 12739 - 2
28	兼并、收购和公司重组(第四版)	帕特里克·A·高根	Patrick A. Gaughan	69.00	2010	978 - 7 - 300 - 12465 - 0
29	个人理财(第四版)	阿瑟·J·基翁	Athur J. Keown	79.00	2010	978 - 7 - 300 - 11787 - 4
30	统计与金融	戴维·鲁珀特	David Ruppert	48.00	2010	978 - 7 - 300 - 11547 - 4
31	国际投资(第六版)	布鲁诺·索尔尼克等	Bruno Solnik	62.00	2010	978 - 7 - 300 - 11289 - 3
32	财务报表分析(第三版)	马丁·弗里德森	Martin Fridson	35.00	2010	978 - 7 - 300 - 11290 - 9

图书在版编目（CIP）数据

国际货币与金融：第 8 版 /（美）梅尔文，（美）诺尔宾著；何青译. —北京：中国人民大学出版社，2016.1
（金融学译丛）
ISBN 978-7-300-22230-1

Ⅰ.①国… Ⅱ.①梅… ②诺… ③何… Ⅲ.①国际货币 ②国际金融 Ⅳ.①F821 ②F831

中国版本图书馆 CIP 数据核字（2015）第 285848 号

金融学译丛

国际货币与金融（第八版）

迈克尔·梅尔文
斯蒂芬·C·诺尔宾　　著

何　青　译

Guoji Huobi yu Jinrong

出版发行	中国人民大学出版社	
社　　址	北京中关村大街 31 号	**邮政编码**　100080
电　　话	010 - 62511242（总编室）	010 - 62511770（质管部）
	010 - 82501766（邮购部）	010 - 62514148（门市部）
	010 - 62515195（发行公司）	010 - 62515275（盗版举报）
网　　址	http://www.crup.com.cn	
	http://www.ttrnet.com（人大教研网）	
经　　销	新华书店	
印　　刷	三河市汇鑫印务有限公司	
规　　格	185 mm×260 mm　16 开本	**版　　次**　2016 年 1 月第 1 版
印　　张	15.75 插页 1	**印　　次**　2016 年 1 月第 1 次印刷
字　　数	302 000	**定　　价**　42.00 元